# 好教育是调理出来的

潘照团 著

名师工程
思想者系列

西南师范大学出版社
国家一级出版社 全国百佳图书出版单位

图书在版编目（CIP）数据

好教育是调理出来的 / 潘照团著. —重庆 ：西南师范大学出版社，2018. 6

（名师工程）

ISBN 978-7-5621-9356-2

Ⅰ. ①好…　Ⅱ. ①潘…　Ⅲ. ①教育研究 Ⅳ. ①G40-03

中国版本图书馆 CIP 数据核字（2018）第 118580 号

**名师工程系列丛书**

**编委会主任**：马　立　宋乃庆

**总策划**：周安平

**策　划**：李远毅　卢　旭　郑持军　郭德军

---

**好教育是调理出来的**

HAO JIAOYU SHI TIAOLI CHULAI DE

潘照团 著

---

**责任编辑**：郑先俐

**封面设计**：尹　恒

**出版发行**：西南师范大学出版社

地址：重庆市北碚区天生路 1 号

邮编：400715　市场营销部电话：023-68868624

网址：http：//www. xscbs. com

**经　　销**：全国新华书店

**印　　刷**：重庆市国丰印务有限责任公司

**幅面尺寸**：170mm×240mm

**印　　张**：16. 75

**字　　数**：266 千字

**版　　次**：2018 年 7 月　第 1 版

**印　　次**：2019 年 7 月　第 2 次印刷

**书　　号**：ISBN 978-7-5621-9356-2

---

**定　　价**：42. 00 元

# 序

## 教育调理的生命真谛

我认识潘照团老师才两年。去年，温州大学与温州大学城附属学校联合举行小学数学教研活动，认识了潘照团副校长，他给我的初步印象是一位儒雅的老师、精干的校领导。两年来，温州大学与温州大学城附属学校又有几次联合活动，使我有机会再次接触到潘校长。特别是有一次，潘校长在我去火车站之前，还陪我吃了顿饭，更是有了交谈的机会。这次交谈使我了解到潘校长丰富的工作经历与思想，席间我也曾鼓励潘校长把25年的教育经历与感悟写出来，可以让年轻教师受惠。教育不就是要继承前人的经验与传统，然后经过后人的发扬光大，把教育事业不断推向新时代吗？令我感到惊喜的是，今年开学，潘校长就寄来了他的大作《好教育是调理出来的》。由于开学事情比较多，我只是略读了书稿，就深深地被他从实践中提取的教育智慧所吸引，我立即联系潘校长，鼓励他尽快出版，可以让更多的同行一睹为快。近一个月来，我断断续续，终于看完了书稿，欣然提笔写一点我的读后感悟，与这本书的读者分享。

**一、教育调理是对教育规律的敬畏**

师范学校毕业的老师都知道，教育具有顺序性、阶段性、差异性和不平衡性，这是教育的客观规律。因为教育对象——学生的生长是有顺序的，先是大脑、四肢等的发育，然后才是神经系统的协调等。而且，一个人的生长是要经历婴儿期、幼儿期、童年期、少年期、青年期、中年期、老年期等不同的阶段的，而每个阶段的学生都是有年龄差异的。不仅如此，同一个年龄阶段的学生，不同的人也会有差异。在一个人的不同方面，发展也是不平衡的。教育要循序渐进，要因材施教，要顾及年龄差异、个别差异，要发扬一个人的长处、克服这个人的短处等教育理念，都是依据教育的客观规律而来的。

以上这些教科书上的金科玉律，具体到教育教学情境之中，具体到某个学生、某个班级、某个学校的工作之中，又是千变万化、别具一格的。这就是所谓的"教育有法，又无定法"之说。潘照团老师本人从普通的语文教师、班主任，成长为一位校领导，在其长期的职业生涯中，在不同学校、在同一学校的不同岗位上，坚持对教育规律的敬畏。他的教育调理说，就是要顺应学生的身心发展规律，像中医治病那样，先要诊断，然后再综合治理，慢慢调养，才能起到修身养性的作用。正像书中所说的，是一种"由内向外"的激发学生内在动力的教育，并在大量的教育实例中得到了佐证。

**二、教育调理是对教育过程中人的生命的敬畏**

曾经，华东师范大学叶澜教授的一篇《让课堂焕发出生命的活力》的文章，激起了人们对教育过程中尊重人的生命的思考，一时间，"生命教育""生本教育"在许多地方进行实践探索，也取得了一定的成效。从无视学生的生命、只见分数不见人的教育，到提倡尊重学生、追求学生生命成长的教育，是一大进步。只是许多老师困惑：到底应该如何尊重学生的生命呢？潘老师的教育调理说为我们指明了方向。

第一，教育调理要始于静存。静存，即宁静地思虑、省察。潘老师的教育调理，特别强调教师的自我调理及同伴之间的协作调理。这不仅是对教育过程中教育对象生命的尊重，而且是对教育过程中教育者生命的尊重。因为只有教育者的心绪思想调理顺了，才能去调理他人、调理情态，静待花开。

第二，教育调理要先行立范。尤其对于小学生来说，小学教师对其的影响本身就会产生教育意义。罗森塔尔效应告诉我们，教师对学生的期望，教师无声的行为、暗示，会产生教育效应。学生会朝着教师期望的方向发展。好一个"行动需要行动的表率"，教师的以身示范，树立了教育调理的行为样本。

第三，教育调理要适切师性。每一个学生都是独一无二的个体，所以，我们要"一把钥匙开一把锁"，这样才能让每一个生命都有机会出彩，这是潘老师的教育梦想，相信也是本书读者的教育梦想。只要我们适应并贴近学生，总能拨动每一个学生那根向上的心弦，总能找到让每一个学生出彩的那个机会。与此同时，每一个教师也具有独特性。有的教师擅长讲授，有的教师擅长组织活动，这本无优劣之分。但是，有些学校一味要求教师采用统一的教学模式，使得教师不得不放弃自己所擅长的模式，这是多么得不偿失啊！潘老师认为，教育调理要适应并贴近教师实际，有利于教师扬长避短，形成各自的教学风格，这样才能呈现教育的丰富多彩性。

第四，教育调理要贴近生态。一是要贴近儿童天然的生命状态。用儿童的视角来看问题，蹲下来和儿童说话，保护好儿童的天性，不要让其变成“小大人”。二是要学会等待。用潘老师的话说，就是不要急着赶路，留点时间给孩子，让每个孩子都融入“组织”，凸显每个个体的力量。是的，有时候的“慢”恰恰是“快”，而欲速则不达。

第五，教育调理要激活联动。教育是一个复杂的系统，需要协调学校的各个方面，需要家长、社会的协同教育，形成合力。尤其是我们所处的这个社会，已经进入互联网时代，各种信息都可以从各种渠道到达学生这里，我们需要综合各种方法，整合各种资源，打通各个关卡，这样教师在教育调理的时候，方有合宜的工作环境，才能得心应手、因人而异地开出良方，以便我们培育的幼苗能茁壮成长。

全书在教育调理说的理念指导下，对好教育、好课堂、好备课等进行了独到而富有启发的诠释，无论是一线教师，还是学校管理者，都能从本书中获得共鸣而有收获。

我非常赞同潘老师的教育调理说，并敬佩他在长期的工作实践中坚持教育调理说而取得的教育成效。我相信能够成为潘老师的学生是幸福的，有机会在潘老师当领导的学校与之共事也是幸福的，因为教育调理既是师生生命之间的相互给养，同时也是教师之间、干群之间生命的相互给养。这是多么令人向往的一种教育境界，让我们细细体会、逐步践行吧！

徐丽华

2017 年 10 月 30 日

（注：徐丽华，杭州师范大学初等教育研究所所长，教授，教育部小学教育教学指导委员会委员，全国学位办小学教育专业硕士指导委员会委员，浙江省小学教师教育学会常务副会长。）

# 作者的话

## 教育讲究调理

见到“管”字，我丝毫唤不醒好感。貌似一个高举竹杖的官员，立于眼前。稍有不慎，抽你一鞭，既压抑又憋屈。我最怕人管，也少有“管”人。

管，之于教育，显得过于生硬。程序化工作，用“管”还好，管一管，抓一抓，紧一紧，效果就出来了。可教育非生产，学生非产品，任何教育都不可能有一条固定不变的流水线，它不可能通过规范教师的每一个行为来造就标配的人才。我们的教育对象是变化的、发展的，我们的教育者是独特的、鲜活的，我们学习的各种媒介也是丰富的、多元的，根本无法用标配的行为操作、用标配的媒介培养标配的人才。

教育，是人与人之间直接的或间接的影响。教育，是思想的对流，是精神的感召，是人文的关怀，是情怀的流露，是智慧的启迪，是文化的传承与发扬。显然，教育是生命与生命的给养。

如果你承认教育是生命的馈赠，那么，你应该也能接受我的观点——教育讲究调理。同样是遵照教育规律，管理往往从管理者自己需要的角度出发，具有强烈的主导意识，满足于对象的唯命是从；调理则是从为对象服务的角度思考，根据他们身上的具体情况做出匹配性优化，让他们自己积极主动地去调节。也就是，管理主要从外到内，调理则是由内及外。

心理学家们指出，外在的刺激，譬如胡萝卜加棍棒，对于改变行为的作用并不大，只有内在的行动承诺才能发挥有意义且持久的激励作用。这是因为，人们如果发现某种行为本身能给自己带来愉悦或满足，便会越发主动地投入其中。教育，在教天地人事，更在育生命自觉。要促发生命的自我觉醒，不能单靠外在的鞭策与基本生存条件的恩施，更重要的是内部能量的生发。即使内部系统出现问题，也能自我修复。

我想，这就是调理。

教育讲究调理，事实处处可见。教一门学科，带一个班级，你不顾学情班风，用书上写的那一套，或者用自己原来的那一套，绝对不行。书教不好，班带不好，道理很简单，因为你忽略了服务对象的独特存在，只是单边地输出自以为是的管理之道。为什么各地各校教育教学的先进做法，乃至全国历届教科研的典范成果很少被推广，即使学习借鉴，其成效也甚微？大家可能质疑成果有水分，客观地说应该是学习借鉴者火候不及。教育教学改革成果是很难被直接套用的，它必须让教师去经历相应的研究与实践阶段，在真实的体验过程中实现教师的思想观念与行为的转变，从而达到真正的内化与迁移。“一口吃不成胖子”，就是这个道理。教育教学成果是很难被直接复制的，它只是为他人提供了先见经验，真正的效应需要人按照事物发展的客观规律由内及外地自我释放。

办一所学校也是如此，讲究调理。2012 年 8 月，我临时受命，接管一所“风雨飘摇”中的学校，我没有急于搬用出自名校的做法，而是深入调研，发现学校有“三虚”：一是学校文化气虚，整个校园一眼看去就是“条幅＋混凝土”，中气不足；二是学校制度空虚，常规不常，只管不理，底气不足；三是学校人力局部肾虚，激情不够，生气不足。于是，我开始对症调理，学校不虚了，腰板也就直了。

教育调理，讲究“慢调思理”，再思理，再慢调。不求速度，只在健步。符合教育每个时段的规律，稳健地跨出每一步，向前，向上，就是真正在做教育。教育生命本在生长，教育调理就是让生命成长得更好。

心无静，神不清，难调理，调理应发端于静存。静存，即宁静地思虑、省察。无宁静何以致远，无远虑何以解忧，无省察何以明辨。教育，奉行“静思内省”。有了这样的习惯方能科学客观地看待事物，形成自己的教育价值判断，并付诸实践。待人处事，教书育人，也就悠然淡定。自己的心绪思想调理顺了，才能去调理他人，调理情态。本书把好教育比作山水史诗，不仅有恢宏的气势，更有谦卑的胸怀；不仅有厚重的积淀，更有诗意的人生。就此出发，坐看云起，静待花开。

在调理面前，说教比较空洞，要想使说教成为一种感召，得先行立范。孔老夫子说：“其身正，不令而行；其身不正，虽令不从。”当管理者自身端正，做出表率时，不用下命令，被管理者也就会跟着行动起来；反之，纵然三令五申，也是无人听从。“不令而行”，是一种积极的默契，是正向影响的结果。中国民办教育协会会长王佐书强调：“人格需要人格的教育，感情需要感情的投入，智慧需要智慧的启迪。”我补充一句：“行动需要行动的表率。”校长的阵营在哪里，教师的阵地就在哪里，学生的阵脚就在哪里；校长关注什么，教师就重视什么，学生就追求什么。看似彼此的关系并非绝对的，但确实存在必然的关联。校长天天泡在学校，扎在师生当中，参与式地陪伴着每个生命体一起成长，这就是无形的示范性调理。

调理的话题，永远绕不开教师。教师既是被调理的主体，也是调理学生的主体，要激发教师的主体性，要适切地做调理。本书在教师成长的个性化发展区间着了很多笔墨。教师是点灯的人，只有点亮教师的心灯，才能点亮每一个孩子。只有让教师自己点亮自己，才能让孩子自己点亮自己。“要播撒阳光到别人心里，总得自己心中先有。”学校管理者要彻悟罗曼·罗兰的诗意，为教师开窗，通过不同的渠道和途径满足每位教师自我实现的需要。教师，是专业的人，有思想的人，有良知的人。教师秉性如此，其付出无法计量，靠的是他们自身心无旁骛、乐此不疲。让专业的人做专业的事，教师的教育能量才能最大化。

教育者本身调理顺了，学生自然有福，因为我们的调理已经贴近了儿童生态。童年，是一个人一生当中最天然的生命状态，不会察言观色，不会前倨后恭，更不会尔虞我诈。他们永远是“数星星的孩子”，那个世界属于自己，而且很大。你要与他们站在一起，走近了，玩在一起，也就走进去了。孩子毕竟是孩子，要耐得住性子，与孩子善意地“周旋”，特别要慎用“抗生素”，跟孩子对着干会两败俱伤，一旦孩子对你产生“抗药性”，你的教育生涯也就蒙上了悲情色彩。不要急着赶路，留点时间给孩子，让每个孩子都融入“组织”，凸显每个个体的力量，是贴近生态的调理之道。

相对于校长、教师、学生，一个更大的组织往往不够惹眼。学校教育是个网状的结构，除了单点的突破，彼此的关联非常重要。系统内，中层行政就是校长的办学思想向一线教师转化的联结器和缓冲带。科室之间如果仅靠职能实施管理，各自为政、互不买账的办事状况就多了生存的空间。只有调理，补充一些联动机制，中层执政力才会提高。系统外，家长是最为突出的资源，只有联结家长，教育才能得到最大的支持。而家长与你，更没有隶属关系，何谈“管”？靠的是“调”，调和家校关系，教育就更趋于谐美。调理，不能忽略彼此的联动。

整理这本书，我就是想通过真真切切的体悟和实实在在的行动与你共话“调理”。这里没有什么“高大上”，纯属教育土方，出自教育土灶，有的是一线管理者和老师们一直想的那股纯正口味。称它为“土方”，在于它是实践反思的产物，来自我与老师们、孩子们、家长朋友们一起走过的教育热土，是立足于教育一线的调理之道。观点大多散见于《中国教育报》《中国教师报》《中小学管理》《中小学校长》《中国德育》《中小学德育》等教育教学杂志。为便于读者更好地感受“教育调理”，我做了两个多月的系统整理，欲图遵循教育自身的规律，去触及与教育相关的每个生命体自身的内在力量。教育是生命，它需要调理。调匀了，厘清了，想透了，走正了，教育的生命就被拉长了。

感谢杭州师范大学初等教育研究所所长、教育部小学教育教学指导委员会委员徐丽华教授，以及温州大学教师教育学院副教授章勤琼和浙江省特级教师陈加仓校长鼓励我炮制这道土菜。

回想起父母每次从老家进城看望我和家人，都会带来自己亲自栽种的土特产，不管多重多累多费周折，就想我们吃得放心。希望这剂教育“土方”也能成为各位读者“吃”得放心的土特产。

2017 年 10 月 8 日于温州

# 目 录

## 第一辑　教育调理始于静存



## 第二辑　教育调理先行立范

## 第三辑　教育调理适切师性



## 第四辑　教育调理贴近生态

## 第五辑　教育调理激活联动

# 第一辑　教育调理始于静存

做任何事情都会有一些观念性的东西在支撑着，都会有一个前提假设在“之所以这样做”和“之所以不这样做”的背后起作用。多一点思虑，多一层省察，而且处于宁静的、澄明的心境，我们看的东西会更清楚，观念支撑的力量就更大，调理的脉络也就在静存中伸展开来。在整个教育体系中，小学是独立的、儿童的、基础的、快乐的存在。在这里，没有强拉硬扯，没有急步匆影，只有调匀的气息与自然的身姿。

# 好教育：一部山水史诗

好教育，绝对是耐人寻味的好东西。打开它，如沐春风，似汲甘露。它吸引你的，不是表面的铅华，能看到的可能就是那少女身上的朱砂红，肉色上的自然纯美。更深处，就在于它的内涵。只有品味，才最贴近好的教育。

好教育，是一部长卷，我们无法一眼洞穿。其犹如一部山水史诗，把山水史诗绵延伸展，一直到纵深处，每一页、每一卷都连系成了一部人生画卷。山水是自然情怀、生存的根本；史诗是鸿篇巨制、事实的存在、品质的追求。

好教育是山，它具有泥土的气息、草根的味道。在这里，你可以与自然一同呼吸，彼此间没有隔阂。山里的孩子，城里的孩子，都是黄土地上的孩子。人与泥土的情缘早在女娲造人的传说下传扬。我们的教育不能让钢筋、水泥、塑胶包裹，我们的教育不能也没有必要复制“走在乡间的小路上，暮归的老牛是我同伴……荷把锄头在肩上，牧童的歌声在荡漾”的场景。但我们的教育可以创设与追寻这种意境，让快乐写在每个孩子的脸上。教育者要积极营造原生态的学习环境，在学堂内割一块地让孩子们浇浇花、种种苗；铺一条路，让泥土裸露，看看孩子们有什么新玩意；搭一个窝，让小鸟栖息；挖一湾池，让小鱼嬉戏；让我们的沙坑不仅仅成为体育考试的工具；让每一堵墙壁都成为孩子们天然的调色板；把孩子们带出去，走进大自然。率性，让每个孩子文明地释放自己的天性，这就是好教育的泥土气息、草根味道。

好教育是山，它具有挺拔的脊梁、厚实的根基。有一首歌写得好："山无脊梁要塌方，虎无脊梁莫称王，人无脊梁别做人……揣一腔正气做脊梁。"好教育就应正气满乾坤。习近平总书记在多种场合多次强调，中华优秀传统文化是中华民族的"根"和"魂"，是中华民族的"精神命脉"。好教育要为孩子们从小播撒中华民族优秀传统文化的种子，打好中华民族良好的精神底色，立德树人，厚实根基，方能放眼天下。

好教育是水，它具有清澈的心境、博大的胸怀、灵动的姿态。"海纳百川，有容乃大。"面对每一个迥异的孩子，面对每一个生态纷呈的班级，面对每一所特质潜隐的学校，我们应该懂得包容。只要是水，只要是流动的水，就不腐，奔流到海，时间不是问题，最终都会到达。当功利存在时，教育就不好了。当"一刀切"落户时，教育就缺失了柔美，灵性自然不复存在。表面上拥有了无数光环，处处显得捷足先登，实质上好教育有时往往"欲速则不达"。印度诗人泰戈尔说过："不是槌的打击，而是水的载歌载舞，使鹅卵石臻于完美。"

好教育是史，它具有历史的积淀、客观的事实、科学的存在、厚重的文化。昙花一现，不是好教育；历久弥新，方是好教育。可实际上，折腾却时时纠缠着教育。在班子交接的"改朝换代"之时，高举改革的幌子朝令夕改的不在少数。继续深化前任创举，做得再好都是继承，另辟蹊径才见新晋水平，这是缺少历史观的投机取巧者的普遍做法。要做好教育不能无视历史，要尊重历史，尊重事实，尊重科学，尊重文化。好教育应该是继承与创新的结合，我们所要做的是优化与精进。

好教育是诗，它具有人文的情怀、动人的意境、思想的天空、和谐的旋律。老师不是"苦行僧"，也不应"面朝黄土背朝天"，而应该脚踏实地、仰望星空。每个老师不仅仅有 1，2，3，4，还要有诗词歌赋；不仅仅有 b，p，m，f，还要有琴棋书画；不仅仅有勾叉圈点，还要有电光声影。跟上时代的脚步，听一听彼此的节奏，和上几句，教育生活有着风铃般的悦耳之声，每每想来，必也浪漫几分。

好教育，每每琢磨，其实它不止于一座山、一泓水、一段史、一首诗，它是一块晶体，是一部山水史诗。恢宏磅礴是它的背景，灵秀平和是它的气质，继往开来是它的本色，诗情画意是它的格调。自然流淌，历史涤荡，山水情调，诗意栖息。它有历史的纵深感。“一年之计，莫如树谷；十年之计，莫如树木；终身之计，莫如树人。”春秋时期政治家管仲的人才观朴素地道出了山水史诗的内涵。后人将其归结为“十年树木，百年树人”。教育的责任与规律需要我们用山水的情怀、史诗的格调去品味。树，培植、培养也，比喻培养人才是长久之计。人才培养不易，培养、教育一个人才，不仅要靠学生自己努力，还要经过老、中、少三代人的参与。好教育不是一朝一夕的功夫，它具有山的伟岸、水的柔和、史的厚实、诗的意境。

著名教育家叶圣陶说过这样一句意味深长的话：“教育是农业，不是工业。”农业是栽培作物，农业产品是有生命力的，有它自身的特点和生活习性，有属于它自身的内在力量。对于这种内在力量，外部环境不能彻底改变它，只能因地制宜、因时制宜地满足它。而且，不同的农作物有不同的生长季节，有不同的栽培方式，有经验的农民都懂得要适时追肥浇水，适时除草松土，既不能拔苗助长，也不能强制它不生长。这一切，不都与人的培育相似吗？

山、水、史、诗，皆为上品。游山玩水，读史诵诗，赏玩其间，自得个味。我觉得永嘉楠溪江旅游广告语写得很好：永远的山水诗，最后的桃花源。好教育必定是永远的桃花源。

# 好校长：坐看云起的超脱心境

“行到水穷处，坐看云起时。”多么美好的山水情怀！顺其自然，万事万物不过自然而然。教育亦然，我们不能违背人的成长规律，不能违背教育的发展规律。顺时成长，适性发展，不被现实的樊篱所困，需要校长有信步闲庭的清逸心态和超越常规的洒脱心境。

一直以来，很多校长都不知不觉地被所谓的“定论”给“潜规则”了。“一个好校长就是一所好学校。”很多校长把这句话看得太重了，把自己看得太重了，累了自己，也困住了一批人。“没有教不好的学生，只有不会教的老师。”“爱自己的孩子是人，爱别人的孩子是神。”大多数校长常常用这两句话来鞭策教师成长。出发点很好，但不能普适于每个教师，不能奢望每个教师都能如此，更不能以此衡量教师的能力与爱心，教师需要真实的存在与发展。

我国台湾新竹教育大学教育评鉴与专业发展中心主任谢传崇教授到温州考察常态校本教研活动时，我曾借机探问：“如何在苗栗县公馆中学任职校长期间创历届最佳升学率，首次居全县榜首?”谢教授就说了三个字：“靠教师。”看似轻描淡写，我从中读到了教师在他心目中的分量。怎样“靠教师”，由于时间、场合都不对，我未曾追问。后来在2013年第2期的《中小学管理》杂志上读到他的一篇文章——《校长正向领导：提升学校“学术乐观”》，我似乎找到了答案：正向领导，启发教师超越个人利益，形成把学校愿景与教师个人价值相结合的自觉意识，让教师意识到自我的存在——身为人师的“我”的意识，积极地把个人的自身认同融入工作之中，实现自身完整。

教师是一所学校的基石。教育大计，教师为本。能培养出好教师，就是好校长。好教师是怎样炼成的？答案肯定很多，但绝对不是单极地煅烧打造而成的。好教师的成因是多元的，究其核心当属“自我存在”。马斯洛的需求层次理论之情感和归属的需求、尊重的需求、自我实现的需求，都指向“自我存在”的需求。好校长要创造条件积极给予。我们不宜以“一览众山小”的姿态处处指点江山、唯我尊大，而应以“坐看云起时”的心境，深谙上善若水之精妙——泽被万物而不争名利。

校长要做有胸怀的人。于低处览胜景，需有胸怀才能总揽。一般学校，常常把校长奉上高处，人人以校长马首是瞻，日久，校长就被“行政一把手”给牢牢套住，而忘了“服务一把手”的角色。校长的高度决定了学校的高度，这与校长特殊的领导地位紧密关联，它强调了校长素质的重要性。如果以服务水平而言，我比较喜欢这么说——“校长的热度激活了学校的高度”。相对于个人而言，教师的群体智慧不可低估，激活的群体智慧是学校向上的无可比拟的力量，它需要校长对教师个体的关怀、尊重，对教师群体的推崇。当一位校长能把心中的最高海拔树在教师的面前，谦卑地自我处位，宽厚地对待周围同事，正向地分享教师之间彼此的力量时，教师的脊梁必然是坚挺的，教师必然会围绕着校长撑起天底下彼此共同的事业。

当然，“坐看云起时”，更多考验的是校长在风云乍变时的气度与雅量。风和日丽，风调雨顺，风平浪静，一派盛世繁景，哪位校长坐不住？可校园并不是能量守恒的圣地，有人的地方，复杂多变倒是常态，此时更考验校长的定力与胸怀。现实中，学校常有这样一种现象存在：校长想做好事，却没有达成好事的效应，“干脆不做还好”，老师嘀咕——不理解。我们不要生气，多问问自己，多换位思考，调整调整方式，好事终究还会是好事。有时也有我们一心为公，却听到个别教师在背后风言风语。当正向被悖逆时，我们也无须生气，当作不知道，一如既往地公平对待每个人。有了宽广的胸怀，你将拥有广泛的群众基础。有容乃大，方为好校长。

校长要做有“格调”的人。办学的基调是什么？发展到怎样的规格？上限与下限，好校长知晓。他清楚“坐”的位置和底线（“坐”，指办学基本要求的定位，与上文待人处位的“坐”不同），他深谙何为“起”、何时“起”、如何“起”。“坐”即坐标，“起”即目标，抓住“坐”与“起”，就把准了基调——不走位，定准了高格——不偏离，这就是我所说的“格调”。管理首先要做的就是基础问题，其次才是提升的问题。我常常奢望，好的校长心中只有底线。当你确定了最低标准来保证办学不脱轨时，向上的空间一切皆有可能。最低的坐标在哪里，基础就在哪里。上海自由贸易区只有底线标准，规定什么不可以做，而对什么可以做没有明确的规定，从而诠释了“自由”的含义。教育之道也是相通的。陶行知先生说：“人像树木一样，要使他们尽量长上去，不能勉强都长得一样高，应当是：立脚点上求平等，于出头处谋自由。”当你确定底线要求以后，上浮空间就很大。上不封顶，下要保底。有了这个评价的标准，创意就紧随其后。对于教育而言，创意比按部就班更重要。仅仅规定了底线的学校，是我的奢望。一所学校、一个团体、一个组织，永远没有办法脱离坐标系。

“坐看云起时”，除了“坐”好外，还得“看”准了。目标在哪里？就是解决如何提升的问题。一所学校、一个团体、一个组织，永远也没有办法脱离目标引领的“灯塔效应”。我倾向于方向领导或目标领导（细则管理由中层去做），好校长管理得以洒脱，就在于纲目清楚。一位好的校长就是一位顶层设计师，他明白学校发展的愿景，知道学校发展的目标，清楚学校发展的策略。校长对学校的领导，首先是思想的领导，其次才是行政的领导。让自己成为有思想的人，然后把办学目标转化为教师共同的价值追求，如此才能“坐”得住。用顶层目标来领导充满智慧的中层团队，中层团队用行动的细则来精耕教育的麦田，教师有目可依、有纲可循，如此就达到了办学的管理目标。在管理上定准了两头，我们会发现“坐”与“看”之间，“地”与“天”之间，包容着一个硕大的自由空间。如果在“自由”与“理性”之间寻找到一种平衡，就会孕育思想，思想就会舞动校园。“择高处立，寻平处住，向宽处行。”左宗棠的话恰好是“格调”管理的最好注脚。

校长要做有根基的人。“坐”必有所依，根基扎实是为师之道。

校长的根基在哪里？在课堂，在教室，在一线，在视野，如此的校长是接地气的。校长要经常坐到教室，深入一线，观课、评课甚至导课、上课。当课堂成为校长最为关注的场所时，课堂就具有了强大的地心引力，素质教育的主阵地便成了人人积极营建的目标。每位教师都把准了课堂基调，基本上就奠定了孩子快乐幸福的一天。白天课内保质保量，就没有了拖课、补课；没有了拖课、补课，课间活动就能保质保量。如此良性循环，孩子们就有了很多自我支配的时间。学生对所学内容的自我整理成为习惯后，学习的时空就有了很大的弹性，个性化的多元习得将紧随而至，充实着每个学习个体，健身、活动、娱乐甚至休闲，都能真正走进学生的校园生活。课堂是重要的，深化课堂教学改革是校长重要的职责之一，而推进改革的不竭动力在于学习。课堂是基，学习是根。校长要“坐”到书里去品读，“坐”到专家面前与其对话，“坐”到兄弟单位里考察……视野就在其间，把看到的与自己脚下的这块土地联系起来，这就是校本化的自我建构。作为校长尤为如此，爱读书的校长不一定都是好校长，但好校长都是爱读书的。作为学校的领导者，我非常清楚学校转型发展、内涵发展必须经历学习型组织的创建过程。一所缺少学习精神的学校，一所未成为学习型组织的学校，要想突破和提升，就如痴人妄想传统四轮汽车光靠加速就能上天，自身的限制是很难用原载的结构与能量来转化的。

校长要做有期待的人。山里的水是因雨而有的，有云起来就表示水快来了。云，千姿百态，起起落落，自自然然。云肯定能起，观者坐候是有信念的。信念支持下的期待是一种美丽的静候，而不是功利的紧逼。工作节奏在自然期待下是应和生命旋律的，花与果是时令的产物，不要把教师当作温室棚内的生命体，在“逆时令”下催生培育出的教师，肯定也会“返照”于学生身上，想到这些，我就觉得“可怕”。“脑子是感知至高幸福的器官，把功利的想法施加在它上面，是可疑之举。”[①] 自然状态下呼唤期待，期待是相信一切皆会成长，明天一定更美好。人力专家认为，唐僧是西天取经团队中的领导人，他的工作不是练就十八般武艺，而是要有坚定的信念，在协助别人修成正

① 王小波. 思维的乐趣［M］. 北京：中国人民大学出版社，2010：20.

果之余还能完成自己的取经目标。“人为”比“人力”更重要，这是我一直坚守的信念。同样的“人力”，正确与否的领导其结果必然是不同的，这里强调的就是“人为”的重要性。管理界有句名言：一只狼领导的一群羊能打败一只羊领导的一群狼。同样的“人力”，我们不要奢望人人能单挑成功，但对团队的期待是永远可能的。单位之间，拼的不是个体，而是团队。2013 年 10 月 10 日，国务院总理李克强在文莱出席东亚峰会时说，东亚许多国家都使用筷子，一根筷子很难吃着东西，两根筷子一起用才能夹到食物，一把筷子捆在一起就不易折断。对教师的期待转化为对学习共同体的期待，相信教师亦会这样去关注我们的孩子。如果校长、院长、系主任和其他不在其位但有影响力的人不期待和没有意愿去引导形成共同体的话，关于优质教学的诚恳谈话是不太可能发生的。“期待”和“引导”这两个动词很重要，因为企图强迫人对话的领袖都会失败。[①]

校长要做有“情味”的人。“情”是情感，“味”是品味。古人不见溪水，即待素云，情味盎然。今人治校，与同事相处有情有义，与伙伴共事有滋有味，这样的校长就有了家长式的情怀，情感必然会增进教师归属感的厚度。教师工作超负荷、生存压力大等现状呼唤情感管理，情感管理是激发教师潜能的有效途径，借助情绪识别、情感调动和状态激发等策略，可以有效地提升学校管理效果，促进教师发展。[②] 待遇留人，事业留人，情感留人，这是现代学校，尤其是民办学校的共识，情感在学校管理中俨然就是催化剂。记得有朋友曾说自己刚刚就任一所新学校的校长时，一位兢兢业业工作的老师由于不适应学校工作，提出辞职，他一再挽留，并成立辅导团队分批扶持她，但她终究选择了早点退出是对她所教班级孩子的真正负责。离职这天，校长专门为她设了送别宴。该校司机反映，见多了辞职的都是卷铺盖走人，今天真是温暖心头，跟这个校长肯定跟对了！这个故事的道理很简单，不是看结果，而是看付出；不是谈合同，而是讲情义。校长目中有人了，心中有情了，才能把人带好，把情蓄好。坐候云起

① ［美］帕克·帕尔默．教学勇气——漫步教师心灵［M］．吴国珍，余巍等译．上海：华东师范大学出版社，2005：156．

② 何华宇．情感管理与校长之道［J］．基础教育参考，2009（10）．

的时候，是要懂得品味的。教育是道永恒的风景，校长不仅要乐意去品味，而且要能嚼出味来。这是我对“情味”的另外一种理解。在学校里，什么是最美的风景？教师在童乐世界里创享同乐人生，在同乐情怀下孕育童乐年华。作为小学校长，我偏爱自己的这句话。童乐，同乐。师生之间情随我动，相映成趣，情趣自在。有次学校举行读书节开幕式，由“春之声”“夏之舞”“秋之果”“冬之韵”四个篇章组成，未曾彩排，但现场淋漓畅快。我由衷而言：“读书节开幕式，我们看到的不仅仅是几近完美的节目，读到的不仅仅是智慧、创意与灵感。观完全程，留在我们心底的更多的是精神！孩子们彰显了读书的精神，春夏秋冬，声舞果韵，有形也好，无形也罢，内心的读书热情已经被点燃。老师们无声地显露了协作的美好，一场未曾整体彩排的节目，流畅地演绎了40分钟的精彩。老师们不论是台前还是幕后，不论是语文老师还是其他科目老师，招之即来，来之能战，战之必胜！临时的调配，最见得真味。默契写在了舞台，也留在了你我的心间。感谢老师们的辛勤付出！”寥寥几笔，在校内QQ群一发，老师们自然欣然。只要校长不断地用欣赏的眼光品味师生的付出，师生们就会更加有味地期待下一个精彩。

心境，有别于热情和激情，它具有弥散性和长期性。心境的弥散性是指当人具有了某种心境时，这种心境表现出的态度体验会朝向周围的一切事物。相信校长的胸怀、格调、根基、期待和情味一定会得到美丽的回报。长期性是指外显的态度体验微弱、平静而持久。心境可以说是一种生活的常态，人们每天总是在一定的心境中学习、工作和交往，积极、良好的心境可以提高学习和工作的绩效。校长不应该有那么多的拘束，自己不要被拘束，不要给自己的设计以拘束，不要机械僵化地拘束师生。无论我们做什么，只要我们守住教育的本真，洞悉自己内心发生的事，美丽的东西一定会长期弥散在教育的热土上。

写此文，其实有两重意思：其一，是希望给出一个好校长的形象，把好校长的文化符号存留于每个读者的心间；其二，是呼唤供给校长“坐看云起时”的宽松环境。

# 好老师：为有品位的质量而教



“人惟认得自己，则触境逢源，头头了悟。”中国清初伊斯兰教著名学者马注在《清真指南·体认》中所云，对强调“境”（教学情境）、“源”（教学资源）和“悟”（教学品悟）的教师工作而言，启发甚大。教师只有尽可能充分地体察、认识自我，才会把握适宜的度实现育人目的，才会朝向更高的目标提升自我，实现高品质的教书育人。

“为有品位的质量而教”，是立教之本，简曰“品质立教”。它抵制了赤条条的高分质量观，它敢于裸露素质教育的里子，它不以牺牲当下的幸福来谋取幻化的明天。像朱永新教授倡导并推进的新教育，像马小平、郭初阳等的教改义举，都让人看到了教育的“生态平衡”。

“为有品位的质量而教”，是“品质立教”的出发点，也是落脚点，其支架就是教师的大气、温润、精细、深远。

大气是“品质立教”的地基。爱学生胜似爱自己的孩子，遇后进生不急不躁，这是大气；经纶满腹，拈来就是，这是大气；以生为本，以学定教，这也是大气。

温润是“品质立教”的础石。“谦谦君子，温润如玉。”教师要以君子风度塑身，用自己的高尚品格浸润学生，温润泽仁，潜移默化。

精细是“品质立教”的支柱。精准而无偏误，细化而无空洞，品质自然就有了保证。没有精细，地基再厚实，础石再结实，也只是脸上写字——表面文章。

深远是“品质立教”的穹顶。它接天蔽地，有了深远，才有品质的完形。教育不能短视、功利，要以教师的“志存高远”孵化出学生的“高远笃志”。

认识了“品质立教”，我们如何做自我体认？也就是我们怎么知道自己在“为有品位的质量而教”蓄足力量，或者正走在抵近“品质立教”的路上？大气、温润、精细、深远，支架式的搭构，在意识层面上对我们有促进，但还是显得空泛缥缈，事实上抓不到清晰可鉴的着力点。如论精备、面批、反思、谈心等常规细作又显得太琐细，稍不注意又可能会步入缺少思考的“程序流”中，陷入老黄牛式的“一日劳作”中。“品质立教”，要求我们重新审视教育。中国民办教育协会会长王佐书先生说：“人格需要人格的教育，感情需要感情的投入，智慧需要智慧的启迪。”品质是人格、感情和智慧的结晶体，我们需要积极地去寻找它的折射面，并尝试着去体认。

首先，让我们问一问自己，能给学生的自己有的给吗？空瘪的豆荚孕育不出饱满的果实，矮小的树桠荫庇不了参天大树。教师心中有多少货，直接影响着学生的成色。学生的成长必须要有货真价实的师资，每位教师不能满足于原有的认知，要多读——向书本学，多问——向身边的人学，多练——向实践学，让自身的“材质”过硬。同时也要虚心向学生学，学会用孩子的眼光看世界，成就一身可再生的“材质”。

其次，让我们问一问自己，能给学生的自己舍得给吗？叩问这个话题，须用“情义”。有情，肯定舍得，把学生当作自己的孩子，有这种感情，教师肯定舍得给。倾囊相授，师之本分。独有情，无义，就漠视了学生的本分。师之义，在乎学生学。不是我们教给学生多少，而是学生体悟了多少。在施给理念下的学，还是“让学”。我们应该放下权杖关注“还学”，“情义”结合，还学于生，这种给才是真正的舍得。

再次，让我们问一问自己，能给学生的自己敢于给吗？这个需要“勇气”——教学的勇气。叶圣陶说：“教材无非是个例子。”新课标也给出了教材使用的意见：“教材要有开放性和弹性。在合理安排基本课程内容的基础上，给地方、学校和教师留有开发、选择的空间……”

向教材动刀，这需要勇气和智慧。有品质的教师不是在教教材，而是在用教材。如何用方为贴近学生，方能系统提升学生素质？解构与重组，系统与层级推进，你会发现，近似冒险式的勇气会给学生带来更美的东西。古罗马先哲曾说“只有冒险才有希望”，不无道理。

最后，让我们再问一问自己，能给学生的自己能持续给吗？给一时，还是给一世？“心力”使然。“心力”强者，内心博大，持久力强。当代高僧一行禅师所谈的“心力”，意指信念力、精进力、正念力、专注力和观照力。五大力量集聚，我们的情绪等就不会随外界因素的变化而起伏。教育的真正力量，其实就来自我们的内心，来自我们心智清晰和心灵宁静时。我们要修炼“心力”，少浮躁，避浮尘，心定神清，淡然自若，不要因学生一时的情绪化而情绪化，不要因自己的情绪化而蒙垢“平常心”。其实，“心力”练的不是硬度，而是韧度。

如果说，上述“材质”“情义”“勇气”和“心力”构成的是“品质立教”的内隐能量，那么，“品质立教”的外显气度在哪里？也就是“品质立教”通过什么让外界明鉴？素质，大家首选的肯定是学生的综合素质。“心地善良、脸色红润、言行优雅、头脑灵光、中国梦想，这些素质必须追求，也必须给予凸显。”

素质，是首选，却不是唯一。“品质立教”能告知别人的不仅仅只有素质，还要有数字。教育者手中要有数字，绝不能把教育做成一笔糊涂账。“我觉得”“我认为”“我想”……这样的发言能让人完全信服吗？其实，很多时候我们都难以避免使用这些含糊不清的词，而这些词在沟通中并不能带来真正的效果。记住，不管你“想”得有多好，能否有“数字”做依据，这才是关键。工作中，我们要把学生的学习状态与成效，把自己的教学投入与绩效等相关的数字熟记于心。然后，还要去寻找数字背后的数字。通过对原始数据的收集、分析、归纳、总结、储存，并将其处理成有用的教育管理信息，从而提升教学品质。尤其在当今的大数据时代，通过数据找相关，比寻找因果关联更重要。

同时，有品质的教育者心头还要有故事。教育故事是教育事件的具象。具体、生动、形象，赋予了教育以生命力，传递的是教育的温度，显露的是血肉丰满的教育形态。平平淡淡见真情，跌宕起伏显浩然。有故事，就有回味；有回味，就有品位。大凡教育讲坛，有故事的人最受教师欢迎。一个个教育故事娓娓道来，清新自然，受众有如品茗，自在自得。故事让教育事理、哲思慧语不再赤裸裸，品质偏爱有故事的人。一个有故事的教育者，必然有一面凸面的心镜，去洞察、放大教育的微事件；必然有一根敏感的神经，去感受、触发教育的真心灵。教育的奥妙从未埋藏在深厚的地层，其实它就在呼吸之间，看似简单，其实有名堂。有个故事，也来分享一下：几个孩子正玩得不亦乐乎，一个小家伙突然摔倒在地上，并立即哇哇大哭起来，哭得呼天抢地。一个小女孩看到那个跌倒的小家伙，愣了愣，接着跑过去，装着一下子也跌倒了，就跌在那个小家伙的身边。她不仅不哭，还笑得咯咯响。那个小家伙一看小姐姐，也笑了，抹抹泪，又玩了起来。这种故事因为简单而美丽，多多益善，用凸面心镜去放大，用敏感心灵去感发，我们会不断品尝到教育品质的原汁原味。当然，一个有故事的教育者，不能没有博大的胸怀，去包容、接纳不光彩的一面。教育事件，不单单是纯美的，很大部分常常是揪心的，甚至有些还带有不同程度的痛楚，也就是常说的教训。如果没有包容，我们绝对不会让教训“故事化”，也就错过了做“真教育”的勇气。

体认你是否在“品质立教”还有个关键点，就是做过了要留有足迹（体现过程性）。除了原地打转、不求上进的，工作足迹大略有两条：一是重走前人路，二是不走寻常路。第一条是循着规律打好常规牌，依着成果做好移植术，这脚印得踏得深，做实在；第二条讲创新，要独辟蹊径，走出一条自己的路。一天不创新，心里怪怪的；一周不创新，心里痒痒的；一月不创新，心里空空的。有这种心态，品质就离我们不远了。不管按哪条足迹行进，都要体现过程，一步步细化操作流程，做到位。做过了还要记下来，就是“案记”。这个重要性可以借课程专家叶澜教授说的：“一个人写一辈子教案不一定成为名师，如果一个教师写三年的反思，有可能成为名师。”成为名师不是目的，成为名师能更好地教书育人才是目的。教学完毕记反思，事情做毕写日志。足迹点点拉开，事迹涓涓语录。做教育，需要这种专注与情怀。

“品质立教”讲究内外兼修。自身有“材质”，爱生有“情义”，教学有“勇气”，育人有“心力”。除了看“素质”，手头还有“数字”，心头更有“故事”，过程留有“足迹”。如上达成，你就会有意识地内外对照着做，这就是对“品质立教”的体认与追求的过程。

# 好课堂：掰开两半看看

把课堂掰开两半看看，着实让人一惊。课堂是个整体，怎能掰开！惊愕之时，实际上它已经被掰开且颠覆过。课堂已经不是传统概念上的“教师给学生授课的地方”，只要学习真正在发生，不论何时何处，不论有无教师指导，课堂都存在。是“学”撬动了课堂的变革，有学习，就有课堂。我们根本不用刻意追求教与学的完整性，反过来，我们还要积极去打破教与学的混沌胶合。不要在乎“教”之于“学”的刻意存在，“教”是为“学”服务的，“教”不能替代“学”。“教”只有促进“学”，最后达到“教是为了不教”，方显大义。

当今课堂，打乒乓式点对点的一问一答还普遍存在。教师问，A生答；教师问，B生答；教师问，C生答……学习的“球”绝大多数从教师这端发出，偶尔从学生这端传给老师，几乎看不到学生之间的传递。这种课堂上永远不可能出现我国台湾语文教学专家李玉贵老师所说的“上着上着老师就不见了”的情形，因为老师始终是“发球权”的主宰。教师要从教学的权力中心走出来，就必须掰开课堂审视一番，掰开课堂，析出“半课堂”，给自己的“教”圈个“雷池”，让学生的“学”恣意奔驰，牢固确立“学”的地位。

### 基于“学”的“半课堂”

“半课堂”，是个怎样的概念呢？认识它，我们必须从原有的课堂中突围而出，从“课本＋教堂”的组合中走出来，我们不能满足于

"上好课本"。教师的责任在于：尊重每一个学生的学习权，给学生提供挑战高标准学习的机会。这两个责任点可以通过"半课堂"的结构去支撑。结构一："半＋课堂"，指向教与学的结构。在课堂里，教师直接的教学言行不能超过课堂时间的一半，至少有一半以上的时间是让给学生自己或伙伴之间的，实现每一个学生的学习权。结构二："半课＋堂"，指向学习内容结构。以整个学期为单位，课内配套教材——活学，课外拓展教材——活用，比重各占约一半，给学生提供挑战高标准学习的机会。

有人质疑，教学任务不轻，腾出一半的时间是否是无谓的浪费？拓展一半的内容是否是超额的负荷？潜台词就是"教师牵着学生完成既定的学习任务又快又稳"，这是学习任务观的"木乃伊"想法。学习不是按照既定教材的轨迹赶路，如果没有真正发生学习，如果没有学以致用，如果没有增量操练，把教材教完又算什么？佐藤学说："学习，是同客体（教材）的相遇与对话，是同他人（伙伴与教师）的相遇与对话，也是同自己的相遇与对话。"① 显然，教材、教师、伙伴、自己等主客体与学习都存在关联，其中同教师之间的相遇与对话只占其间的一小部分，而同伙伴之间的相遇与对话在此凸显了其不可替代的地位。要建构课堂的学习共同体，伙伴的互动比重不可轻薄，这是学习的规律。美国教育学家艾德格·戴尔提出的"学习金字塔"告诉我们：不同的学习方法达到的学习效果不同，学习 24 小时之后，学生对知识的保留度在 5％～90％之间。听讲、阅读、视听、演示处于 5％～30％的区间，讨论、实践、教授给他人处于 50％～90％的区间。后者促进学习效果的核心元素是主动、参与、合作、转化。显然，"半课堂"直指学习的高效区间。

### 腾出一半的时间干什么

学习从接受者的积极状态而言，可分为主动学习和被动学习。主动学习又可细分为自动学习和互动学习。"半课堂"内，自动学习的板块应占 50％以上，其中动笔的时间又要占自动学习板块的 50％。以

---

① ［日］佐藤学. 学校的挑战——创建学习共同体［M］. 钟启泉译. 上海：华东师范大学出版社，2010：8.

小学一节课 40 分钟计量，20 分钟左右的时间用于自动学习，其中 10 分钟左右的时间要用于动笔练习。比如，基础性练习、拓展性练习、配套作业或者自设的操练要进课堂。这两个 50%，看似苛刻，乃至刻板、机械，但给了学生自主操练进课堂的一个保证。学习一定要有时间，给了时间就是给了学习的前提，至于你用这个时间怎么落实学，这就逼着你去思考。只有这样硬性的规定，才有可能倒逼自己，不让教授、讲解、分析的强势倒戈反朝。让学生实实在在地学习，没有时间的保证，一切都是美丽的泡影。

用好“一半时间”，“两学一做”是基本形式。“两学”是自学、互学，“一做”是参与式实践。自学，要有学生独立学习的板块，老师要舍得给学生课内自学的时间。不要老想自己讲，有时候老师不讲比讲要好；也不要时不时地切断学生独立思考的学习活动，有时候学生刚刚有了思绪就被你揪回来了。互学，要有学生之间互动学习的机会，而且要成为“半课堂”的学习常态。几个人一起攻克一个任务，互相询问、应答、借鉴、启思、整合、表现，即使有个别人只是静静地在听，学习也在短距离当中聚焦并凸显其主体地位。同伴之间的心态是很微妙的。合作学习中，他们会在存在感的驱动下发生戏剧性的变化，如沉默寡言、成绩优秀的 A 生看着组内学力低下的 B 生一直询问其他组员，在存在感的驱使下他会乐意帮助解决。参与式实践，就是把学习的主权还给学生，让学生成为学习行为的主体，通过自我实践，深度参与学习的过程，让学生扮角演练、动手创作、动笔练习等。

至于学习内容的结构组合，“半课堂”不能由一本课本、一篇课文来独裁。它肩挑两头，一头是课内——教科书，一头是课外——课外书，各占半壁江山。我们的教学视点不能仅跟课内对焦，课内之教科书只为学习提供优质的资源，而非唯一的教学依赖。课内与课外的学习素材只有融合，彼此借力，教学才有基础，才有活力。我们要不断地去丰富学习的素材，课内、课外各担一半，让学生在内与外、破与立中学习、生长。“半课堂”非“一时堂”、非“一课时”来确定的，学习内容的结构分布，不是每节课都是课内、课外都占一半，这太狭隘，也太机械。“半课堂”的内容结构要着眼于一个学期，教学要拿出一半的时间让学生接触更为广阔的学习天地。

### 撑起“半课堂”的基质其实很小

“半课堂”的价值取向非常明确，就是实现每一个学生的学习权，给学生提供挑战高水准学习的机会，让学充分而高效。而这需要每一位学生成为学习的主角，其保障机制就是建立学习共同体，构筑合作学习的关系，让合作学习成为学习组织的基本形态。

就一节课而言，小组合作学习能很好地联系课内所有有关联的学习参与者。常见的有“分组＋分工＋合作＋汇报＋补充”模式，如我们让学生小组合作完成“学生‘名字联’配对”活动，四人为一小组，每组面前都有一张班级同学名谱，小组内有连线的、抄写的、解说的、上台报告的，分工明确。组际之间汇报时，要评议或修订。好像有了这样的形式与过程就是学习型组织的合作学习模块，其实，这只是一部分，是发展过程中的一部分。合作学习，摆形式不难，而追实质却难，因为实质是一种意识与习惯。李玉贵老师到我校上《明锣移山》一课时，首先是调整学生桌椅的摆放形式，四人一小组，并让每个学生既能与老师好交流，又能与同伴好交流。然后花了 20 分钟指导小组进行合作学习的基本规范，通过几个字形的解析与动作操练加以规范。



第一个字是“想”——靠自己想，阅读的时候要靠眼睛（目）、靠心。她在教学步骤上也做了重点强化，她的教学任务分别是：读故事，想结局；读图画，想人物形象；想情节间的关系；想作者为什么写。想，成了学习。

李老师又呈现“聽 ”（听）字，从字形上让学生明白听要靠耳朵、眼睛、头脑、心，并带领学生演练了听的方法，如下图。

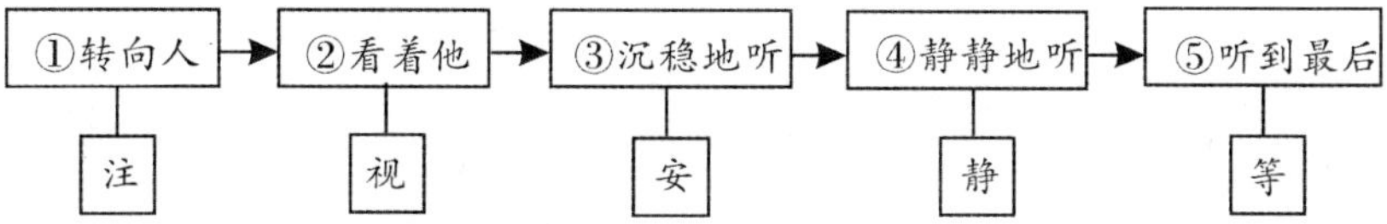


“听”的方法

这契合佐藤学先生强调的合作学习的基础，就是基于柔和的声音与身体的交往，基于倾听关系的对话性沟通。

第三个字，李老师强调“说”。说的姿态：身体转向学伴，看学伴是否准备好，说清楚，安心说。说的音量：面向学伴交流的时候，要微笑示意，说的声音不大不小，刚好学伴听得轻松，其他小组无法轻易听到。个人站起来表达要自信，声音要响亮，让全班同学听得清楚。听懂了点点头，听不明白就摇摇头。学生只有做到会“想”、会“听”、会“说”，班级才有“学习共同体”的基质。

“半课堂”，即“留一半的学程给学生自己走，拓一半的天地给学生自己品，腾一半的时间让学生真正发生学习”，用一半的课堂“让学”一生有用的东西。“半课堂”，是新课堂的概念塑型，是拓展教学、主题教学等高效学习策略转化为生产力的“立场”。如果我们的教学站在这样的立场上，就等于拥有了一个“跑马场”、一片教学生命丛生的原野。

# 好备课：厘清“核心设计”的“设计核心”

教学设计，就是备课，即考虑“怎么教”与“如何学”。“怎么教”，教师自己说了算；“如何学”，要易位思考。“教”相对[illegible]设计者更容易掌控，于是，“备教”代替了“备学”[illegible]有，现在也存在，因为撇开了学生谈“教什么”“怎[illegible]复制，“云时代”是不是也为此提供了便利？



教育是不可复制的。不同的学习个体、不同的学习[illegible]，或者同一个体不同的学习阶段，都应当有匹配的教育。教要考虑“生计”，也就是多考虑学生，多考虑学习，让学成为教学设计的核心。换句话说，“核心设计”就是“始于学情的学习设计”。厘清了这一点，坚定了信念，设计的核心就摆在了我们的眼前，以此着力，从学情出发，以学标定向，据学程联动，置学业温习，再配以策略，即可直抵“核心设计”的“设计核心”。

## 一、学情——“核心设计”的始发站

学生，非容器，单向注入，久必“塞”。欲“通”，则通“欲”，此非懂学生不可。学生是课堂教学中最重要的基质性要素，因为课堂教学的基本前提是为学生的存在而进行的教学，其根本目的在于促进学生的主动发展。[①] 这是“核心设计”的起点，也就是所谓的学情分析。学情分析，很多人怕麻烦，但若没有这项“预估”，怎能做好备课的“预判”？导致的结果就是“胡判”，乃至“误判”。教学就是要促进学生的真实发展，主客体的相互作用力，才会促进学生的真实发展。客体是给予“学什么”的东西，主体就是自身可接受的程度。主客体的相互作用力，其实就是奥苏贝尔的有意义教学的观点——旧知同化新知。同化的前提是基于学情的把握，我们不能用估计取代对旧知等学情的了解，更不可略过，我们要做前期调查与分析。

从时间上看，最理想的状态肯定是每节课前都有个前测。可实际操作上，却存在很大的困难，管理者不可苛求。老师的工作不仅仅只是教学，如果每天做前测，加上前测所带来的收集信息、出题、批阅、分析等一系列配套动作，实在难以应对。另者，教学设计对于上课而言，是一个前置性概念，备好课还需要一个自我调整的时间，任何思路只是思路，随着时间的推移，随着生活场景的变化，或者随着某种事件的发生，思路会有所变化，这种变化往往是积极的、自我完善的。所以，提早两到三天备课，让备课在落脚前有个缓冲的调整时段，有利于课的优化。课课前测，让教师一边修路一边前行，显然不是最科学的。基于此，笔者倾向于通过单元前测的形式开展学情调查。一个单元一次前测，时间上充裕，也有利于师生单元意识的形成。这种单元前测比较常态，至于你是缩小时间单位，或是扩大到学期大单位做个前测，则可根据实际自我把控。

从内容上看，学情分析的范畴比较大。有人认为是对学生年龄特点、学习态度、已有知识经验、学习能力、学习风格的分析等。笔者不是很赞同，除了已有知识经验，其余大多是一个学段较为稳定的学习特征，它不会每节课、每个单元都有变化，具有一定的周期性，基本上一个学期分析一次即可。一个单元或更小的单位做学情分析，其新的学习内容预判性选择可见下表样例。

① 吴亚萍，王芳. 备课的变革[M]. 北京：教育科学出版社，2007：15.

**学情预判样例**

| 学习内容与对象 | 分析指向 | 预判内容 | 对教学的启示 |
| --- | --- | --- | --- |
| 对联起始课（二年级） | 学生有多少先验认识 | 知道对联吗？生活中有没有见过对联？在哪些地方见过 | 是直接呈现不同场所的对联，还是让孩子们结合生活讨论 |
| | 学生有多少通向新知的“临界点” | 有没有读过《声律启蒙》或《笠翁对韵》？语文教材中学过了哪些诗歌？“语文园地”有哪些类似的对仗词句 | 决定了我们从旧知走向新知的过渡性教学策略选择 |
| | 学生有多少重构学习的障碍 | 已有的识字量有多少？诵读节奏有什么习惯 | 选择对联尽量避免出现生僻词语，寻找适合学生朗诵节奏的对联 |

从方法与应用上看，问卷是学情分析的主要方式，但题数要少而精，尽量用选择题、判断题、连线题等易判的题型，特别对低段更是如此。选择对象不一定是全班，对上、中、下三个层面的学生各选部分代表抽测分析，也是一个办法。除了问卷，还有讨论、个别访谈，也包括查看学生已学资料。学情分析，其实就是信息的收集与处理。下图学情应用坐标系可做参照。

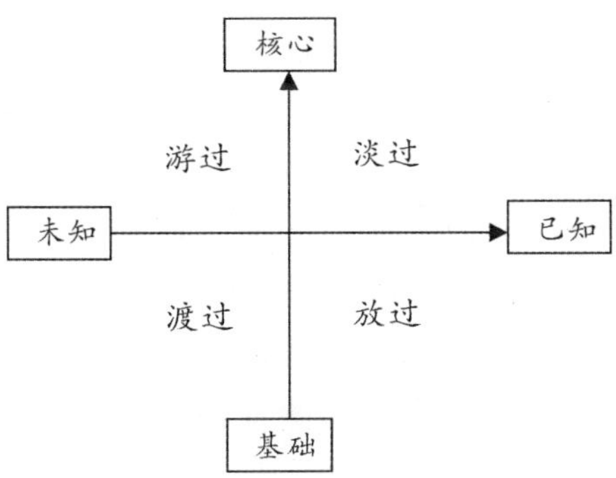


学情应用坐标图

已知的基础内容：放过——不教。已知的核心内容：淡过——略教。未知的基础内容：渡过——重教。未知的核心内容：游过——深教。真正的核心教学点要引导学生潜水深体验。学习伙伴之间，我们可以让会的教不会的，让不会的在学习之前做好相关的资料补给。

## 二、学标——“核心设计”的方向标

备课的顶层设计是什么？就是明确教学的总纲——目标，其引领着讲授、提问、合作探究、布置作业等教学行为的方向，是保证有效教学的基石。美国当代著名教学目标研究专家马杰曾说过：“如果能够提供给学生优良的教学目标，学生经常自己就可以学得会。”[①] 从某种程度上说，目标又是教学思想的现实反映，是教学意识的实体落地，要想树立师者的“还学于生”的思想意识，目标的拟定至关重要。

反观教学一线的教学目标，绝大多数缺少思考，内容意识控盘，把教学目标当成教学内容的现象普遍存在，“教什么”替代了教学目标，“学”在目标处被阉割。要想保住“学”的根，那就要从学生的角度拟定目标，笔者姑且称它为“学标”——为学而设的目标。其有“质”与“量”的要求。

质上，指向学标叙写的精准度，体现可操作性、可评判性。要达到这点，笔者认为可以参考马杰的 ABCD 目标陈述法：行为对象（Audience）、行为动词（Behavior）、行为条件（Condition）、表现程度（Degree）。[②] 说白一点，就是考虑“学什么”“怎么学”“学到什么程度”，如“能在多种形式的朗读和填词游戏中学习第三自然段，基本能熟读成诵”。几个要素在该学标中都得以体现，其中主体必为学生，能干的学生看了这种学标可以自学。书写时可以完整呈现这四个要素，但也并不是每课都这样，只要能够说清楚要学习的内容和期待学生产生的行为就可以了。有质量的学标还必须是一个整体，是三维目标的整合。知识与能力、过程与方法、情感态度与价值观，是个导向，是拟定学标的参照，但不可逐条对应、机械割裂三维整体。

量上，学标拟定一般不多于 4 个，不少于 1 个。少于 1 个，便是无的放矢。多于 4 个，意味着这堂课重心游移，多了，其实就失去了着力点，课堂结构混沌，每个点易浅尝辄止。

---

① 高艳. 论教学目标的设计与编写［J］. 中国成人教育，2001（4）.

② 夏雪梅. 以学习为中心的课堂观察［M］. 北京：教育科学出版社，2012：45.

质与量的明确，奠定了整堂课的基调，精准的学标是朝向光明的灯塔。传统的教学设计，目标总是被定格于教案的最前栏，笔者认为并不是不可调整。其实，可以把目标挪个位置，移到每张页面的最下沿，腾出一横格，给设计者书写与当页教学活动相关的学标。这一小小的格式调整，让学标对应了教学板块（不存在绝对对应），学标的锁定就贴近了学习过程，不会出现目标归目标、过程归过程的现象。

## 三、学程——“核心设计”的操练场

教案是教师策拟教学行动的据点，要修好教学工事，就要凸显“学”的元素，变“教程”为“学程”。

首先，要有板块结构设计。“核心设计”的核心是什么？是学。让学生感兴趣地、主动地学，就必须有足够的时空。以往那种以点串线的教学设计，给人丝丝相连、环环相扣的感觉，表面看似滴水不漏，其实漏掉的是学习的“真性情”。那线性网状的教学结构，或多或少给人以牵制感，学生的学习手脚很难自由展开，课堂看似浑然天成，但总感觉缺点什么。其实就是“真性情”的流失。“真性情”往往同“自如”“洒脱”在一起，课堂也应有“信马由缰”的快感。课的结构设计不要过于缜密，用板块式组织教学，教师脑子里是“块”的概念，一堂课 35 分钟非 2100 秒的连缀，而是 5 分钟，或 8 分钟，或 10 分钟不等的“教学块”的组合，一堂课也就那么四五个教学块，易记易发挥。有了块的结构，教学中细小的问题便会减少，学生在每个板块的学习互动就更深入，这种结构是学生学的过程得以展开的关键。

其次，要有学习活动设计。学习活动设计是教学预设直接操练核心素养与核心能力的工事，是教学设计的内核工程。教学设计者要从旧有的内容堆砌中走出来，因为教学过程重在设计，而非“教什么”的抄录；也要从教材分析型中走出来，因为设计不是教参意见的搬用。当然也不能异化成抄写练习题，“核心设计”指向的是有指导的学习，非有过程展开不可。学习活动设计一般有如下三个过程：明确任务（学什么）—导学任务（怎么学）—转化任务（表现学）。举个美国 ETC 科学教学的例子：认识测量工具——布置任务量身高，准备学具（白纸铺地），学生两人各躺地上互画身型，一定要双脚并拢伸直，画的时候要贴着身子的外轮廓画。教室里有好多组测量工具，学生自选一组，再头尾相连测量，学生上台汇报测量过程及结果，并把作品贴到黑板上。对上例稍作分析，我们会发现学习活动设计并不止于“怎么教”，更重要的是应写清楚“怎么学”，个体学还是合作学，合作学又如何分工，需为其创设什么条件等。在明确学习内容的基础上，通过各种策略引发学生内部的认知加工和思维，让学生真正动起来，这很重要。当然，要使课堂更大气、更显张力，学习活动设计不能只是局部的深化，而应该注意整体学习支架的设计，让每一个教学块的设计实现有意义的关联，形成有机的学习模块。一般来说，学习支架有个总任务驱动，各教学块只是子任务的串联。比如，“今天这堂课我们尝试用全班同学的名字来创编对联”，这是学习总任务；说说你的名字（交流名字的意义），谈谈对联的特点（回顾编写对联的几个要点），编编你的对联（小组合作创编对联），晒晒你的对联（分享评议对联），便成了学习的子任务。

最后，要有生成弹性设计。如何还学于生？围绕着学标依学利导、随生而动，这样的生动才能促成主动。我们要改变以往那种机械封闭的硬性预设，转变为一种灵活开放而且又为教学过程实施留有弹性空间的预设。这种开放和弹性的预设，不仅要为教学过程中师生的互动提供时间和空间的保证，更要为教学过程中师生的主动发展提供前提保证。[①] 教学设计时需留空间处，主要有两处——重点和难点。既是重难点，就很少只有一条抵达的路径，我们要多想一种教学方式，也叫“弹性路线”——在可能处提早预估应对。这至少有两种好处：一是一切的课堂变化都是顺理成章的，老师不会生拉硬扯，给学生下套，学生学得顺心，也就开心；二是解决重难点不是嘴上说的，而是有多套方案应对的，如此也就确保了重难点的深化与突破。

## 四、学业——“核心设计”的阅兵坊

爱因斯坦曾说过：“提出一个问题往往比解决一个问题更为重要。”从某种角度来说，布置作业比批改作业更重要。有些老师很辛苦，常常深夜批改学生被单式的作业，自己精疲力尽，学生也唉声叹气、疲于应付。问题出在对学生课后作业的不作为和不专业上，才会让教学

① 吴亚萍，王芳. 备课的变革[M]. 北京：教育科学出版社，2007：10.

工作走进自作自受的劳作怪圈。

公开课上，我们很少看到教师“正儿八经”地布置作业，大部分是下课铃声一响，课也“鸣金收兵”。课上得风生水起，结课常有意犹未尽之感。开课者以此标榜旗开得胜，琢磨作业的心思难以沉浸。在他们眼中，公开课布置作业，近似画蛇添足，有碍风雅。作为风向标的公开课如此，无异于专业的集体作祟。再观家常课，随堂听课几乎不见作业布置，午后放学前，你会惊奇地发现每班黑板一隅多出了各学科作业题板。俨然，作业是要的，但几乎都是替补的。这是一种作业的集体无意识。

关于作业的地位，顾泠沅教授如是说：“布置作业是教学过程链锁式结构的重要环节。”不论是顺向链锁，还是逆向链锁，抑或是整体任务呈现链锁，其核心要素是“联系”“强化”，作业就是联系、强化的重要方式，是学生巩固新知、迁移内化、自我修炼与提升的学习环节，是“核心设计”的结点。为了凸显其对促进学习的作用，我们不妨称它为“学业”——为学而作业，而非为作业而作业。

学业有成，重在分层。理想的作业，是精准指向每个个体的。可现实操作中，并不是所有课型的所有作业都可以针对每个人的，现实一点的“好学业”应该是适合每一类学生的思维过程的。为了避免因分层作业而加剧学生学力水平的层级分化，必须注意：既要有必选作业——指向基础，又要有自选作业——指向适配提升。自选作业要有难易指数的区分，并且采用积分制，让选择更有思维的含量，更能激发出挑战的劲头（详见下表策略分析）。

**分层作业策略分析表**

| 分层类型 | | ★指数 | 难易度 | 策略分析 |
|---|---|---|---|---|
| 必选作业 | | ★★★★ | ▲▲ | 1. 基础必选是为预防学生耍小聪明，忽略基础<br>2. 采用日平均6★积分制，一周总★指数达到42颗即可。如果每天做“必选+C=7★”，一周就有一天可以不用做作业，这种“免作业日”是孩子自己争取的，意义不一般；而且如上选项每天只需做两道题，划算！鼓励孩子挑战<br>3. 据实确定“定向生”，给予5★“餐标”，照顾后进 |
| 自选作业 | A | ★ | ▲ | |
| | B | ★ | ▲▲ | |
| | C | ★★★ | ▲▲▲ | |

学业有成，还要从课本意识向学科意识进军。作业不是就课解课，而是要有学科的素养诉求，以周或月为单位的长作业，夹杂专题实践与探究，辅之信息收集与处理，学业也就熔铸了学科基业。

备课是系统论指导下的重构，它必须关注学习链上的每个核心环节，方有对学生最后结果的全面关照。在“互联网+”的时代，我们更要有教育思想的“洁癖”意识。教育信息与手段不是越多越好，要为人服务，就要学会思考与选择，就要有能动性的关注与激发。哈佛大学的泰勒·本-沙哈尔（Tal Ben-Shahar）教授认为，幸福取决于你有意识的思维方式。要想找到教学设计的幸福，要想因孩子学的幸福滋生出教师的幸福，我们除了思考，还得有意识地思考。“核心设计”指向了“学”，也就有了意识。知道由哪里切入，知道如何运作，也就从意识走向了行动。真正锁定“学”，是实现提升学生核心素养与核心能力的基本保障。

# 好氛围：影响教师幸福指数的核心

一直以来，我都在寻找一个命题——影响教师幸福指数的核心是能力。

年轻的时候，经验少，能力弱，只能踉踉跄跄地完成自己的分内事——备课、上课、批阅、辅导、评价、沟通。此时，如果叫我写个“招生通告”“申请报告”之类都觉得力不从心，自然也就有点烦。你问我幸福吗，我一脸茫然，就我当时的能力，一点点额外的事情都有如压垮骆驼的最后一根稻草，多一点，就会把我累垮。幸好尚有觉悟，还具心力。

随着阅历的不断丰实，能力也在各类“不幸福”的磨砺中有了起色，不仅能独当一面，而且能在同个工作周期完成多项任务。能力值的递增，常常让自己的工作得心应手、创意连连。于是，我开始坚信“能力是影响幸福指数的核心指标”。当你有能力，能干好分内事时；当你有能力，能为集体、他人多担当时；当你有能力，能得到更多的尊重时；当你有能力，能做到自我实现时……当需要不断得以满足时，幸福感也就挥之不去。自己是这么走过来的，也是这么感受着的。

如今，当我试图去论证的时候，一所新的学校，一批新的老师，一次新的述职，完全颠覆了我的想法。

**搭把手，旅途一起走**

因为站在我面前述职的这些老师平均年龄不超过27周岁，从教最长的也就10年，刚刚毕业的就占60%，说能力有多强，谁都不会高估。可他们不幸福吗？答案是相反的，他们一个个讲述着自己的付出与收获，脸上袒露的，话里言间流露的，不是辛苦，而是包裹着浓浓谢意的“小确幸”。第一年创业是不易的，对于一个新组合的团队来说更是如此。一位教龄刚满一年的美术老师说：“学校艺术节，如果没有大伙儿的帮忙，我是无法完成百米画卷的创作的，我是最后一位发言的，我不想耽搁大家用午餐的时间，我在这里就是来感谢的。”在这位老师的眼中，幸福就是大伙儿一起共事，不分彼此。学校免不了集体活动，每次都是由一两位老师牵头，牵头不等于单干，一声呼百人应，这是幸福的节奏。能力再强，当孤单的时候，无助的时候，事务又迫在眉睫的时候，搭把手就是融洽氛围的直觉反应。各自为政，这是分裂的组织结构；群力群策，这是共和的组织结构。一个集体，互为支撑才有幸福的根基。

幸福在于土壤，它能补给你我心灵的根部。日本的苹果之王——木村秋则，用11年的坚守写就了苹果的神话——不打农药、不施化肥种出了世上最美味的苹果。秘密在哪里？不是叶，而是根，说到底是供给根部营养的土壤。他发现大自然中，没有任何生命体是孤立的，各种生命体互相联系、互相支援，树下的杂草为树提供了肥料，而土壤中的微生物使土壤保持松软，各种微量元素源源不断地从土壤中进入树的根部，被树吸收。给我们的启示是教师的幸福不是孤立的存在，各要素彼此间有密不可分的关联。我们不要因太在意肉眼看得到的部分——能力，而忽略了肉眼看不到的地方——心灵。搭把手，让心灵辉映。一个好的氛围，是美好心灵的原野。

### 相信你，按自己的节奏起步

搭把手，不止于业务，让相互间的温暖走进生活，学校便是恬美的家园。本学期，最让我们高兴的是：一位身患肾炎的老师怀孕了！一个新的生命在这个新的单位孕育了！这看似不是教育的故事，其实已远远超过教育的“面值”，它的内质是和谐的生命音律，舒展开美好的师生关系。这位老师的身体需要调理，她需要按她的生活节奏、身心节奏工作，远离疲惫、激动、郁闷与抑郁，生命才会有奇迹。真的，她实现了自己的愿望——调好身体，怀好宝宝，也没忘了干好工作。她述职道："从教科学三年来，今年是我第一次独挑大梁，这是信任；一年级科学没有可参照的教学经验，教材开发、教具研制、实验准备，很多老师都给了我很大的帮助，这是支持；学校照顾我有肾炎的事实，工作量之于我有如量身定做，这是贴心。我可以按照自己的节奏工作与生活，我真的非常感谢!"说着说着双眼就模糊了。她家庭条件好，完全可以不要工作，家里人也一再劝退。可她割舍不下教育的情怀，来了，换了一个新的单位来了，舒展着生命的姿态站在我们的眼前。

临近期末，有了身孕的她已请了病假，可六一节时，环境布置有她的身影，孩子们联欢的队伍中有她，因为她担心班主任一个人忙不过来。在期末复习、质量评定的最后关口，她担心替她代课的信息技术专业的同事过于操心，再一次主动出来上班，一丝不苟地完成了学历闯关工作。这是为人着想、给人支持的幸福行动。这是学校给了老师信任，老师给了同事信任，由此凝结了幸福。有了和谐的、融洽的、彼此信任的工作氛围，她不仅没有降低工作要求，而且舒心地创造着一切，包括自己身上的小生命。所有的老师都懂得与她分享这份快乐，这就是幸福。

### 能力固然重要，但心底深处的润泽更加重要

看着一位位青年教师述说着自己的教育故事，我被深深地触动了。美国教育家杜朗曾叙述过他如何寻找幸福。他先从知识里找幸福，得到的只是幻灭；从旅行里找，得到的只是疲倦；从财富里找，得到的只是争斗与忧愁；从写作中找，得到的只是劳累。直到有一天，他在火车站看见一辆小汽车里坐着一位年轻妇女，怀里抱着一个熟睡的婴儿。一位中年男子从火车上下来，径直走到汽车旁边。他吻了一下妻子，又轻轻地吻了婴儿——生怕把他惊醒。然后，这一家人就开车离去了。这时杜朗才惊奇地发现什么是真正的幸福。他高兴地松了口气，从此懂得：生活中的每一项正常活动都带有某种幸福。教师亦然，刻意地在能力中寻找存在感，用存在感来刷新幸福感，反而"不生活"，也不圆满。

什么是教师生活中的正常活动？读书，教书，爬爬格子？爱人，育人，陪陪孩子？……好像很难说清，就好像我们呼吸，一定要想呼出多少二氧化碳，吸入多少氧气，很难，这是一种感觉，只要不憋气，舒服就好，这是一个整体，属于生命的一部分。与生命有关的每一个"细小"都有如杜朗眼中的那个"吻"，这要我们用心去感受。晨间师生的一个拥抱，午后你我之间的一个道别，擦肩而过的一个微笑，微信上的一个点赞……就是一个个平平淡淡中更贴近教育的幸福之"吻"。

一个好的氛围，彼此间应该不因为距离而疏远。人与人之间，有物理的距离，也有心灵的距离，后者的拉远，是世界上最远的距离。防止陌生感的滋生，除了学校有意地撮合之外，就是让心灵纯净下来。去除了外界的喧嚣与纷扰，不让心灵蒙上世俗的尘埃，眼中必定会多一泓清澈。人的心灵就像眼睛一样，当它注视被真理与实在所照耀的对象时，它便能知道它们了解它们，显得是有了理性。[①] 世界不再暗淡，眼前不再模糊，每一个他站在你面前，你会懂得珍惜，距离何在？

氛围好似火候，好的氛围方能烹调出教师的幸福。如果能力是锅底，幸福的醇美离不开恰到好处的火候去烹调。在教师幸福感的培植与生长过程中，我们不要一味地追求教师专业能力的提升，更多要做的是追求和谐与美好。老师要爱"自己"，老师要"自己"爱。以前教师回到家，就有家的感觉。现在教师回到家，电脑与手机绑着你进"班房"。快节奏的现代社会，我们不要让教育走得太快，不仅仅是学生的灵魂跟不上，老师的灵魂也跟不上。教育，是慢的艺术。对孩子，我们可以期待。对老师，我们又何尝不呢？教育的本质就是爱与责任，能力是其背后的自然晶体。有宽松的教育环境，才有豁达的教育人生。一个组织没有了猜疑、嫉妒和恐惧，有的只是包容、信任、支持与安全感，这种幸福才是真正的幸福。

由此，我收揽了一个新的命题：影响教师幸福指数的核心是氛围。

① ［古希腊］柏拉图．理想国［M］．张竹明译．南京：译林出版社，2012：12.

# 好定力：校长应有不怕落单的专业自信

信息瞬息流通的时代，滋长了跟风的习气。一有好点子就被铄金，刹那间在网上流播，人人争而上。教育领域也不例外，教改之举是“你方唱罢我登场”，花样迭出，好不热闹。喧嚣之后，浮躁之感久久难消。

淡泊名利，宁静致远，教育应然。教育是最需要安静的事业。因地制宜，因材施教，只有静心才能酿就。外面的天地很精彩，只有“静”才能辨其优劣；内部的世界很独特，只有“静”才能促其“生长”。一味地奉行拿来主义，必有南橘北枳的苦涩。

大多数人不是不知，却知而为之。表面上看，是一种无奈——人家都在做，我不做会招人闲话；实质上，是缺少不怕落单的专业自信，心里没底。

## 专业自信要有定力

说实在的，教育的各种做法会穿过种种“视窗”窜进你的视野，主动投怀入抱，想挡都挡不住。我们不能逃避，需要的是一点矜持，在“风花雪月”前能“坐怀不乱”，这就是教育定力。教育是有规律的，它是一切生命的综合体，如生态、生活、生长、生发、生动、生机……一有生命就存在生态，继而存活、成长、发展，继而动人，从而呈现出生机勃勃的一生。与“生”俱来，落地“生”根，用心浇灌“生”，“育”生命自觉，把握了“生”“育”之规律，教育就不偏执、不折腾，也不滞涩。我们不立逆生违育之功，多行培生养育之义。既是“培养”，就须待时日与劳作，不急不躁，顺势利导。有了朴素的教育观，乱花怎能迷人眼。当前教育界不乏热门之事，很多教改项目在“爆炒”下成了香饽饽。去行政班、分层走班、翻转课堂、教育创客、智慧教室、互联网＋……个个耳熟能详。看了心痒，说明你有一颗教育的热心，能憧憬，这没错，但不要急于上手，只有适合的，才是最好的。不急于跟上不是落伍，反而显现了你的专业成熟与自信。

还有一种专业定力叫学会拒绝。记得有次在学期中途联系上海的一所名校，欲带队去考察学习，对方的回复是所有的行事安排都在期初订好，包括外来接待。我们非常理解，不求通融。一所学校顶着被误解的尴尬，不让临时的事务打乱师生的教学与学习节奏、影响学校的组织秩序，这是多么有教育情怀，教育规律已化作他们的一种信仰。大多数学校都不好回绝兄弟单位来访，恐失去关系而落单，定力显然不足。有利于学生的事情多做，不利于学生的事情绝对不做，可有可无的事情尽量不做。对此，如有不理解，你也不必在意。微信上有句话说得好：“不管你多么专业，遇到不懂的人，你就是空白……别太在乎别人的评价，懂你的，不用解释；不懂你的，解释也没用。不需要解释，做好自己！”

“静能生定，定能生慧。”“静”是“定”的根，“慧”是“定”的果。表现“慧”，一般有两个方面：一是善辨；二是尚创。这也是专业自信的两个支点。

**专业自信要有辨识**

面对错综复杂的教育现象，要辨得清、看得明。

有时是不合时宜。每个学校都有它本身的发展时间轴，一些教育成果都是一定时间累积的文化产物，它的成功有一个发展过程，而且必须走完每个关键步骤才能奏效。如果你简单取而用之，必然会处处受挫气馁，为此产生的负能量是非常可怕的，而这都是你缺少辨识酿成的后果，极不划算。比如，曾获得首届基础教育国家级教学成果奖二等奖的“整理课”，对学来说价值不菲，这是温州市实验小学创业团队从2002年开始整整经历十载磨砺而成的。我们要转化其成果，须按它的“实践—反思—再实践—再反思”的发展步骤循序渐进，因为它是实践的智慧、价值的统领，“行”与“思”必须要让每个老师体验式感受。循着前人走过的足迹实践验证与探索肯定会事半功倍，但一口是吃不成胖子的，不尊重时间规律，有的只是事倍功半。

有时是人力失衡。不同的人力组合有不同的管理方式，超负荷与低负荷都是失衡的人力调配。比如，期末总结大会，很早以前都是校长一言堂，校长做个总结报告，提几点希望，出几个思路；后来加入颁奖，多了主持人宣读颁奖词，宛若央视颁奖大典；再后来让不同的人上台讲话，再颁个奖，校长总结；再再后来就是当前风靡一时的“舞台秀”，大家用丰富的感官来温习一个学期的教育故事，当然也有颁奖和校长总结。这种总结大会的发展历程是逐渐走向“平民化”的过程，整个学校宛若一家人，总结时其乐融融，甚好。但学校领导不能图个氛围而忘记了人力现状，忘记了期末的特殊性与复杂性。大学校一两百人，人才济济，能歌善舞者众，班主任约占三分之一，还有三分之一的副班主任，剩下三分之一的老师期末不会陷入班务，期末编排节目就有了更大的可能。小学校则不然，四五十人以内的小团队，能歌善舞者寡，集班务、学务、考务、校务一体者多，你一定要让总结大会热闹腾腾，就要慎重，不然人力不调，就如气血不通，滞气。当然，小学校也有小学校的优势，可以让每个教师述职，大家彼此分享一学期的成长故事，不是更有理性、感性与温性吗？这点，大学校也不必照搬，指向每个个体应当有不同的方法。

有时是主旨偏移。每一种活动都有它的主旨，想得到什么，嫁接任何一种活动都要考虑，这是它本身的价值取向。比如，体育运动会，有“小小奥运会”“小小亚运会”“小小省运会”“民族运动会”“童话运动会”“军事运动会”等，有了文化与体育的交融，更丰富了运动的色彩。看各校微信公众号，体育运动会主题宣传是“色”的海洋，穿着各色服饰的代表队进场最吸人眼球。本来这只是点缀，其本体是运动，主旨是强身健体、拼搏向上、团结进取，关键是加强平时的训练。可演变到后来，大家都在考虑怎么做炫，筹备道具与形式比训练来得多，是否有舍本逐末之嫌？形式花样适度，可以，调动兴趣、丰富文化本身就是价值的一个提升点，但不能本末倒置。万事适度，主旨方正。我在寄宿制民办学校干过，工作的第一周就发现了一个怪现象，现以表格加以直观说明。

**一所民办学校学生的一日作息时间表**

| 时间 | 7：00 | 7：20 | 7：40 | 11：30 | 12：00 | 12：20 | 13：30 | 16：20 | 16：50 | 17：10 | 18：00 | 19：30 | 20：00 |
|---|---|---|---|---|---|---|---|---|---|---|---|---|---|
| 地点 | 寝室 | 食堂 | 教室 | 食堂 | 操场 | 寝室 | 教室 | 食堂 | 操场 | 寝室 | 教室 | 食堂 | 寝室 |
| 事件 | 洗漱 | 早餐 | 上课 | 中餐 | 散步 | 午睡 | 上课 | 晚餐 | 散步 | 洗澡 | 晚自习 | 点心 | 入睡 |
| 现象 | 除上课之外，每个事件的交接都由生活老师统一指挥，学生齐刷刷地排着队行进在场馆之间 | | | | | | | | | | | | |

上表采用“亚军事化管理”模式，学生一日作息都在生活老师和学科老师的联合无缝监管下进行着，安全无盲区。想来这是军事化管理带来的影响，军事化管理能给教育带来直接可见的“秩序”的时候，有一部分学校开始仿效，其中以民办学校为多。这类做法仿佛很受用，其实“生态”已被硬生生掐掉，每时每刻都在老师的眼皮底下，学生能自然吗？没有自由空间的教育能育出生命自觉吗？有悖规律，就是有失主旨。

有时是水土不服。如涉及地域文化、民族文化等极其个性化的教改举措就不宜直接搬用。教育，需要取之有道，舍之有理。

## 专业自信要有创意

创意是专业自信的自信。接触到各种教育现象，你要能坐得住，看得清，至少不会被忽悠，也不会被随意绑架，能做自己的事。不过，处于这个层面尚不能心安理得，它有危险，常常会把你带入谨小慎微的地步，难有大气之举，也难有大观之作。日久，格局必小，当然对你的“专业自信”也就不自信了。

很简单的道理，我们除了守业、敬业，还得创业。只有“创”，才有更高意义的生产。只要你从学生的角度思考教育问题，你一定会有无穷的创想。想给每个学生提供更多、更大、更自然的平台，我们可以结合互联网+，给学生创建“泉声故事屋”——在学校公众号上发布学生个人语音作品，学生在家用手机录好一段，如绘本故事，就可以上传平台审核，通过则发布。便捷易操作，孩子们支持率超高。后来有很多学校复制此做法，作为原创者肯定收获满满的自信。创新并不苛求你都是原创，在前人的基础上做些科学的变通也是创新。比如，去北京清华附小参加校庆一百周年系列活动，午间休息时看到很多孩子三五成群组合一队，挽住与会嘉宾，介绍清华附小百年来的优秀校友，朗诵其相关作品。我被触动了，这既是爱校教育，更是成长教育。面对陌生人如何去表达？如何克服心理障碍去积极表现自我？同伴之间如何合作？活动给了孩子很多。有次学校组织市级研讨会，正好是3月5日（学雷锋纪念日），我们让孩子们给来宾介绍雷锋个人与雷锋班、朗诵雷锋诗与雷锋名言、唱雷锋歌曲、讲雷锋故事、学雷锋做好事……孩子们又得以锻炼。这两次活动，雷同的只是形式，教育的内涵却可以自我开发。有益于孩子的，就是好的，就是创新。

曾看过木心的《文学回忆录》言及《红楼梦》中的诗，如水草，取出水，即不好；放在水中，好看。教育也有近似之处，不同的东西放在不同的学校有不同的现象，适合的才是最好的。校长应当有专业自信，为了自己的学生，融会贯通，拿捏精准，你的作为必然是美的。

# 好成色：有质感的教育始于“树”

时下，有些教师在成长过程中，重学历而轻学力，重获奖而轻分享，重公开课而轻常态课，热衷于追求功利的“术”。也有一些优秀教师，成名后因为四处讲学而将自己在学校的育人工作搁置了，渐渐地变成“墙内开花墙外香”，讲的也都是陈年的老故事，令人感到一种说不出的滋味。教师应该把立德树人作为根本的追求，并且培育相应的树人之“术”，这样自身才能真正实现专业成长。

教师应该有教育公德心，自觉地把学校的事当作自己的事，从而做出良善而合理的行为。比如，看到地上有纸屑，弯弯腰，这恰恰能挺起教师的脊梁，会凸显教师在孩子心目中的美好形象；听不到下课铃声，教师的教育神经敏感地告知自己应该立即采取行动，及时联系音控修理，避免接下来全体师生上下课无序，这能让整个校园感受到教师的补位意识。在校园中还可能遇到更多的“小事”：踩到滑溜的地面，闻到卫生间发出的刺鼻的异味，摸到盛满菜肴的餐具没有了温度，坐在与学生身高不相配的课桌前……面对这些情况，教师应当有自己合理的想法与行动，这就是教师的教育公德心。

教师在教室里，是拥有很大的自由空间的，并不会有人时时监控干涉。面对整班学生，教师可以按自己的喜好设计教育教学过程，完全自主地实施课堂计划。如此说来，每个教师在教育过程中的言行，都会体现出各自特有的质感。学生是最直接的感受者，也是最容易受到这种质感影响的群体。比如，教师稍不在意的话，就会频频地在学生面前拿出手机。而此时学生看到的，是一个热衷于玩手机的教师。学生或许会认为这名教师的工作态度不认真，教师的形象将会因这“不起眼”的行为而一落千丈。更糟糕的是，学生也许会潜移默化地受到影响，认为随时随地玩手机就该是一种生活常态。“君子慎其独”，教师在教室里的时光，也可以理解为“独处”的时光。因此，在没有领导和同事在场的情况下，教师的每一句话、每一个动作，更要谨慎地保持“君子”风范，避免成为“反面教材”。

在学校教育中，教师对学生的观察点越多，对学生成长的评价指导就越有力。而当下多数的学校教育评价，仍然是以学科考试为主，考试分数统领着对学生的总体评价，也统领着对教师乃至学校的评价。在教育教学过程中，如果能够从人的成长角度寻找出更多的观察点对学生进行评价指导，不仅能够帮助学生在成长过程中走得更“正”，而且能够使学生更多地感受到教师对人的关爱、对生命的尊重。要让学生触摸到教师的这一份情怀，不仅需要教师的观察力，更需要教育管理者在实施教育评价时有不拘分数的气度。记得著名特级教师孙双金对一堂好课有这样的描述：学生有小脸通红、小眼发光、小手直举、小嘴常开的表现。这就是这堂课通过学生所表现出来的质感，而让学生的生命活力在课堂上生长、焕发，这正是课堂教学所追求的。教师的专业成长，应该致力于这样的研究。

教育工作在立德树人的过程中所展现出来的质感，来自教师的修炼，是教师专业情怀与涵养的“自由落体运动”的结果呈现。教师的“术”，能够反映出“树”在教师心中的地位。“树”有多高，教师专业的成色就有多纯。

# 好规律：第一周不听课

开学第一周，学校领导常三三两两进课堂听课，仿佛第一时间牵住了“牛鼻子”，就拴住了教学质量。

表面看似乎有道理：抓住了课堂就是抓住了根本。领导“到位”，必然会刺激教师的神经，主动上紧工作的“发条”，进一步强化“课本位”的认识，一定程度上会消除假期慵懒带来的“开学慢”现象。

实则不然。学期之初，师生都还没有站稳脚跟就遇上“追课族”，难免产生压抑感。领导来听课，不认真准备说不过去，有时还得揣摩领导的“课堂价位”，要费心思去对对“食客”的胃口。领导也喊冤，因为听课是想看看师生的状态，并没叫教师特意作为，更不需要阿谀逢迎。但首因效应很多老师还是知道的，对开学第一印象当然很看重。大家明知这样做没必要，但“形象”还是会影响人的内心世界。所以，不管听课者初衷如何，听课本身或多或少会打乱教师开学工作的节奏。

开学工作事务繁多，而且都已逐渐成为常态。比如，秋季开学前后，暑期师德培训往往安排在8月底，紧挨着就是根据新的人事安排调整办公场所、布置新教室、认识新生、集体备课、新加盟教师岗前培训等。现在很多学校常以“仪式课程”替代传统的点卯式报到，还有开学典礼和教师节庆祝活动……显然，开学第一周不仅事多，而且特殊时段有特殊做法。用心去做，已远远超过一节课的价值。

上好课，最终是育好人；而育好人，不止于上好课。管理者对

“课”过于敏感，就会弱化对“人”的反应。这里的“人”既有教师也有学生，尊重他们的感受，正视教育的规律，自然地踩着自己的节奏起舞，才是最好的。乐曲有前奏，就容易带入；课堂有导入，就容易跟进。学期初的工作亦然，也需要引子。有的事情，看似慢了一点，却让人舒服。人舒服了，才有课的舒服。开学第一周不听课，应该是对人的尊重，对老师的信任，对规律的敬畏。

当年白马湖畔的春晖中学，朱光潜、丰子恺、夏丏尊、朱自清等大家都在这里有过交集。他们吃酒谈天，放松自足，其中丰子恺的漫画作品《人散后，一钩新月天如水》，几乎就是这帮老师在一起聊天之后的场景。当代一位学者看到这幅画的时候想到的是：那个时代的老师，可以在这样一种放松状态下展开他们的想象力和创造力，那是一种什么样的环境？答案是：一种能给人尊严、自信的环境，能给人可能性的环境。在这种可能性中，可以产生更多的可能性。相信教师，敬畏规律，“可能”就孕育其间。去听“开学第一课”，难免有“盯”之嫌，盯得过紧，未必是好事。柔和一点做教育，来得真，来得善，也来得美。

不听课，是不是不务实？这种担忧反倒是专业自信的缺失。期初、期中、期末各有特点，不懂时务，就易偏轨。作为管理者，最核心的实务就是支持：“多下馆子”——到教师队伍中去，参加他们的各类碰头会，听听他们的声音，也给教师吐吐苦水的机会；用自身行动去支持，如学期初每天早到校，在校门口迎接师生，无声的语言有感召力量，是对教师早到校的行动支持；有教师上了一节诗文课，课后感叹诗歌难上，此时点拨，合宜“不愤不启，不悱不发”之意，教师爱听。也有教师会主动请你进他的课堂，以便达致“课人合一”的教育佳境。第一周不听课，是指不主动找课听，但绝不反对“主动上门”“愿者上钩”，教师队伍中不乏高能者，这一群体有余力“探课”，我们也无须避之。

# 好常态：给教育松松土

曾记得，家有小盆栽文竹，常养常枯，不论如何采光、给水、供养。后来偶然用铁丝给干硬的泥层钻洞松土，浇水即渗，最终有一盆存活下来。已近十年，其间，打孔松土屡试不爽。生活如此，教育亦然。我们在关注“光”“水”“养”的同时，是否忘了给教育松松土？

在我看来，给教育松土属于管理的范畴，是基层的常态激活。随着学校的发展、社会各界的关注，校际竞争愈演愈烈，有时不是系统内想这么做，往往是被系统外绑架式驱动，关注多的是看得着的、明显的、影响力大的，如“光”“水”“养”；求新、求异、求变、求创，高处上位，顶层设计，往往忽略了基层常态“土壤”的吸纳性，认为常态就是自然存在，无须驱，亦能动。也不乏这样的管理者，认为做得再多，也是吃力不讨好，小打小闹又无人问津，做的动力不足。

做的动静大小，常常会不自觉地左右着管理者。办学特色、项目推进、经验分享、挂牌授勋是不是更刺激？冷静地看待我们的教育创新，有几个项目、特色真正地在校园内长期存活，并得以区域性推广？“雷声大、雨点小”是不争的事实。问题不在于教育创新，我们绝不能把板打在革新创优上，问题的根源在于没有了根源！我们在得益于教育创新力，并为之欣喜的同时，是否得多多考虑教育管理亦须贯接地气？多追问“教育生长的土壤是什么”“是不是也有一盆‘教育文竹’时常需要松松土”，让顶层设计与特色项目之养分能真正惠及根部，再倒过来催生出教育的“绿意盎然”。

答案是肯定的。与每位教育者、被教育者生息与共的就是教育常态，是随着不断发展其基因得以重组优化的新常态。教育常态，普通得不能再普通，常见得不能再常见，实实在在地无时无刻不与每位师生发生关系。当这种常态融入每个生命体，自然得如呼如吸的时候，也就有了剔除杂质的、适切的校园文化。

教育常态往校园文化嬗变的因子很多，如明确的规定、长期的坚守、务实的作风、创新的做法、团队的协作等，其原力却是“立着的生命”，得以尊重的、挺拔的生命。即有根基的生命教育理念，是站在学校现有实际基础上的对常态的激活。

切入常态激活的路径是在活动中见到生命。这不是一句空话，反倒是觉得是空者，它就空了。有认识才有觉醒，有觉醒方有行动。我有个习惯，经手过的工作都留有完备的材料。每到一个新的单位，面对所分管处室的负责人组织活动缺少思路，我与其谈话后，常会顺给他相关的活动方案参考。但结果他把参考变成抄告，第二轮提供的活动方案仅仅改了原学校的名称、活动时间与场地以及相关人员名单，其余原封不动，是不是有点无语？问其原因，答案是原方案做得太好了！我当然不会放过教育的机会。什么叫“好”？适合本校学生的、透露本土气息的活动才是真正的“好”，因为这个“好”联系着现场真实的你我他。照单执行，这是缺少价值意识的表现。我们的价值是什么？是尊重生命。对于不一样的学生，你拿来就用，不就是生命尊重感的缺失吗？

尊重生命就是处处为学生着想。南方夏季结业典礼常常会遇到地表 45℃以上的高温天气，为了把活动完整走下来，把学校的成果充分展示完，体现所谓的“高大上”，让学生在室外站一个小时，甚至更长。这就把活动看得太重，学生反而居其次。结果，不到半个小时，学生陆陆续续地进医务室。有人会说，学生体质太差。换位思考，让你顶着烈日试试，毒太阳、桑拿天，热汗挥洒、喉咙冒烟、心跳加速……你还有心欣赏眼前一幕幕的精彩吗？你还觉得自己上台领奖或表演是美丽的瞬间吗？让孩子更健康，不是悖逆规律的死抠。让学生挑战困难、战胜恶劣环境，有的是时间，有的是项目，而不是在结业典礼上。每次活动都要思考：你想要什么？你的“想要”是不是随着学生的脉搏一起跳动？

教育的生命在于走进学生的心里。结业典礼是一次彼此的盛会，夏日里要让学生有个沐心静观的环境。你不能被常规钳制，一定要在早上八九点钟吗？一定要在室外顶着烈日吗？换个背对太阳直射的地点可以吗？坐在教室观看视频现场直播可以吗？……办法不是没有，钳制我们的是对常态的熟视无睹，对生命的熟视无睹。

模糊与不清，源自对常态生命的价值判断。觉得“常态”本是“反复”的代名词，以前都这么做，这次也这么做；别的学校这么做，我们也这么做。这种暗示，让常态披上了程序化的外衣。就如把结业典礼理解成“升旗敬礼→宣布开始→表彰先进→成果展示→假期倡议→校长致辞”一样，硬生生地遮蔽了常态的“生态”。死板地刻画，机械地套用，程序化地思维，让很多人在组织常态活动的时候有瓶颈之感。如果遇上一所新的学校，刚好又只接收了一两百名仅仅一年级的新生，又忘记了事前排练表演类节目在结业典礼上炫彩一回，那结业典礼如何操办？这个难题必定会苦煞那批视常态为程序的“程序员”。要想把他们从无助与无奈中拉出来，还得靠基于本校、本土与本色的生命尊重。

上述情况恰巧我也遇见过。期末只剩下两周了，德育处还是拿不出好的结业典礼方案给我。用他们的话说“就是想不出来”，眼神与口气，我都能觉察出他们是在努力，也看得出在他们的心中本届结业典礼除了颁颁奖、领领证，已别无他法。我说：“表演多一个少一个没有关系，这么热的天，孩子也晒。关键我们要想，颁奖可以颁出新名堂吗？能否与校园农场成果品鉴会结合起来？先室内后室外分两个场地如何？主题为‘生命·这里绽放’怎么样？”他们眼前一亮，开始筹划出一场以“生命”为主题的结业典礼。

解析本次典礼成功的背后，是在常态里看到了“立着的生命”。同样的资源，因有了生命的意识而不一样。表面上看低龄化学生导致了资源的稀缺，仿佛组织者是“无米之炊”，实质上还是自己不明白想要什么。在室内颁奖，不超过半个小时，短平快，学生不热，容易进入神圣的、庄严的、荣耀的氛围。安排“体育之星”“阅读之星”由家长亲自给自己的孩子颁奖，既拉近了亲子关系，又拉近了家校关系，也拉近了读书与健康的关系。专设“校长友谊奖”，让学生贴近校长，让校长走近学生，与教师一起共同促发向上的力量，学生不论在哪个层面，都极其期待。随后，在室外农场，学生在走动中评价各个班级一个学期来农作物的成果，时间控制在20分钟内。学生是带着风儿去欣赏生命与生命的对话，彼此分享丰收的喜悦，较之正儿八经地领几个奖，更契合学生的需要，也更接“地气”。

学校的工作，其实没有太多的“高大上”，反而土气的、不上眼的是最护根须的。程序是需要的，是一种规范，固定下来了，也就接近了文化。但真正的文化是不被程序束缚的，也不是另起炉灶的、脱离实际的创新，是“立着的生命”，在合宜处点拨，在常规处激活，在生命处挺立。

程序，在记忆；印象，在激活。在常态中注入生命，这是我们应有的教育印象。史铁生认为，往日并不都停留在我的记忆里，但往日的喧嚣与骚动永远都在我的印象中，因为记忆只是阶段性的僵化记录，而印象是对生命变动不安的理解与感情；记忆只是大脑被动的存储，印象则是心灵仰望神秘时，对记忆的激活、重组和创造；记忆可以丢失，但印象可使丢失的生命重新显现。喧嚣与骚动，并不高雅，但真实。常态存在着，是来自基层的生态，有着那么一股浓烈的泥土的气息。教育者，不要只定格在“往日”的记忆里，要在“往日的喧嚣与骚动”中寻找最朴素的生命，并发自内心的尊重它。[①]

尊重生命，让教育留下印象，并对常态加以激活、重组和创造，重新找回或继续深化常态的生命之根。我们在仰望星空的同时，别忘了脚踏实地。

① 史铁生. 以前的事[M]. 上海：东方出版中心，2006：326.

# 好 心态：当静下来等待不来



让教育静下来，为什么这么难？

常常念及二十年前的教育生活，离开学校，时空就真正属于自己，自己安排备课、批阅、家访，有时带回学校布置的任务，写好相关文案，上街找个打印店出份电子稿。之余，可以自由呼吸。现在不同，不管你在哪里，只要有网络，你的信息产品就绑定你了，你随时随地都可以被找到，随时随地都可以办公，生活时间常有电话恐惧症，担心领导来电。公私之间模糊了临界线，工作与生活被整体打包。之余，可能根本找不到“之余”。

“现在是怎么了？想静下来做教育，为什么这么难？”常有如此抱怨。事实摆在眼前，一个学期内，除了备课、上课、批阅、辅导、沟通“一日三餐式”的常规工作之外，各类教育教学研究活动、各式校园文化活动、各项家校及对外沟通活动等一个接着一个，好不热闹！还要应付各级各类评估检查，迎接各地来访考察。想静下来，真的有点难！

如上工作尚在可接受范围之内，有些地方的有些做法就有些扎眼。如有部门需要宣传的，需要向社会发布的，都要从学校这个渠道走向家长，接任务如同接“119”——今天布置明天就要交。“禁毒宣传”很典型，要通过教师通知每位家长通过手机在网上答题，答题率要达到100%，没有达到就全县通报，学校及教师的压力可想而知。还有安全检查，政府部门、教育部门、卫生部门、消防部门、交通部门都可以来，都要接待，都要配合。忙不忙？不言而喻，特别是班主任——千针万线穿眼前。

也难怪胡锦涛在2007年8月31日的全国优秀教师代表座谈会上强调，教师要“静下心来教书，潜下心来育人”。一个道理很浅显——一个只顾赶路的人心中是没有风光的。同样，一个只顾低头劳作的教师心中是缺失星空的。温家宝诗寄教师“仰望星空”，我们憧憬，憧憬教师诗意地栖息。

时代走得太快，外界对学校的期望值越来越高，我们如何找到“自己”，让教育的灵魂跟上？是封闭网络、冻结信息、关起大门，回到教育的“世外桃源”，还是开放胸襟、积极面对、专业行事，步入教育的“星光大道”？我想走是走不回去的，必须向前，但一味地驱“体”向前，是走不远的，唯有宁静方能致远。“静”，离不开“大环境”的营造与“小心境”的铺陈。

要想让教育静下来，首先，决策者、领导者、管理者要对教育有首善之心、敬畏之心。

尊师重教是我们中华民族的优良传统，它不应该只停留于外界对教育系统的尊重上，更应该从系统内开始。只有自爱自重，才有真正意义上的被尊重。而这，需要政府部门从任命教育官员开始，要由有思想、有魄力、有教育情怀和科学眼光的领导组阁教育管理层，只有这样，校长和教育工作人员才能提高向下传导与向上报告的效能，才能减少教育打滑、准心偏移。内耗多，教育就很难静下来。

同时，尊师重教，更要提倡专家办学。行家管理，才会在源头处节省不必要的非教育精力开支。我觉得现在的教育过多地被外在绑架了、被技术牵制了、被欲望俘虏了，原因是教育管理者整体上还不够专业，整体缺少专业气场。通俗地说，就是定不住自己，镇不住别人。自媒体时代，仿佛万民“师表”，你一言，我一语，俨然都是教育专家，“人微言轻”在教育话题上却是“位高权重”，每个人的“吐泡”都不可忽视，尤其是在一些论坛上，一个帖子就叫你焦头烂额。面对外界的纷扰，我们更多考虑的是影响，不论纷扰在理不在理，只求息事宁人，这个过程其实就是在意外在，教育主体缺少专业定力，教育主管缺少专业支持力。有专业，才能辨析“外在”，不被左右。

技术之于教育，也是如此，用得好，是教育变革的力量；用不好，是深度教育的累赘。一旦技术成为教育的“假先进”，课堂肯定缺失深度的“真学习”。为用技术而用技术，深知教育规律的人还能静得下来吗？另者，功绩欲望也会让学校管理者变成“急先锋”，为了在任期间出成效，常常标新立异吸引眼球，紧锣密鼓催熟“成果”，苦的是教师。教师静不静得下来，还得看教育管理中介——学校中层，跟教师打交道最多的就是这个阶层，他们是办学思想转化为生产力的递质。如果这个阶层工作思路紊乱，下达任务不明确，组织活动不清晰，过程调控不精细，必然会捣腾出心烦意乱，其结果自知。教育赢在中层，意义自在。

要想让教育静下来，就要让教师的教育心地阳光起来，教师就要处于一种积极的状态。

其一，积极的认识。我们得承认一个事实，社会步入了快车道，地球仅仅是“村”的概念，开放与联通是当前时代的标志。就教育系统而言，改“教一本书”为“教一门学科”，改“管一阵子”为“助一辈子”，改“三尺讲台”为“一片天地”，改“封闭校园”为“推倒围墙”……如此总总，皆是以开放的胸襟面对教育的方方面面。联合国教科文组织 1996 年提出终身学习的四大支柱：学会求知、学会做事、学会共处、学会做人。2013 年又增加了“学会变化”——学会接受、适应、主动、引领。变化之于教育，要重新审视教育的职能。教师要积极主动地再认“教书育人”，很多时候我们会狭隘地解读教师的天职“教书育人”——教一本书、育一批人，认为除了教书之外，其他都是额外的附加，接到各项工作任务，又不好不做，常常会抱怨额外的东西动了“教书育人”的奶酪。如此这般，教师能静下来吗？

我们应该与时俱进地看待“教书育人”——教一生书、育每个人。现在的书是一本人生大书。今天的课程已经不再是学科知识的综合，而是学生在学校的全部生活，它是学科、学生、学习、社会的有机整合。[①] 今天的“学”，除了应试，更多的是思维的缜密、推理的严谨、思辨的存在、创意的蓬发、身心的愉悦、心胸的豁达。这远非狭

---

① 尹后庆. 校长要明晰新质量时代教学方向［N］. 中国教育报，2016-09-07.

义的课堂所能赋予的。眼里只有一本书、一两项活动、一箩筐学生，这应该被尘封。为了每一个个体鲜活地成长，为了让校园成为孩子们最想来的地方，丰富多彩的校园活动是要现实存在的。童年时代本身就是缤纷的世界，这个世界需要教育人积极去为学生创建。

如今，课堂改革的步伐在不断向前跨越，越来越指向“真正的学”。教学相长，在新时代也没有被搁置过，反而随着信息流动更为凸显，老师们要边教边学，终身学习对教师尤为重要。目前，跨界发展又成了新宠，引发教师把眼光动起来，打开视域。当然。推倒校园的“围墙”，什么什么进校园，也就自然多了，国际合作办学也成了开放城市、开放学校的新举措。这里罗列的也只是冰山一角。我待过多所学校，曾想过减少每个学期行事历上的工作，放手让每个行政人员去“砍”，但总是不如人意。一切的一切，都在告诉我们，时代的节奏明显加快，我们得积极地接受，必须正视。

其二，积极的行动。时代的发展让教育的内涵和外延不断得以丰富，教师的可为空间不断被刷新，我们得正视这种规律，悦纳它，还得主动地运作它。新时代的教育是有规律的，我觉得有规律的行动就是静，动中有静，静中有动，动静本身是辩证存在的。静下心来教书育人，很多老师一直在等待，守株待兔，顶多等来的是“侥幸”。如果碰到一位无所事事的校长，更多等来的是“不幸”。等待，只会让机会流失，只会让斗志丧失，只会让幸福走失。要想让教育静下来，教师不能被动地等待，总盼着下个学期能清净一些，总盼着下一任领导能少点“折腾”。有这种等待的心理，即使眼前的工作你能漂亮地完成，那也是内心煎熬出来的，是一种“灰色收入”。日久，沉淀下来的是布满雾霾的教育心地。

当静下来等待不来时，我们可以去储备，让自己的仓库有货。如学校摄影教师，为了在校园捕捉到恰当的拍摄内容，得做生活的有心人，每天上下学，都要用照相机的镜头看，用取景器看，用“第三只眼睛”看，留神发现你感兴趣的，注意发现吸引你的、打动你的。长时的准备才能满足一时的需要。万一校长临时性地要求你提供校园生态照片，你平常又没做好准备，真没办法提供，这下子就会因自己没有及时完成校长交代的任务而让心静不下来，或者因为临时抽时间补拍却又找不到合宜的视角和光影而让心静不下来，或者因为手头任务很多偏偏又夹杂着这份急事而让心静不下来……不“静”是因未“备”。我也有过这样的经历，当办公室主任期间，临时接到参加浙江省首届“和谐校园”评比的任务，文稿字数两万，我熬夜奋笔疾书，并做成精装本。如果不是我经常做好平常的工作总结和素材收集，等分配到各个处室再汇总，围绕“和谐”主题再梳理出新的体系，那几乎不可能完成任务。那天是累，但也有成就感。

如果知晓事物发展的规律，提早做好准备，就能在提前量中为自己营建静下来的心空。如何做好提前量，参照系基本有二：一是参照每个学期的学校行事历，提前做好准备，做到心中有数。著名的时间管理专家阿列斯·伯雷曾说：“一天的日子，就如同是一个行李箱，如果你懂得装箱的技巧，一个箱子就可以装两个箱子的东西。”[①] 技巧之一就是制订好日程表，我们老师手中都准备一个小本子，会更加有序。二是参照学校教育教学基本规范，常规随身，不会忙忘了又去恶补，不仅做无用功，还会让你焦躁不安。对学生常规也是如此，我们老师静不下来，原因很多，但更多时候源自学生疯得厉害，无规无矩，缺少自律与他律，班级不稳。如此工作就如心头安了几只猴子，直叫你抓狂。治理好班级，工作的后院才不会起火，方能优雅从容。

其三，积极的重构。教育教学工作是有一定的体系的，当我们自行建构并稳定了其间的结构时，很多新的工作形式都可以用你的体系去对接，你不用随着领导者的行为亦步亦趋。比如，建立以“责任”为核心的特色班级，你就拥有了一整套文化标识，此时，叫你在班主任经验交流会上做个专题，你不急；运动会、校外各类实践你不急。原有的文化标识随时可用，不用一次活动来一次设计。有了体系，让你少动干戈。同时，抓好“责任”，孩子们不会丢三落四，你就不会经常收到大队部干部的各类扣分单，少了许多烦忧。其他教学工作也一样，你整出几套东西，以不变应万变，不是很好吗？

积极在重构中“树标立杆”，成为教师的行为典范，为自己争取免检的机会。我们知道，教育工作是良心活，工作的投入程度不是靠

① 孙云晓，李文道. 一个“时间箱子”怎样装两箱东西［N］. 中国教育报，2016-10-27.

量化鉴定的，而是靠内心的自我驱动。一位有思想、能慎独、出成效的教师，我们应该给他开放空间，不要用一些常规去束缚他，让他的教育生命自由灿烂起来。这样的学校很多，只要老师有这样的能力和魄力，就可以在每个学期积极向学校申请免检。免检可以是一个领域的，也可以是全面的，视自身实际而定。如此，你就不是等待者，你是静下来的积极创造者。

教育系统从上到下、从内到外，都能保证正当的时间做正确的事、有限的时间做有效的事，就会达到由外至内、由内及外的平衡。事态平衡了，心态也就平衡了，教育也就拥有了属于时代发展的平衡，这就是静。这是理想的教育行为系统。当外部不可控、失衡的时候，你要做内部心态的调理师，给自己建构一个能兼容的系统。其实，让我们静不下来的往往是我们自己。美国社会心理学家费斯汀格有一个很出名的判断，被人们称为“费斯汀格法则”：生活中的10％是由发生在你身上的事情组成，而另外的90％则是由你对所发生的事情如何反应所决定。换言之，生活中有10％的事情是无法掌控的，而另外的90％却是我们能掌控的。9∶1的比例，只要自己掌控好，一切静好。

# 好气象：让每个教师心存念想



教育事业是心灵与智慧的结晶，教师是心智导师，是为“未来”的心灵点灯的人。“心”之于教师，重要性不言而喻。

一切从心开始。可教育现实是，教师的烦心事、伤心事不少。有些集团学校规定，子女不可随父母同校区就读。自己的子女得“移植”到别的校区，无形之间人为地造就了“后顾之忧”；有些教师课上得好，深受学生及家长喜欢，可是没有课题，只能永远对着“名师”望洋兴叹；有些教师不想评职称，因为职称与其无关痛痒；有些教师由于处于优秀的年段组，自己努力，别人比他更努力，每次先进都与其擦肩而过……伤心事还真不少。究其原因，有些是制度卡壳、作茧自缚，有些是价值偏移、贪图安逸。前者是管理层面的问题，我们得不断修正；后者是教师个人的心态问题，藏得更深，形成因素复杂，对工作投入的杀伤力极强，我们得高度重视，积极牵引。

教师的心事，就是学校的心事。多为教师着想，教师自然会多为学生着想，这不是交易，而是一种人情——人之常情。学校要想在教师所想之处，让每个教师心存念想。

做一个体面的人，这应该是教师的念想之一。教师的体面很大部分来自学校的声誉，学校在老百姓心目中的地位越高，教师的自我感觉就越好，越觉得体面，越发珍惜眼前的工作。学校一定要在正确价值观的指引下开展教育教学活动，提高办学质量，爽爆老百姓口碑，从而让我们看到不管多么辛苦的老师走进人群都会自信满满、身姿挺拔。这种体面不仅靠学校内部营造，还要靠整个社会积极行动。比如，所有旅游景区教师门票打对折、办事窗口设教师专线、教师通信优惠、教师上下班有专车等，通过各种方式营造浓浓的尊师重教的氛围。

让每个人都有可能成功，这应该是教师的念想之二。成功，这玩意很好玩，一旦有了第一次，就可能有无数次。而成功越来越多，就越来越幸运，很多诱人的荣誉你轻易可得，因为没有人跟你较量成就，达到标准的就你一个。如此一来，给每个教师成功的机会是不是很重要？那个“第一次”是不是要引导教师去捅破？教师有想法我们要支持，教师没有想法我们要敲醒他。记得有一年市里在假期举办健美操比赛，德育处找体育老师谈，年轻教师从没做过，不敢接单。我找她聊，卸掉她的心理包袱，又点醒她——万一梦想实现了呢！这位老师一下子兴奋起来，前后花了一个月，结果得了全市健美操（篮球宝贝）比赛第一名。这项荣誉绝对是她一生职业的财富，因为这次成功会带给她无数次的成功。有了第一次的成功，接下来的成功就成了每位教师发自内心的念想，作为学校管理者，助人一臂之力，何乐而不为？当然，现在很多的评比体制还存在问题，哪里卡壳，我们就要在哪里打破。比如，现在很多地区都在做层级教师培养与评选，给教师铺设一条梯级上升的专业成长之路，这本来是好事，有利于大家努力奋发。可制度规定太死，就会违背专业成长的规律。你要评第一层次的教师，就一定要走完第三、第二层次的评选，这无形当中告诉大家，教师要成长只有通过一次次赛课，这有点极端！教师专业成长的路径很多，静心教书，潜心育人，清心阅读，用心思证，带出好的学生，不也可以评上第一层次吗？有时第三层次有了，也不一定要走完第二层次才能攀上第一层次。教育系统内有很多不逊于第二层次要求的专业财富，有很多形式可以与赛课成绩等价交换。给教师成功的机会，需要我们正视规律，给不同层次的教师搭设成功的路径。

教师不仅仅只有工作，这应该是教师的念想之三。不要奢望教师被工作挟裹，这不科学，也不现实。只要干好本职工作，生活时间应当由个人支配。作为学校，不要有事没事都找老师，特别是下班之后，还有周末，尽量不要影响教师。可能你的一个电话会让他们打乱工作之余的生活节奏，可能你觉得这个电话没什么事情，就是个提醒，任务不急，但对于有责任心、有计划的人而言，他会被你的电话触发出莫须有的紧张，提前去完成你轻描淡写的事项。这并不让人喜欢。我在担任办公室主任的时候，最紧张的事情是接电话，一有电话就有任务，工作与生活就因一个电话全部打通，长期处于这种状态就会焦虑。我们要懂得给老师生活的空间，能不加班就不加班，特别是不要临时性地加班，连一点心理准备都没有地加班，切忌频繁出现。从某种角度来讲，给老师生活的时空，就是让老师保持强劲的念想。另外，要想让教师投入工作，照顾好每位教师的生活也是很重要的。个人的力量是有限的，如果能通过集体的力量解决个人合情合理合法的问题，教师就会有很强的安全感。教师有困难，能帮则帮，能解决就解决，温暖贴心，校园有人情味，不好吗？

“哀莫大于心死”，作为教师亦然。让每个教师心存念想，让每个教师打开心扉，阳光教育自然有了成长的环境。

# 第二辑　教育调理先行立范

“高山仰止，景行行止。虽不能至，然心向往之。”高山景行是一股无形的牵引力量，带着我们心志不已。可能我们没有办法做到极致，不过踏实土地，贴着心地，与师生结伴前行，实在也是“致极”的节律。教育路上，彼此陪伴，先行示范。贴近孩子，从儿童的视角满足他们自然流露出的需要；与老师一同行走，从生活的角度珍惜工作的伙伴，共同演绎出我们独有的生命品位。

# 靠人力，更靠人为

一般人眼里，人力最重要。一所学校人才济济，是很多办学者的梦想。仿佛高朋满座，教育就可高枕无忧。其实，在其位不谋其政者，不少。有人力，不作为，何用？再多的人，也是内耗。只要肯作为，大家绑在一块，齐心向前，必会走得更好。

我常言，教育不是一个人在战斗，而是一批人在共事。一所学校，人力不是决定因素。人人可为，人人争为，人人善为，方为关键。其实，“为”比“力”就多两点信念：一点向外向上，为学校发展而谋；一点向内向心，为自身成长而修。

2012 年 8 月 24 日下午，受温州市教育局委派，我带着这两点信念从一所公办小学走进了一所民办学校，开始了小学部校长的履职历程。

这所学校起点高，但校长更换频繁，教师流动性大，我到位那天还有 11 位科任教师未到位，有的在洽谈中，有的在转岗中，有的在托同事打听，还有的继续盯着招聘网……中层只剩下俩人。这等架势，着实让人心慌。如果没有信念，我觉得自己一定会被困住手脚，甚至畏难止步。

我相信新的董事会必会大力支持学校办学，我相信学校走过的历程不论好坏都是下一步改良的基础，我相信每位老师都对明天有所期待，我也相信“人心齐，泰山移”。教育是良心活，只要办学基本条件达成，只要每位老师有心、用心、专心、齐心，学校里的每一个教育生命都能自然地得以成长，好教育必定是生命自然成长的产物。在教育信念的支撑下，我不挑业绩挑心地，选人的空间一下子拉大，短短几天，招兵买马，班子组阁，悉数到位。

我相信只要有心，心会飞得更高。人齐了，千万不能急着赶路，毕竟你不是一个人走路，跟随着你的是一大帮老师，一大帮老师还要读懂你的心思，明白行走路径与节奏，还要带上每一班的孩子们一起走。磨合不讲究快，更讲究稳与实。稳扎步，迈小步，求进步，成了我初期治校的方针；走进课堂听课，巡查校园每个角落，教职工个别访谈，问卷调查，是我的行为方式；在什么时间干什么事，在什么地方干什么事，干什么事就要干好它，成了我们每位老师努力朝向的行为文化。

“三虚”，是学校给我的第一印象。“三虚”即学校文化气虚，“条幅＋混凝土”，中气不足；学校制度空虚，常规不常，只管不理，底气不足；学校人力局部肾虚，激情不够，生气不足。知不足而自奋蹄，在校董事会的支持下，我与大伙儿一起创下了学校的一个个“第一次”。

第一次在小学部全部实施人事代理。校理事会高度重视人力资源管理，在中国民办教育发展大会暨中国民办教育协会2012年会即将到来之前，给85％的教师做了人事代理。除了没有教师资格证的，除了自己不想办理的一部分人，小学部想办理的几乎全部上。这是一笔不小的开支，五险一金，初步估算要多付出100多万，这一举措可见理事会领导办好学校的决心与信心。我认为这对教师来说，是最大的福音，这是教师转型发展的根本。说实在的，这一举措跟“人力”没有直接关联，人还是那批人，但跟“人为”紧密相关，重赏之下必有“勇夫”。

第一次系统完善、创优各项制度与办事流程，让老师做事有依据、有套路。原来小高职称评审，学校就是把教师整理好的材料上报市局即可。我认为这种做法不妥，应该给这些老师搭建展示自己的平台，也要让老师们知道身边其他老师的工作状态。所以，小高职称参评教师上台述职成了学校工作的新常态，讲的人说到动情处潸然泪下，感动、触动、激动，取得了效果，同时也让老师们真正履行民主评议的权利。贪图方便不作为，再好的人力也会蔫掉。

第一次开放午间活动。打破传统的无缝监护模式，大胆尝试还学生以自由的时空。寄宿制学校因为安全问题而束缚了学生的活动时空，学生排队穿梭于教室、食堂、寝室、操场，这种“1－2－1”队列挪移模式已经成为民办寄宿制学校的一种普遍现象。很多人因为熟悉，因为司空见惯而漠视了儿童的天性。我想，一天到晚没有自由时空的孩子是无法真正形成独立意识、自主管理能力和自主创新能力的。我们小学部经过行政会讨论，决定尝试在中午 11：50 至 12：30 还孩子一个自由支配的时空，每周二至周四的中午这个时间段（周一中午召开全体教师会议，周五下午家长接送孩子），孩子们可以到操场打球、玩耍。



第一次依据生命德育理念，在校园内添置“迷你牧场”，圈出 30 多平方米的地让孩子们养鸡、养鸭、养兔子等，孩子们有了尊重生命、关爱生命、培育责任心的平台。此处成为学校最吸引人的景观。小饲养员们为了更好地照顾“迷你牧场”内的小动物们，为了帮助它们度过一个温暖的“冬天”献计献策。孩子们亲自动手为小动物们挂上了“姓名牌”。期末还开展了“关注生命，爱心接力”小动物领养仪式。200 多名学生主动申请，意义重大。

第一次让建筑物有了自己的名字，第一次向小学部开放图书馆，第一次出校刊，第一次组建鼓乐队，第一次以学生名字命名荣誉，第一次确立学校传统文化日，第一次实施主题晨会承包制，第一次实行中小衔接评选大队委，第一次尝试“共同圈”家访制，第一次评选校园年度十大教育事件，第一次做视频总结，第一次在教职工结婚大喜时在报纸上刊登喜报送祝福……据不完全统计，一个学期下来，我和大伙儿创生了 73 个相对于学校而言的“第一次”。有无穷的“第一次”，才真正体现“创适合孩子发展的教育”的理念，“创”就是无数个“第一次”的组合。

这些都在全国民办教育发展大会考察点上给出了满意的答案。2012 年 12 月 4 日，我校迎接了全国各地 100 多位民办教育领导和专家来校考察。在一个半小时的考察时间内，我们在给来宾“看什么”“听什么”“学什么”三大问题上做出了很好的回应。我们小学部的全体同仁开始掀起了新的创业高潮，成效惊人！这让我不禁感叹："要想改进办学现状，主要不是靠'人力'，而是看'人为'。""人力"出问题，大家可以顶。"人为"出问题，大家想顶也顶不了。如果管理层胡作非为，人人不作为，人为懈怠之风渗入制度的内核，教育自然也就不得力了。

## 搭把手，陪伴着一起走



每年行政考核，我们都在思考，自己真正地履行完职责没有？在自己的岗位上做了什么？一不小心，我们就会把自己的述职套入“德能勤绩”的模式，在整理素材的时候，又不知不觉地把大家的成绩揽入自己的“私人腰包”。其实，不应是这样的。我一直认为，学校的成功绝不是一个人的成功，而是一个团队协作的成果，这个团队还必须是一个优势互补的学习共同体。

一个人是干不出轰轰烈烈的事情的，有的只是“平淡是真”地做教育，用最真实的自我与最真挚的同事过最真性的教育生活。我每天清晨争取早点到校，在校门口多待一段时间欢迎师生的到来；每天出操时在星光大道前为有序进场的充满朝气的孩子们点赞加油；每天下午放学我都想目送孩子一段，与家长寒暄几句……像这样的例子很多，概括起来就是两个字——陪伴。窦桂梅校长说：“管理，也许是一种陪伴。”我非常赞同，并且还要给出更明确的观点——陪伴是最好的管理。我认为，只有陪伴，才有发现；只有发现，才有人本；只有人本，才有校本；只有校本，才有我们因地制宜的本土化，并不断走向现代化、国际化。“为大家搭把手”就是陪伴，陪伴，应该成为我们根本的行走方式。

陪伴的根据地在课堂。孤独的精神苦旅，绝不是教师专业成长的需要。我们要尽量避免教师在成长中掉入孤独的泥淖中，管理者不能只扮演督导、督学、督办的角色，更多的应该是同伴、同学、同事，要主动营建教师之间互联的心路旅程，而且把自己贡献出来，主动投身进去，把大本营安扎在课堂，体现管理者特有的课堂情结与气质。欲求有效地托住教学质量，并不断积蓄向上的力量，鼎力高举，就得贴近教师，走进课堂，陪教师在课上多走几个来回，在专业上搭把手，让陪伴多点专业气息。我蹲点语文教研组，每课必听，推门课，其他学科的课也都听，一个年度下来听了一百多节。教师参加市里优质课评比，我参与磨课全程，不仅语文，音乐、科学、英语我也都积极地把自己看到的倒出来，可能不够专业，但至少有温度。

看见，并把看见的倒出来，不让自己的眼睛遮蔽自己的心灵，这也是搭把手。看见，也是一种管理。对于教育现象，有些人看不见，这是水平问题；看见了不说出来，这是态度问题。曾看到孩子午餐随意扒几口，我既心疼又心急，赶紧站在出口为光盘的孩子拍照并表扬，借用自身的影响力，配合德育处、班主任做好孩子的用餐教育。短短两周，学生光盘率提升了10%。可能我的力量很微薄，可加上每个老师和时间的馈赠，一定会有薄发的时刻。我有个习惯，经常转校园，看到什么就会拍个照，根据现象的相关性寻找交流对象，相应地在行政群、教师群、教研组群或学科群等冒个泡，把看到的给相关的关注群，这样更具管理效度。好的肯定、鼓励，不足的提醒、引导。很朴素的想法就是齐心协力做教育。

攒点心思，并给出心思，是我搭把手的常态做法。学校对外的所有文字材料，基本上我都会过目并提几点建议。比如，学校公众号、每周行事历、宣传材料，还有分管科室的工作方案，有时就是一个条幅标题，我都会无私地给出点滴思虑。可能，我对文字较之年轻教师敏感一些，既然敏感就无须观望，你的优势不拿出来就不成为优势。每天看到不同的教育现象，我会写下来，没时间的话，就在手机记事本上写个标题。我一般两周写一篇材料，通过写整理教育思绪，这样教育管理就更有头绪。有人说："思想，是21世纪的通行证。"对教师来说更是如此，我们在埋头工作的时候别忘了抬头看看星空。多动点心思，我们的心思会更缜密。

我所待的学校还很年轻，可以说刚刚起步。我相信，在给大家搭把手的同时，也会被大家搭把手，一起向前走，做有味儿的教育。

# 陪老师在课上走几个来回



工作这活，很有意思，读了很多书，听了很多专家报告，看了很多专业类视频，也与不同层面的同行扯过很多话。其间，接触了很多新的理念，似乎也明白了很多道理，但最能触及人内心的往往是来自实践中的顿悟。

就比如对于教师专业发展，学校管理者大多采用“托管制”，委托校内外名师、学科带头人、各级教研师训部门的专家来指导，自己只是听听课。如果你有一定的教学水平，尚能就课论课，指点一二。如果碰到公关类领导，听课也就是其履行职责的一种形式，对于教师专业发展的促进作用几乎为零。其实，教师想提升自我的教学专业水准，必须在课堂中实践；管理者想提升教师的专业水准，也必须参与教师的课堂实践，而且要在课上走几个来回。

提升教师专业水准，我始终认为其大本营在课堂。管理者要善于从课堂上得到教师亟待提升的信息，陪伴教师在课上多走几个来回。这种对教师课堂的积极观照，绝不是隔岸观火——听了课就走人，绝不是浅尝辄止——听了课说几句不痛不痒的话，绝不是指点江山——听了课说得高高在上，而是应该尽可能地与每个老师（至少也要一个学科）有个专业陪伴的过程，真正地参与到教师备课、上课、论证、改进的全过程中。三个“绝不是”显示出管理者与教师、课堂的距离，一个“应该”体现出管理者特有的课堂情结与气质。后者表明管理者不仅在心理上爱着课堂，同时也在行为上“缠”着课堂。这种

“动力特征”不因心态、时情、实境的变化而变化，它是稳定的，而且典型地存在于管理者身上。

在实践中对每位教师进行课例演变的全程陪伴、观照，一石三鸟，既温暖了教师，又点燃了教师，更激活了课堂。

有一次，学校为了迎接市优质课评选，各个学科都在为参赛教师磨课，涉及不同学科、不同层面的教师，我每一堂课都参加，包括备课与改进的过程。我当时是出于一种极其朴素的想法——老师也需要陪伴。管理者不能只扮演督导、督学、督办的角色，更多的应该是同伴、同学、同事。特别是新学校，每年都在大比例地增编教师，融合成了第一要务。当然，这种融合不是觥筹交错的“融合”，也不是止于嘘寒问暖的“融合”，而应该是走进教师群与教育教学打成一片的融合。这种专业陪伴式的融合，效果显见。刚刚从宁波转入我校的潘老师赛后感言：“刚来时觉得这个学校很陌生，有时候不知道如何与大家相处，这次磨课，我得到了大家的帮助，感受到了‘大家庭’的温暖，一下子消释了我的忐忑。”言语中还提到对我的印象有了一百八十度的转变——从“严师”到“暖男”。是啊，如果没有陪老师在专业上滚打几趟，我们这些管理者仿佛是被老师们供在高堂上的“领导”。消除领导与教师之间的距离，最好的方法就是陪伴，抵近专业的陪伴。

专业陪伴在于探求教师专业的最近发展区，欲给予个性化的指导，光靠一两次的听课点评还远远不够，必须陪教师在课上走几个来回，才会有深度的匹配。

在信息时代，随时随地共享资源成了现代人的一种便利。这种便利会间接地给我们的听课造成一种假象：对于新教师而言，在他们的课堂上看到的是不成熟，教育视域窄，没有学生个体；对于老教师而言，在他们的课堂上看到的就是唱“老三篇”，陈旧而无新意；对于其他教师而言，看到的就是课堂不能深入，对课堂整体的设计，特别是对学的设计不足。这俨然成了每个层面教师的通病，仿佛闭上眼睛都能说出来。教师存在什么提升空间，闭上眼睛就能猜出个八九不离十。这就是经过教师们直接拷贝或者参照大量资料集成后的假象，执行既定方案，我们很难看到其个体思考的真正状态。当我们看到过多的杂质时，就很难真正贴近关键。你想走进教师教学能力的最近发展区，只能透过这个假象，否则无异于隔靴搔痒，难及根本。

记得有段时间，接到班会课的评比任务，时间很紧，年轻教师小姜主动承担，大家商定从“情绪自我管理”的角度切入，引导学生在生气时能适当地做到自我调整。结果教案报上去，组织单位说本次班会课要严格与心理课和队课区分，否则零分。只能推倒重来，从文明礼仪入手，周五下班前敲定主题为“赞美”。周六一天没有收到小姜有关备课的消息，周日上午我坐不住了，主动联系，方知教案是有一个，但不满意，想再定主题为“培养学生的爱心与同情心”，切入点是近期温州发生的台风及双屿危房倒塌事故，以引发学生的共鸣。我问她了，她才回复，想征求一下我的意见。很明显，从“赞美”到“爱心与同情心”，小姜备课的过程非常纠结，信心不大，拿不定主意。

后来，我看了小姜关于“赞美”主题的班会课教案，发现不是主题有问题，而是操作不适合二年级学生，操作方式不贴近低段学生，拔高了对学生的要求。我提醒她从孩子能体验到的角度入手，如通过“鼓掌”来感受“赞美”。她很机灵，很快又整理出了一个思路：1. 创设情境体验他人的掌声给你带来的感受；2. 鼓掌礼仪、鼓掌技巧（鼓掌姿势、节奏、力度）指导；3. 真心地鼓掌。我还是强调教学定位：这课不是为了教鼓掌，不能把鼓掌当作知识技能来教，要创设孩子喜欢的活动类情境，让孩子在自然的任务驱动下鼓掌，从而感受赞美的力量。经过商量，我们拿出新的方案“我会在集会上鼓掌”：1. 初感掌声——宣告班集体或学生个体喜讯，听学生的掌声，感受听到掌声的心理反应；2. 寻找掌声——看晨会剪辑视频，寻找掌声，明白什么时候应该鼓掌；3. 体验掌声——现场模拟晨会，判断鼓掌的实际状态，给予现场指导；4. 韵化掌声——用韵味儿歌小结集会时的鼓掌礼仪；5. 回响掌声——拓展不同场合集会时应该如何做出准确回应，建议听课的老师为上课的同学鼓掌，并和着歌曲《掌声响起来》的节拍结束教学。

周一上午试教，小姜像走马灯，每个环节蜻蜓点水，讲完课，时间却多出近十分钟。我们又开始面谈，细化每个环节的设计意图。第二天赛课后，小姜发微信给我：“潘老师，谢谢您的陪伴与指导！今天上课很顺利，时间和环节都能把握好，自我感觉还不错。我会继续加油！”句末还附上两颗“♥”。顺利的结束，愉悦的分享，这就是年轻教师专业成长的财富储蓄。

这次陪伴让我发现小姜教学能力最有待提升的关键点——弄明白为什么这样教。如果没有全程陪伴，只是平常走进她的课堂听听课，你根本无法真正触及她的最近发展区。事实上，常态中所见的小姜的课堂绝对是完整的，也是充满激情的，可能“不老到”，可“不老到”不正是每个年轻教师专业履历中常有的现象吗？管理者不进行全程陪伴，就无法真正捕捉到教师个性化的专业成长问题。大众化、普适性的师训，直接影响教师专业提升的效率。当脱离可直接借鉴的参照材料时，小姜就处于独立备课状态，心思与行为及其之间的一致性都自然呈现，此时管理者的指导就更有针对性。



在专业陪伴中，我触及很多同事教学能力的最近发展区。有的知道怎么教，但主观意识过于强烈，偏颇地解读教材、确定目标，知道“是”，但非“是”。就如五年级上册科学课有“测量力的大小”一课，教材主要分两部分：一是认识弹簧测力计；二是使用弹簧测力计。备课中，大家觉得照教材来太普通，缺少新意，对试课中出现的“估算力的大小”这个环节不看好，认为意义不大可删除，不如直接让学生尝试制作弹簧测力计，从中学会测量力的大小。作为旁听的我赞同尝试学习制作弹簧测力计，但同时提出异议：科学除了实践、探究、创造外，应当还有科学知识和科学直觉，在制作弹簧测力计的时候不能只满足于能做会测，还要让学生知道生活中常用的及科学技术上统一使用的力的单位，至于估算就更不能放过，对力的大小直觉直接关系生活，让学生估算力的大小，有解决实际问题、培养力感的重要意义。因为我对科学教学不专业，为了避免误导，当即请教了温州市小学科学教研员施昌魏老师，得到的答案是一致的。显然，这是对教材的解读问题，知道怎么教，但还得学会客观、科学地教。有的教师需要选择与判断的价值观的引领。

有的老师知道教什么，但不知怎么教；有的老师知道怎么教，但不知怎么学；有的老师知道怎么学，但不知怎么调控，让学生带着课堂跑……要想直抵诸多现象的内质，我建议还是陪伴教师在课上多走几个来回。很久以前，看到很多学校的校级领导轮班分批与教师谈心，一学年每人一次，我甚是点赞。走进教师队伍，了解教师世界，这是融合的基调。但我不满足于此，我更期待对教师的专业陪伴，因为它来得更彻底。想有效地托住教学质量，并不断积蓄向上的力量，鼎力高举，就得贴近教师，走进课堂，陪教师在课上多走几个来回，在专业上搭把手，让陪伴多点专业气息，这不失是一种好办法。

当领导走进课堂，来回几趟，范行于左右，学校的重心就不言而喻。我们不必通过大会小会高谈阔论，鼓吹课堂的重要性，我们的工作处位，就是一剂最好的调理处方。

# 顺着发展调整自己的站位



课堂之外，有很多零星的时间，如清晨、正午、傍晚……

在学校开办的第一年，我的每一天几乎都锁定在课堂，包括所谓的零星时间。听听晨读、看看午写、探探暮省，是一种身段的牵引，意在引导教师关注课堂、关注学。

第二年，全新组合的教师团队有了一定的课堂文化，有了一定的专业自觉，加之又有一批骨干教师加盟，课堂的力量在此滋长。随着学校整体水位的上涨，我的泊位也随之有了提升。

每天清晨我不再直奔教学楼，而是站在校门口，迎候师生的到来。在这里，我看到了蹦蹦跳跳来上学的孩子，看到了趴在校门外弓着身子望尽孙子背影的爷爷，看到了坐着轮椅来上班的孕妇老师……这是多么美的风景！当无声的语言溜进我的眼眸时，我就遇见了幸福，相信我的幸福也会通过我的眼神与动容传递给眼前的人。彼此的情感交互从清晨开始，是不是有那么一点儿家人般的气息？慢慢嚼，一定会嚼出味儿来。

当然，每天清晨我们偶尔也会看到“伤兵残卒”，关心关心，是谁都会觉得特别温暖。即使“出事地”在学校，心存疙瘩的家长碰到校门口的领导也会逮住抱怨几句，我们会顺着来，把每句话都当作建议，倾听、悦纳并跟进了解意外的背后，及时给予反馈。校领导站在校门口，无形间打开了一条家校沟通的渠道，此路一通，与教育相关的因子都会和美地灵动起来。

记得有一次，有位家长在校门口跟我反映孩子的嘴角被直饮水烫了一条痕，我安慰后及时了解情况，原来是直饮水机出了故障，技工修理后直接去了洗手间，没有把温度调控好，这空当恰好孩子直接去用嘴接水喝，意外发生了。了解原因后跟家长交流，家长也就理解了。此事也被学校作为管理案例，进一步规范了施工流程与饮水方法。

看来，领导的站位如果得当，就能充分发挥教育调拨的作用。校门口就是教育的窗口，我们可以洞见教育的细微。作为分管德育与教学工作的副校长，每个时段我的站位只能有一个。从第二个年头开始，我在零星时间开始了站位的转移，从课堂移步到校门口，不是我放弃了课堂，而是我认为学生一进校就进入了课堂，当我分身乏术的时候，我选择了这个“大课堂”。至于课堂深处，本来就是教师个人的自觉区间，我们无法也不可能用跟踪的办法来改变。恰恰相反，只有我们选择信任，放手教师，才有专业自觉的真正成型。当我站在校门口的时候，收放自在其间。

“站位决定取向”，站在哪里，其实就代表了你的价值判断。就如在食堂，去年我大都站在入口迎候学生，因为学生列队整齐、安静有序进场是文明用餐的前提。当习惯养成后，今年我就把站位转移到食堂出口，很多学生急着去玩耍或者不喜欢当日饭菜，想溜没了机会。我站在出口，就把住了胃口，配合老师让学生多吃一口。孩子们也机灵，我站在哪里，什么意思，他们也能摸出几分门道，我们之间配合得挺默契。

管理站位不局限于物理空间的挪移，更表现为心智空间的介入与定位。德育工作我不再全程陪同，而是侧重于方案的策划与审定，定准方向，细化操作流程。至于组织与评定，就交由中层负责，充分发挥他们的能动性。即使有些不完美，也不要见怪，让中层在独立行走中感受完美与缺憾，本身就是一种专业成长。

对于教育工作，我也不再在基础的阵地上跟跑，教学常规由教务处去抓落实，别人能做的事，无须重复。我把站位移到“上阶”位置，在基于“学”的备课改良，教研重心的定位与课堂观察方法的改进，科研课题的选择、申报与研究，校本课程的开发与建设等方面都做了积极的引领。就如改变教师堡垒式的备课观念很难，我从形式改变入手，重新设计教案书写格式，以此促进教师改变自身的思维结构。因为结构不改变，无异于原地打转。看到教师整理校本课程有困难，我专门在期末最后一天与他们一起攻坚课程纲要，并集结成册。我想，领导站位要择在关键处，既要在教师困难处“补位”，更要在专业突破处“上位”。

学校在发展，领导不能原地不动。顺着发展，我们要不断调整自己的站位，给人所需，成人之美。可能，这就是移动管理的内质。

# “微管理”叩响心门



“微管理”，就是通过微信、QQ交互平台，把自己所看到的现象通过“微言微语”在合适的时间公布出来，让每个教职员工看到教育现实，明白教育现状，感受教育温度，清楚行走路径与方向。这种交流方式易操作、及时、省时、文字简明，有口头语言难以言及的优势，交流内容可以复现，方便老师查询对照。

合适的时间是指发布“微言微语”不要随意，非特殊紧急情况，不宜在上课期间发布，避免干扰老师上课或分散老师的工作状态。最好有个固定时点，容易引起“微管理”的强化。在私立学校挂职三年，我写下了近十万字的“微言微语”，现撷取其中一小部分，看看班级晨读的几个片段。

[片段一] 早自修孩子们的朗读状态可直接反映出孩子们的朗读常态。早上，孩子们一进教室就要读书，来一个读一个，以笔挺的身姿、动听的童声欢迎同伴的到来。每个班培训几个领读员，在学科老师未到场的时段能关注齐读的效果，第一切忌“词读法”，一个词一个词地读句，“文章意气”都被孩子们无意间“偷吃”了；第二忌“拖尾音”，每一句读完，最后一个字都要来个“下滑音”，歇个气，“文章神气”跑走了。朗读得好，语感就强，易于理解，不可小视。

[片段二] 昨日、今日，我转了整个教学楼，晨读渐成孩子们的习惯、大家的共识，学科老师、生活老师都抓得很紧。昨天，梅老师在

指导孩子们诵读时，自己完全进入了现代诗的意境，声情并茂地引导学生诵读，效果非常好！还有段老师等，我每次经过班级，她们都在教室，孩子们的精神风貌好，班级物品摆放整齐。在校园，老师就是学生的镜子，学生就是老师的影子。我们努力着，可能辛苦着，但我们收获着。今天发现与昨天一样的情况，就是诵读经典的较少，读课文的较多，不知是我错过了，还是孩子们都已经能背了、会诵了？

［片段三］今天上午 7 点 48 分，校园里书声琅琅，孩子们用最美丽的声音唤醒了新的一天。第一个进入我视线的就是一（1）班的孩子们，他们笔直地坐着，每本书挺立在眼前约莫一尺的位置，整齐地诵读，好像有个无形的指挥。此时的生活老师站在台前，微笑着，端详着每一个孩子，沉浸在动听的旋律里。这一幕，来自私立学校新的一天，真美！在走廊遇到该班班主任潘老师，方知这是她每天与孩子们的约定。“一年之计在于春，一日之计在于晨。”“一个今天胜过两个明天。”做好今天就要从晨间开始。时间短暂，在 8 点前我只能走完一号教学楼，生活老师全部坚守岗位、关注晨读，大部分学科老师也都进入了教室，刘老师还早早地指导孩子们晨读。现在把晨读状态（声音、姿势）最佳的班级予以公布：一（1）、一（4）、三（5）、四（2）、四（3）、四（4）、四（5）、四（7）、五（1）、五（4）、五（5）、五（6）、六（2）。需要加油的班级：五（2）。关于晨读，这里提几点建议：晨读要整齐、声音和美、姿势标准，最好安排学生领读，根据天气调节好教室照明。

［片段四］如常，今天上午我还是 7 点 48 分进入教学楼，与上次不同的是从二号楼开始欣赏孩子们的晨读。孩子们个个用最美的读书姿势开启新的一周，大部分老师也都跟班进教室，学习秩序井然。过程中发现有三个班级在组织学生晨诵，内容就是明天晨会的《初春》一诗。虽然改变了课程内容，但仔细想想也有他们的道理——明天集体晨诵，今早短课复现。我想，只要契合本班的学习现状，有利于孩子的都是可以的，但有条原则必须注意：一周一节诵读、一节信息直通车，这个在量上要保证，至于谁先谁后，执教老师可以根据本班学情来考虑。一句话，今天晨间管理、晨间诵读和晨间短课都非常好！

**如上所列，仅仅是晨读管理的专题跟进，我看在眼里，写在话**

下。我从语言规范、身姿面貌、内容呈现、精神状态、教师引领等方面进行引导，语言朴实并直指要害，先肯定树典型，再提建议做导向。通过发布几次“微言微语”，晨读整体面貌有所改善。而这个改善是整体提升的，非一班一人受益。如果仅靠领导巡视、个别谈话，难达整体效果。如果看到一种现象就召开全体教师会议，也不现实。“微言微语”让我们做到了“短”“平”“快”：内容简短，阅读不耗时；平面拉开，涉及面广，人人看得到；信息交互快捷，第一时间得以交流。让每个老师第一时间自然地浏览到校长的所思所想，校长的“微言微语”其实也是借一双眼睛给老师，多一个角度看到另一番教育风景。

“微言微语”，不仅仅只是综合大家的现象，有时也可以把上级领导的关怀通过画面描述传导给每位教师。有次领导来校做报告，会后逛校园，有一段师生间的邂逅，很有意思，我当即通过“微言微语”传递出去：今晚教师会后，我和温州市教育局政策法规处吴建军处长看到了校园内没有雕琢的自然美，绝对是纯生态的！当全体行政人员、教师尚在开会的时候，我陪同做完报告的吴处长参观校园。此时正值孩子们用完晚餐，陆陆续续见到有班级的学生在操场散步。两两对齐，不急不慢地从我们身边经过，“校长好!”“老师好!”孩子们自然地微笑着问候。没有一点杂音，偌大的校园是如此的有序恬美。看到我似乎在想什么，有个机灵鬼给了我答案：“我们是五（2）班的。”对，领头的这位女生，个子171cm，不正是我书法兴趣班的小郑吗？我跟他们挥手、点头回礼，吴处长很羡慕我们师生之间的关系。随后又有几支队伍，与五（2）班如出一辙，文明、大方、有礼、灿烂。真是享受！当看到五（2）班的小郑，也就是郑洋同学在整队，像模像样地发挥职能时，吴处长乐了，率性地与孩子们聊了起来。“武术小生”在大家的提议下打起了套路，虎虎生威。孩子们完全是自然的状态，没有一点忸怩、做作。天还没暗，晚霞中的红蜻蜓不就是眼前的这批孩子吗？吴处长赞道：“静如处子，动如脱兔。孩子们笑得这么灿烂，谁看了不爱，谁看了不放心？”黄昏时光留给了吴处长美好的印象，吴处长也在校园印证了他的认识：匪我求童蒙，童蒙求我。学会共处——乐群的自己。感谢生活老师关注养成教育！明晨，朝阳升起，我们又相会。

有时也可以就一堂课谈感想：听了陈敏老师执教的《金钱的魔力》一课，我被深深地吸引住了，金钱对我倒没有魔力，是语言文字的魅力抓住了我。语文略读课文要抓重点教，一课一得，大家都知道，但让我们迷糊的是怎么把找到的“点”变成“坑”，抓住语言文字训练点挖深挖透，这是教学成熟与否的关键。课上，陈老师抓住语言带领孩子们品味小说人物的特点，而且重敲第11自然段，从牵引中得出学法，得法后迁移应用，整个过程学生是主体，语言是本体，回归了教学本真，真好！这堂课之所以让我们觉得时间过得很快，是因为我们是跟着“学路”走的，学的过程，每个节点都是风景宜人的。这堂课的成功，不在于陈老师的教龄有多长，而在于她有教学的勇气，在没有任何行政要求的情况下，她站在讲台前就是纯粹的、学术的、专业的、自足的，当然也是自由的！成功还在于她课前的准备，语篇熟谙于心，了然于胸。课上，只有学情，随情而动，律动而生。赞一个！她的语言犹如取火石，能点燃每个老师关注课堂的“心火”。

我发现最能打动人的都是最为朴素又真实的语言。“微言微语”，没有华丽的语言，只是一个教育亲历者的娓娓道来，自然的校园生活的流露，这里有的是事实，真实地、有温度地就活在大伙儿自酿的故事里。多收集“阳光作业”，多肯定，正向积极引导教师发展，价值观在“微言微语”中慢慢积淀。

# “校长德育”的认识与培育

“立德树人”，是十八大首次确立的根本教育任务，是对“培养什么人，怎样培养人”这一教育永恒话题的根本回应。德为首，人为先。“人人德育”，在新时期越来越成为大家的共识。学生的道德教育，不仅仅是班主任和德育工作者的“专利”，它应该是每个教育者的职责。这里，包括校长。

校长，是一校之主，应当是立德树人的先行者，但现实并不完全是这么回事。有的角色偏失，往往把自己定位为管理者，远离了教育者的行列；有的简单化理解放权管理，学校具体育人行径由中层领导和教师去做；有的忙于外交，来回倒腾的是外部环境和校外资源的拓建，与师生难有交集。

校长被德育边缘化其实还有一个关键原因：认识的缺失。校长，不仅仅是领导者，其实他还是一种资源，孩子们心中的能量源，这是由他的地位所决定的。学生对校长向来是最为敬仰的，每次在校园内听到孩子们真诚的问候；每次有班主任解不开的事，有个性的孩子就会跑向校长室……这股引力，非常自然，源自校长“值得信赖”。瑞士的教育家裴斯泰洛齐在《与友人谈斯坦兹经验的信》中说：“第一件要做的事，就是要赢得孩子们的信任和热情。我相信，假如我做到了这一点，一切其余的问题也会随着解决了。”[①] 作为校长，如何发挥被

① 高深. 信任的力量［N］. 解放日报，2012-04-02.

信赖的作用？如何发挥自己比普通教师多出那么一寸的德育可能？笔者关注并努力地培植“校长德育”。

“校长德育”，不能简单地理解成校长做德育。它既是实体的主动运作，又是形象的一种代言。校长既要为自己代言——在与学生的交往中主动地渗透德育，又要被代言——老师们用校长的精神符号感召孩子，渗透德育。“校长德育”其实是学校的一种教育资源，是先进人力资源在德育过程中的应用，是人际德育的一种顶层关联。美国生物学家威尔逊认为：“人在最原始的内心深处就有一种要‘与人相联系’的感觉。”学生对校长尤为如此。

“校长德育”，不是有了校长就有德育。它是需要培植的，用生态情怀（对生活状态、生本状态、生命状态的热爱）来培植。



### 培植的土壤是生活的、自如的

“教育的根本意义是生活的变化。生活无时不变即生活无时不含有教育的意义。因此，我们可以说：‘生活即教育。’”[①] 校长要主动地融入学生的生活状态中去，以长者、亲人或者伙伴的身份出现，无拘无束，此时你与孩子相处，重要的是让孩子没有压力和恐惧。有了你的出现，孩子们本具变化的生活更显色彩，此时此刻的他们觉得自己是最幸福的，至少他们是这么想的，因为现实中孩子们与校长相处的时间和机会实在太少了，他们非常珍惜这个时光，即使是相逢时你给他们一句话、一个眼神或一个手势。

校园生活很普通，因为很多时空节点天天都是相似的；校园生活又很丰富，人与人之间不同的组合就有不同的故事。编织一种关系，增强人与人之间的关联性，校长要主动融入孩子们的生活。只要有时间，校长就要有这种行动。

课余，校长可以与孩子们一起打打球、踢踢球、下下棋（现在很多校园内都设有大的立体棋盘），与孩子们一起在公共书吧看看书；校园活动时，校长可以是一名学生，课间操与孩子们一起做做；春游时，校长可以与孩子们一起放风筝、做游戏；运动会上，校长可以是

① 陶行知. 中国教育改造［M］. 北京：人民出版社，2008：133.

运动员，也可以是一个发狂的助威者；学生的各类展览活动，校长可以给他们写序言，可以把自己的作品与他们的一起展览；孩子们在用画笔装点校园时，校长也可以上去涂涂鸦；孩子们领养小动物，校长也可以是其中的一员。如此一番，校长就与孩子们有了很多共同的语言。

校长融入学生的生活，还有一点是可以把学生引进自己的生活。北京市十一学校的李希贵校长每次出外参加“高大上”的活动都想到带一两名学生陪同，名额有限，有时还得争取。每次李校长都尽量让学生能“显露出来”，“学生第一”在李校长的生活中可见一斑。我们没有李校长那么丰富的资源，但有意为之，必有空间。钟情于生活的情感积淀，为“校长德育”开辟了一片良田。



**培植的方式是生本的、自然的**

培植的方式是尊重孩子个体的存在，是学生的，是儿童的，是自然的。校长自身要充分发挥自我的德育价值，精心考虑与孩子交往的方式，用心传递自己的心声。德育部门、教师要善于借力，借先进领导力，借精神影响力，把校长请进德育空间，把校长的形象塑造在每个孩子的心间。

“校长德育”的主动性，大致体现在三个方面。

其一，校长讲话——要顺应孩子的心理。孩子们喜欢听什么，你要顺着来。比如，春季开学，刚好过了元宵节，此时的开学典礼应当有喜气，可以通过送红包、猜灯谜的师生互动方式传递校长新学期的寄望，孩子们乐于接受。当然，校长讲话不是简单的迎合。记得在有次运动会上，六年级进场方阵高喊口号：“飞跃梦想，超越刘翔，英姿飒爽，横扫全场。”台下同学们呼声很高，那股兴奋劲，校长看在眼里。致开幕词环节，校长让孩子们再一起高喊这一口号，孩子们喊得非常过瘾，这时，校长说：“运动会上需要的就是这股霸气，但我们更应该讲正气。”后来的话语孩子们就听得入耳。撇开孩子的现场心理去高谈阔论，一切都是形式主义。

其二，校长交往——要自然的、无间的。孩子与校长交往难免有些拘束，营造和谐的交往环境，形成生态化的德育气场，更接地气。如我们学校面对全体学生推出“校长午餐会”，每个月开办一期，学生通过个人报名、班级推荐、大队部审核的方式参与到“校长午餐会”中来，孩子们热情高涨。面对全体毕业生，我们推出“毕业午茶会”。校长想认识学校所有的学生，可能性不大，但不能没有与毕业班孩子的故事。在“毕业季”，校长每天中午用半个小时左右的时间，分批与毕业班的同学一一交谈。一杯茶、一席话、一份情，拉近了师生的距离，浓蕴了每个人的心田。借用《中国教育报》的评论，这两种方式都是对学生情感的一种温情尊重。更多情况下，教育者需要真正走进孩子的生活和心灵，成为贴心的教育陪伴者和“心灵知音”，让师生关系更为温馨、互动，充满流动性，创造出更为和谐、信任的教育气象……校长要多一些温馨细致的教育陪伴以及人格指引，多给学生传经布道，进行人格和灵魂熏染，给孩子、学校制造更多的和谐元素。[①] 这些“多”，就是德育之所在。

其三，校长约定——要默契的、神圣的。校长可以给孩子们布置个性化的“作业”，或者说是一种约定。看到某个孩子善于对所学内容进行自我整理，我们可以请他总结整理经验，并去寻找周围与他一样优秀的学习伙伴，相约3～5人，准备一场整理经验报告会，校长为他们主持或者点评。这个约定就是诚信的教育，如期而至的报告会就是教育的多赢。碰到某些让人“头疼”的学生，校长可以与他有个故事约定，每周互讲一个故事。讲故事有很多功效，这里不赘述，明显的一点就是把话“说起来”了，德育就藏在故事的里里外外。

“校长德育”的代言性，大致由两方面促进。一个是德育部门要有意识地安排校长的德育行程，如果觉得这场活动有校长出现效果会更好，那就让大队委去邀请，每次不仅要让校长露个脸，而且要让他说几句，或者颁个奖什么的。虽然校长是“被代言”的，但大凡有时间，校长是乐意的。校长“被代言”，还有其他形式，如设立校长荣誉生、一日小校长、校长签名书籍赠送……只要用得适当，都能取得鼓舞士气的效果。另外一个代言要靠教师，巧用校长的声誉和关注度，转达或善意地创编校长对班级的肯定，校长形象就开始代言了。当然也可以要求校长来班级讲话、参与活动等。刚开始，估计有些校

① 耿银平．“与校长午餐”是一种教育多赢［N］．中国教育报，2013-04-12．

长对“被代言”不大乐意，但碍着工作也得来，凡来的，都让孩子们把掌声送给校长，如春暖花开般，校长慢慢也就习惯了、乐意了，甚至主动了，这就是“生态培植”的另一层含义。

**培植的风标是生命的、自觉的**

校长是德育的领航者，是风标的舵手，德育朝向直接关系到一个学校每个生命体的精神状态。朝向何方？叶澜教授提出的“教天地人事，育生命自觉”给了我们方向——“生命自觉”，这是一种品格，是一种标志。围绕“生命自觉”，“校长德育”需要释放强烈的信号，作为“校长德育”的实体，校长要做德育的顶层设计者。

从课程层面考虑爱己、爱人、爱生命。爱己，从爱自己的身体开始。清华大学附属小学校长窦桂梅把体育作为学校的核心课程，每班每天一节体育课，“健康”摆在了培养目标的首位，这是对生命德育诉求的有力回应。爱人，可以设置公民课，以公民的身份到社会需要爱的地方上大课。爱生命，可以成立“农博园”社团，每周安排一至两节课，让喜爱动植物的孩子养护生命，并传递生命的色彩；爱生命，也可以设置绘本生命课，让孩子在图文世界里寻找心灵的共鸣。

德育顶层设计的把手是评价，德育从生命出发又归于生命，点燃每个生命体的自我觉醒是德育的“般若”。发现并呵护心灵美，是“校长德育”诠释的核心。基于这点认识，我曾在一所学校首次以一位学生的名字命名荣誉——“华栋好少年”，这是对出于本能的自觉的爱心行为的嘉奖。校运会临近尾声，教工拔河比赛开始，全场的焦点都聚集在老师身上，所有人都欢呼雀跃着为老师加油鼓劲，华栋同学却看到了潜在的危险，主动申领红绶带担任安全防护志愿者，并及时劝离了攀爬看台的同学，消除了安全隐患。这对于在大队委什么名号都没有的普普通通的一名学生来说，是多么不容易！他要有爱心，还要有勇气，更要有自觉。校长给他的颁奖词是这么写的：“平凡，并不意味着默默无闻；责任，并不只有伟大的人才能承担。华栋同学的真实故事让我们看到了一颗美丽的心灵。让我们走近这个平凡却又有着责任感的孩子。”很多人并不以这为奇，很多学校的荣誉称号也会拿学生名字来冠名，甚至有些人还会质疑，这个孩子够优秀吗？这个孩子的举动太过普通了吧！面对这种姿态，我们不禁要问：“难道只有惊天动地，难道只有肝肠寸断，难道只有声名远扬，才能够得上这般荣誉？”德育最为根本的应当是在人的道德本性中找到自己的牢固支点。我们相信纯真的心地一定会在人生的进程中不断开花，相信种子一定有力量。

“育生命自觉之人的教育过程，尤其要关注学生的主动投入与过程中的自我教育能力的提升。”我们坚信这一点，要改变学生被动接受教育的状态，我们就得用眼睛去发现，用心去品味，生命就是每人都有的脉搏。

校长是德育的楷模，一言一行都是学生的典范。校长既是德育的主体，应积极去引领、去践行，也是德育的客体，是大家树立的一种精神形象，或者说是文化符号，校长的力量根植在每个孩子的心底。说到这里，“校长德育”就是一种力量，就是一种象征。为什么要说培植？因为“校长德育”是生态的——生活的状态、生本的状态、生命的状态。

# “第三者”怎能袖手旁观

前不久的一天，值日的我送走了最后一批学生，习惯性地往操场走去，准备完成一天最后一次的巡礼。远远听到操场有学生活动的声响，猜是有班级在排练下一周的晨会，我加快脚步，想给班级鼓鼓劲、加加油。未见人，先闻声，只听见一阵歇斯底里的哭闹声。我赶紧跑去，在音控室里，原来是一个班级的一位学生躺在地上打滚，哭得稀里哗啦。一看那阵势，我就知道是谁，不过这场景在她身上我可半年没看着。

班主任站在一旁，估计劝解无效，神情凝重，只是直直盯着孩子，整个房间胶着着“狂嚣”与“肃杀”，紧张得很。音控室外，一批学生也无心排练，还有几个“好事的”在探头探脑。

此时我不小心成了“第三者”，避开肯定不行，“看见”就是教育——看见的那一刻，教育已经发生。说实在的，就当时的情形，场上两者的关系已经僵化，需要来个“第三者”作为润滑剂，调和紧张的局面，盘活这盘棋，“第三者”怎能袖手旁观？

“小西，怎么是你啊？这个学期潘老师可从没见过你这样子哦！”地上哭闹的她似乎用泪眼眯了我一下，也似乎缓和了些许情绪，不过时间短得可怜，仅一秒，又开始提高哭声的分贝，身子在地上又动荡起来。

“什么事情让你这么委屈？我给你 2 分钟，你躺在地上先不着急起来。”

她的哭声与打滚开始有了“休止符”，哭声有了起落，时高时低，两条腿开始寻找被她踢掉的鞋子，仿佛是不经意的，只是在努力避开别人的注意。哭，还在哭；转，还在转。

“姜老师，孩子们都在外边等着，您先去忙。”我示意班主任先避一避。

蹲下身来，我跟孩子说：“你看，这是我手机的秒表，我们现在开始计时，2 分钟，好吗？”孩子没说话，开始停下哭声，看着我的秒表。我接着说：“今天下午放学你不在，我和同学们在鱼池边聊天、看鱼，这就是刚才拍的照片，你找到我了吗？”“有你！”孩子嘀咕了一声，视线在寻找相片中的我。“真的哎！”此时的她已停止了哭闹，坐起来开始穿鞋子。

“好朋友就是不一样，不用掐秒表你就起来了，跟上次在游乐场一样，你看到我来了，就不哭了。有机会，我还会在大会上表扬你，你一定要坚持，让自己越来越棒哦！”

孩子点了点头，开始跟我讲下午玻璃杯不小心打碎了的事。聊了几句，我接着说：“你先擦干泪水，整理一下头发，轻轻地把你的书包、衣服拿过来，到我的办公室坐一会儿吧。”孩子点了点头，微微露出笑意，轻轻地说：“我还会扎麻花辫。”“真了不起！”我说，“你理下头发，我帮你拍照。”孩子开始认真地整理自己的仪容，悄悄地带上自己的衣物，与我走向办公室。之后，一切在自然与平静中发展着，教育也渗透其间。

这个过程，孩子经历了情绪爆发、僵持、缓冲与平和，最终走向了自然如初。看似我身上有魔法，其实不是，我只是那个不小心闯进教育实境的“第三者”，本来僵持不下的双方需要一个新形态的介入，我来了，是我得了机缘。对孩子来说，我是她顺梯而下的扶手。那时那刻，房间里充满了火药味，我是那股别样的清新，缓解了窒息的气氛。我只是踩进了“雷区”的一名工兵，谨慎地发挥自己的专长——探测，不让爆发进一步升级。我只是跟这个孩子有师生缘，关键的时候说得上话。孩子在校一年半，情绪化倾向渐趋平稳，即使有反弹，间隙周期也在拉长。就因为这点，在班主任的推荐下，在我的接触中，她成为我的好朋友，上学期的结业典礼上我还专门给她颁发了

"校长友谊奖"。是友谊的力量，让我这个大伙伴走进了孩子的心灵。

在我送走孩子的时候，操场上还不时传来彩排的声音，那是班主任姜老师与孩子们一起同台朗诵，姜老师的声音多么柔美啊！闻不出半点儿火气。孩子们的声音多么整齐啊！根本没有游离。

我庆幸自己是个"第三者"，当别人有需要的时候，我来了。请问，在成长历程中，谁没有遇到过大大小小的坎？我愿做块垫脚石。今天我帮他人越过这道坎，不知哪天，他人也会帮我越过那一道道坎。

# 用话语唤醒孩子的期待



从小到大，凡是上过学的孩子，都知道校长“最大”，全校师生都得“听”校长的。至于听什么？孩子们很模糊，大多数校长的声音传到孩子们的耳朵里，都来自老师的“声带”。直接面对原声的“真人秀”就数大型集会了，凡是集会大多有校长讲话这回事，大家都得认真听，至于校长讲什么，大多没有多大印象，更谈不上期待了。

“唤醒孩子学习的期待”，这是教育的魅力所在，教育召唤这种自我觉醒。一个对学习缺少期待的孩子，他的天空总是会少点色彩，他常常是迷茫地、亦步亦趋地做着学习的跟众。彩绘孩子的学习天空，教育需要给出“期待”。作为“期待教育”的主导者——校长，不能仅做“期待教育”的布道者，把“唤醒孩子学习的期待”这一教育任务抛给教师，他更应该是践行者。校长是大家的，对于每个孩子来说都是唯一的，每个孩子都在不同场合积极寻求与校长的美丽邂逅。如何做到校长与学生的心志匹配？校长讲话非常重要，这类讲话次数不多，正由于不多，更显得“期待教育”的弥足珍贵。

现实中我们常见，校长讲话大多无法离开那段“小圣坛”，站在台上，搭一张发言席，配上鲜花，通过话筒照本宣科。讲一些套话，漂亮的话，正确的废话。久而久之，校长讲话成了集会仪式中的一个程序，过程走到即可，至于孩子们听了吗、听了多少，也就不在关心的范畴。倒是另一种评价观冒出头来：这次讲话真顺利！所谓的顺利，就是宣读流畅不疙瘩，音响正常不开叉，孩子规矩不喳喳。讲话的这么想，听话的这么说。这种评价观曾误导了一批人。很多新校长都怕大会讲话，怕稿写不好，怕没水平。有些校长干脆请办公室主任拟稿，刚开始还能改几句，长久了，自己也就顺着来了，对讲稿懒得修改，校长成了办公室主任的传声筒。这种讲话，学生能有印象吗？能有期待吗？当校长讲话被程序化了，也就失去了本来的意义。

我们不能忽视校长讲话的影响力！在孩子们的心目中，校长应该是“太阳”，校长讲话应该能温暖每个孩子的心房，启迪每个孩子的心智，激励每个孩子的心志。这种力量，能唤醒孩子学习的期待。校长要珍视这股力量的存在，要珍惜每次与孩子们对话的机会。



让校长讲话成为孩子们的期待，绕不开语言的形式与内容。以学生集会为例，此时校长讲话真正的受众肯定是场上的每一个孩子，校长讲得好不好，孩子们最有话语权。言语内容要让孩子们听得懂，兼顾不同年段的孩子；形式上要考虑孩子们喜闻乐见的类型，小学生偏爱互动。记得春季开学，过了元宵节后孩子们返校，个个喜气洋洋，此时的开学典礼也应当有喜气，我特意给孩子们准备了三个红包，每个红包都放着我自己手写的灯谜。猜灯谜是元宵节的传统，我顺势而为，把自己想表达的三层意思——“做一个有责任的人——能担当；做一个有韧劲的人——能坚持；做一个有书香的人——能读书”化为三个关键词——“责”“韧”“书”，用猜字谜的形式传递给每个孩子。谜面分别是“丰收之后财源来”“伟人藏身锋芒出”“孔夫子搬家”。我主动把自己请下“小圣坛”，走进孩子当中，随机请学生拆红包、念谜面、猜字谜。猜中了就把我写的谜面当纪念品送出，虽然字写得一般，但送出的是校长与孩子们的一段回忆。孩子们猜得不亦乐乎，我适机点拨，在开学初与孩子们签订了一份不一般的“责任书”。

透过上例，我们不难发现，校长讲话，一要应景，要顺应当前情况，把时情、校情结合起来考虑，讲的话就如时令蔬菜，更有营养；二要应心，顺应每个孩子心里的想法，小孩子就爱一个“趣”字，小孩子就期待着与校长零距离接触，要走近孩子，与孩子互动起来，顺应人心。当然，校长讲话中如有承诺，还要跟上应验。如“六一”节为无批评日，那就得不折不扣地实施，如遇特殊，也得解释，而且要想个替补办法。校长讲话算话，期待就没有水分。依从应景、应心、应验的“三应”原则，孩子们对校长讲话就有了期待，此时校长话语的正能量就有了渗透的机理。

校长用话语发挥自身的道德影响力，释放“期待值”，不仅要从“小圣坛”走下来，而且要从“小圣坛”走出来。校长讲话不能仅仅局限在集会场合，校长还要主动地开辟一些与孩子对话沟通的渠道，在可能的时空里广开言路。

校长讲话可以抱团会晤。校长要有意地开展小组交流的抱团形式，贴近孩子，倾听他们的心声，并且适机传递自己的心声。比如，我们推出的一月一次的“校长午餐会”，学生通过个人报名、班级推荐、大队部审核的方式参与进来，每期9～10人，大家围坐一圈就餐，边吃边聊。吃的场所、方式和菜肴跟往常不一样，就有了新鲜感，“期待”与“新鲜”犹如姊妹，孩子们对“校长午餐会”的参与热情空前高涨。明白人都知道用餐不是目的，交流才是根本。再如一学年一届的“毕业午茶会”，每期8人左右，安排在“毕业季”里的每一天。每天中午时分，总有约定好的一批学生来到校长室，我把同事们订婚、结婚送的喜糖、糕点拿出来给他们吃，并且给他们每个人泡一杯热茶，茶叙由此开始。一杯茶、一席话、一份情，拉近了师生的距离，浓蕴了每个人的心田。此时，校长讲话就不是高高在上了，它就在彼此的顾盼之间。抱团是一个组合，是一种心灵力量的聚合。这种交流孩子们喜欢，这种交流具有向心力，孩子们对这种交流就有了无穷的期待。

校长讲话可以私人订制。创设适合每个孩子发展的教育，这是教育的共同价值追求。不过，说的人多，做的人少，做成功的人更少。原因很多，其中一条就是校长成了思想的巨人、行动的矮子。管理的效度来自齐心协力，校长除了说之外，还得伺机而动。经常听到老师们诉苦——班里有“难磕的瓜”，而且不止一个。怎么为老师分忧？除了指导之外，还可以发挥校长的道德影响力，与这位暂时后进的孩子交朋友，跟他唠嗑，给他鼓舞。我遇到过这样一个孩子，说话较慢，准确地说是我们问一句，她慢吞吞地回应一句，而且惜言如金，很少有长句子。让我欣慰的是回答得都对，可塑。她的问题在于不自信、语言组织吃力。我们就约定每周为对方讲一个故事，彼此分享故事的过程就是语言的组合复现过程，就是孩子自我认为被超级关注的时刻。孩子每周有个期待，相信这类私人订制会给予孩子莫大的支撑。

校长讲话可以推门入户。推门入户，走进家庭，就是传统的家访，大多由班主任、学科教师到学生家中进行访问。现如今，信息技术让人机对话取代了传统的家访，出现了老师对孩子了解不全面、家长与老师人情淡薄的局面。我们除了要求老师家访外，而且也尝试校长定向家访。全面发展的学生、某个领域特别拔尖的学生、进步神速的学生等，都可以作为校长家访的对象。每个学期都让孩子在家里有个期待，期待校长的来访，期待校长的肯定与鼓励。为了做足期待，临近期末校长可以通过各种形式抛出定向家访通告，如本轮家访的区域、学生对象的配对指标等，然后让孩子写申请报告（主动的诉求期望值最高），最后选出 3 人左右作为家访对象。同时，校长还得“备好课”，对要访问的所有孩子都要调看他们的成长档案，与同班的学生交流，收集一些与孩子有关的校园生活故事，让定向家访远离“高大上”，凸显“精小微”——精妙、小雅、细微，接地气。虽然家访时讲话更多的是家长，其实校长讲话的主题始终围绕的是孩子，校长通过家长传递对孩子的关爱与期许。期待就是陪坐的孩子入神的倾听和开心的面容，有时还会搭上几句会意的心语。

让校长讲话成为孩子们的期待，要始终关注语言的形式与内容、表达的情态与行为、交流的时机与环境。只有最贴近孩子的，孩子才有最美的期待。蹲下身来与孩子对话，不是外显的肢体动作，而是儿童视角的思想内化。平易近人、热情率性的校长是孩子们喜欢的校长，平时校园中处处能看到校长友善的寒暄、热情的回应、无拘的畅谈，校长讲话就有了“群众基础”。在一定场合内进行的校长讲话，就是有根基的讲话。讲什么、怎么讲，都得深思熟虑。做生活的有心人，多搜集校园故事，多注意教育动态。小场合“自由谈”——让每个孩子自由自在、畅所欲言；大场合“放开讲”——摆脱稿子的束缚，让眼神、心语尽量自由穿梭在集会场内，每个孩子都有与你眼神对焦的可能。如此一来，“期待”自含其间。

# “说”是靠“做”才有温度和力量的



大小活动，少不了讲话，总结致辞常常是压轴戏。说是压轴，实质调查支持率，让人大跌眼镜——孩子不喜欢啊！

有孩子调侃：“今天，老师就讲一句话，结果滔滔不绝、口水直挂；现在，再给老师一分钟，结果我们默默数了一刻钟。”不要以为这是小儿戏言，不当回事。著名教育家狄波拉·玛雅有一句名言：“学校最重要的是，倾听儿童的心声。”我们静下心来仔细琢磨他们的言语，会发现是有分量的，也必能嚼出个中味儿：孩子们不喜欢长篇阔论或随性发挥的总结致辞。

在孩子的心目中，最后讲话的人，首先得是个“头”，受人敬重，就如校长，是他们崇拜的对象，是精神的领袖，是可亲可敬的人。这些人与孩子的直接交往并不多，每次出台都是绝好的教育时机，千万不可小视。用成人化的领导讲话风格面对孩子，就是没有站在孩子的角度考虑，也就是不尊重儿童。“敬人者，人恒敬之。”致辞者要将此渗透到你出现在大众面前的每一时每一刻，即使是你认为的“常态发言”。

“教育就是一棵树摇动另一棵树，一朵云推动另一朵云，一个灵魂召唤另一个灵魂。”总结致辞，是通过话语形式来“摇动”“推动”“召唤”，是通过自己的“有趣”“有意”和“有爱”把孩子带入教育的时空。它需要一种新的形态，绝不是空洞的说教，也不是古板的讲话，当然也不是歌功颂德式的致辞。歌功颂德，预期肯定是听者热血沸腾，实际上，往往是说者豪情万丈，听者却难以激情澎湃。大家知道，能上台面的都是台面上的事，拣大处说，讲的大多是学段里、学部里、学校里极少数特长生、优等生的光荣事迹。这样是发挥了一定的榜样引领作用，但缺少“草根味道”，缺少校园生活的气息，难以产生真正的群体共鸣。更何况儿童的认知特点是偏于感性的，只有“体验”才会更好地唤起“体验”。孩子们倾听的兴致要有真实故事的铺陈，而这就需要“交往”。

一次结业典礼，轮到我讲话。我说：“今天，我不是来讲话的，是来给两批同学颁奖的。这两批同学都是我在校园内与你们在一起时发现的，非常优秀。”“不讲话？来颁奖？校长葫芦里卖的是什么药？”藏着满满好奇心的孩子们翘首以盼。

“第一个颁奖词是‘坚持’。这个学期我与大家交往最为密切的时间就是温馨的午餐时光，我与德育处一起，与最美的你相遇。午餐时光最美的你肯定是不挑食的、不浪费的、不吵闹的，我们称此为‘光盘达人’。一天如此，没问题；一周如此，也能做到；每天如此，就不容易了。现在，我们掌声欢迎天天光盘的‘小小营养师’们。”八位学生上台领奖。颁好奖，我说：“天天光盘，日日健康。这就是坚持的力量，做任何事，只要坚持就有收获。我期待更多的小朋友用好午餐，个个成为‘小小营养师’。”此时，不论是台上还是台下，所有的孩子都会想着“健康真好”！

这个奖缘于我的一次发现，在食堂午餐，很多孩子简单扒了几口就把饭菜倒掉，人数还不少。我看了既心急又心疼，“早上吃得好，中午吃得饱，晚上吃得少”，孩子们一大早出来，在学校一待就是一天，午餐多重要！要吃饱就不能随便倒掉。我开始每天中午在食堂出口处给光盘的孩子拍照，在班主任的配合下，光盘的人数极速递增，后来每天都有30%左右的孩子光盘，随便应付午餐的一个也没有。我这么做，就是出于朴素的想法——如果他们是我的孩子，我一定要让他们吃饱、吃好。我要求德育处每天给光盘的孩子上光荣榜，每周给他们颁奖，期末我来这么一出，其实是“蓄谋已久”的。校长与孩子交往，孩子也喜欢与校长交往，双方默契，心往一处，教育就在其中。期末颁奖，我不仅导向“光盘”，而且导向“坚持”，一举两得。

“第二个奖项的颁奖词是‘进步’。”我说，“我小时候就听过一句话——长大好好学习，天天向上。每天进步一点点，做最好的自己，这是我对自己的要求，也用这个要求去要求我们的同学。今天，我要颁奖的对象是我们学校这个学期进步最快的一个孩子，一年级的时候懵懵懂懂的她还满校园跑，上课想法很多，抢着回答问题，停都停不下来，脾气也大。现在不一样了，有一次在游乐器械上跟同学闹了不愉快，哭着，我只说了两句，她就开心地活动去了，不再被自己的情绪带着乱跑，懂得理解，而且这个学期还读了不少课外书，被评为'校园阅读之星'。一位爱读书的孩子——多好！我现在就给她颁发'校长友谊奖'，掌声欢迎良辰（化名）上台领奖。"

孩子一上台，抢过话筒说："潘校长，我一定会好的！"那种真诚，天底下只有纯真的心地才能发出。我说："我相信你一定会！我们一起读读证书上的这段话——相遇在校园，相约一起成长，相信种子一定会发芽！"我把话筒转向全体同学，同学们回应——"相信"！那一刻，整个校园都被感动了！退场了，有老师说，自己班里的孩子也想跟我交朋友。我，一切笑纳。

为了孩子，为了每个孩子，我作为学校的一员，乐于做一切，只要有意。这次结业典礼我讲话了吗？讲了，严格来说又好像是颁奖。想表达什么清楚了吗？清楚了，倡议孩子们要学会坚持，要天天进步，要爱自己，要爱他人。这个要求，不是说出来的，而是颁出来的，更像是做出来的。一个学期的交往，每天与孩子们接触，奠定的教育力量给了致辞者站在台上的分量。

致辞是一种引导，我们要引导学生朝哪个方向走，就要多与学生交往。让交往的力量走进我们的致辞，是言语式交往的新态。总结致辞有必要，却很枯燥，要让孩子喜好，就要"有料"。"有料"，既要有内容，也要有形式，更要有过程。"说"是靠"做"才有温度和力量的。

# 图里有“真”相

教育调理，有诸多途径。用话语调和，用行为调节，用制度调剂，用心灵调谐……另外，图画、影像也是调理的凭借，小孩子更适合形象感知，如果条件许可，借图代言，翻转致辞——让孩子看图说话，孩子容易接受，也能加深印象。

凑巧，2017 年夏季的结业典礼给了我“图话时空”。那天，南方的天气一如既往的热，德育处提出在室内分两场举行结业典礼（受场地和人数的限制），主题是“感恩，身边的你”。一切从学生出发，在学校条件允许的情况下尽最大可能地呵护学生的身心健康，我觉得甚好。也巧，校长有事，委托我在结业典礼上代表校领导致辞。接了这个担子，面对着这个“命题作文”，我得因地制宜、因时而异地考虑话题及其表现形式。

这次活动的场馆发生变化——由室外转为室内，主题又如此明确——“感恩”，不再是以往的“回顾与展望”。我将如何与孩子沟通？如何实现翻转——让自己想说的话由孩子们带出呢？就地取材，不失为一个好办法。室内报告厅有超大的LED电子屏幕，我不妨来场“校长图说”。在手机里选取三张平时校园内随拍的照片，让学生“看图说话”。现复现交流过程。

**呈现第一幅图——一位保安推着一位坐在轮椅上的年轻女教师进入校园。**

生：“老师脚受伤了，还来给我们上课。”

师："是啊！这位老师是二（1）班班主任娇娇老师，在临近期末时不小心摔倒，脚踝骨骨折，打了石膏。当时她还身怀六甲，也就是有了宝宝，按理说得在家休养调理，可她挂念着班里几十个孩子，克服困难，坚持上班。像这样的老师我们学校还有很多，有的老师怀孕了，却根本看不出来，每天和你们朝夕相处，笑靥如花；有的老师刚刚生下宝宝，天天都得给宝宝哺乳，为了不影响工作，自己干脆在学校旁边租了一间房屋，带着保姆住了下来，只为白天八小时，额外开支不小，但就是为了我们的学生；有的老师放弃婚假，每天带队训练，周末还得带队去市区参赛；暑假里，还有一支健美操队要参加市里的比赛，正在排练中……这一切，我们都应该向老师们说一声——"

生齐："老师辛苦了！老师我爱您！"

师："还有，看到推车的人了吗？"

生齐："看到了，保安叔叔。"

师："对，校园里只要有人需要帮助，保安叔叔都会伸出援助之手，他们是我们的守护之神。推送轮椅的还有我们的老师们，另外这里还得感谢一个人——每天接送娇娇老师上下班的司机陈师傅。这是一个有爱的大家庭，这个'爱'是由我们每个人写成的。"

**呈现第二幅图——下雨天放学，一批家长撑着伞来校接送孩子。**

生1："爸爸妈妈每天都来接我们回家。"

生2："下雨天帮我们撑雨伞。"

师："你看懂了什么？"

生："爸爸妈妈每天那么忙，但每天都坚持来接送我们，非常爱我们。"

师："是啊！爸爸妈妈生育我们、养育我们、爱护我们，每天如此，风雨无阻，我们应该向爸爸妈妈说什么？"

生齐："爸爸妈妈我爱你，就像老鼠爱大米。"（挺默契的，现场的爸爸妈妈代表都笑了）

**呈现第三幅图——一位学生帮扶另一位同学踩高跷。**

生："这是二（6）班的王湛帮陈奕学习踩高跷。"

师："一个'帮'字说得好，大家读懂了同学之间应该——"

生齐："互相帮助。"

师：“真好！伸伸手，帮一帮，我们可以站得更高，看得更远，学得更好。成长的路上，我们离不开身边的同学，团结友爱，互帮互助，才会收获一路欢歌笑语。现在我建议，全体起立，伸出你的双手，像潘老师一样双手在身前交叉，与今天邻座的同学握握手。”

整个讲话过程不是发言者的单边行为，而是辅以图片的互动式交流。感恩，不是我讲出来的，也不是我一味灌输的，而是来自校园真实的生活，一幕幕动人的场景，就是一个个动人的感恩故事。

图里有“真”相，只要我们平时有心捕捉校园内美好的、触及心灵的画面，只要我们逮住公众机会触及画面，动心的一幕就不是当事人当时的擦肩而过，也不是孤芳自赏的独异风景。图里的“真”在适宜的场合足以移花接木，嫁接出善与美。

# 第三辑　教育调理适切师性

“闻道有先后，术业有专攻”，道出了教师差异存在的现实；激励性人格，以成功为导向，专业品行，显露了优秀教师的三大品性。要想让处于不同层次区间的教师自我激励，实现专业化，没有打点滴式的普适法，有的是适切个体的综合调理。每个教师都有一方自己的世界，有的对外敞开，你很容易进入；有的半掩着，你要尝试着推一推；有的紧闭着，甚至在门后顶着自己的一门心思，你要费点心思去“拆撤”他顶在门后的心思。尽可能人文关照每个个体，方有教育的“半亩方塘一鉴开”。

# 重建不同层次教师的评优机制

当前，学校的评优机制大多可归结为“点”与“线”两种。“点”者，每次活动互不关联，呈点状分布，随意性强。有的活动是配合上级做好选荐工作，有的活动则是伺机而动（一看这个时期教育界风行什么；二看教师是否“清闲”了许多）。教师的感受是杂、多、繁、乱。“线”者，每次活动有所关联，呈线状分布，但起始分明，易使“终端教师”坐享其成。因而，我试图寻找评优机制中的“永动机”，让不同层面的教师在适当的时机，以科学的方式刺激自己获得应有的发展。实践的做法是：根据教师教学水平层面和能力结构的不同，科学设置评优项目，合理链接，变“点状”或“线状”运行为“球状”运行。

## 一、科学设置评优项目

评优项目是教师成长的载体，合理的建构有利于教师各尽所能、各取所需。如何给教师搭建一个适宜共性、个性同步成长的舞台呢？

**1. 考虑整体轮回，促进综合发展**

师者，传道、授业、解惑也。道有术、业有技、惑有心，教师在教学中只有用脑思考、用技调控、用口交流、用心经营，教师生命之树才能常青。这“四用”是个整体，不宜分裂割离，即一个轮回的评优活动，应能全面检阅教师的综合教学素养。综合教学素养应该包括教学技能、课堂驾驭、口语表达、研究水平四个方面，一方面“羸弱”，就会牵制教师专业素养的整体发展。

**2. 尊重差异存在，推动特色发展**

教师的能力结构与水平层面是不同的。在能力结构上，有的擅长理论研究，有的擅长教学技能，有的擅长口语表达，有的擅长课堂教学……在教学水平上，有的建立在教学技能扎实的基础上，开始研究课堂教学；有的建立在理论扎深的基础上，开始追求学术成果；有的建立在教学能手的基础上，开始争当名师……教师评优项目要使不同的教师在某一专项或某一时段有印证自身价值的机会。

**3. 立足系列规划，实现有序发展**

不论何种结构，有序和无序释放的整体功效存在鲜明的差异。有序结构，公式释解为1＋1＞2；无序结构，公式释解为1＋1＜2。活动体系、评优项目以怎样的一种结构开展，直接决定着活动目标的达成度。结构问题应当引起广大教学同仁的关注，优化的结构首先取决于有序的组合，这样才能带来整体的效应。学校每项评优活动的年限穿插，每届活动的延续，都要系列化开展，并以制度作为保证。在同一学期内，不可所有评优项目全上，也不可集中在同一项能力的评优上，更不可年年翻新、喜新厌旧。学校要有一个3～5年的教师成长规划，把评优活动合理分化其间。

## 二、合理链接评优项目

学校评优机制的优化，重在使每个教师都“活”起来。这种全员盘活的意识，需要一定的操作系统去支撑，意识才会燃烧释放出原有的力量。这种操作系统应有其明显的力量引爆基点、力量感应地带和力量转换引擎，方能实现其合力的“球状”链接。

**1. 循规律，把准力量引爆基点**

一般而言，一位师范生刚跨上工作岗位，虽然多感性少理性，多教条少实践，多理想少现实，但我们要看到乐观奋进的方面。激情洋溢的毕业生经过大专院校的锤炼之后，已具备一定的教学技能，如听、说、读、写、思，这说明新教师已具备了一定的教学角逐力量。因此，学校在链接项目时，要按照由扶到放的规律，从容易上手的项目开始，使新教师初涉赛场就能感受到集体的温暖、竞争的情趣，有前进的欲望。

**2. 抓两头，关注力量感应地带**

在一次评优活动中，总会存在上限与下限人员，也就是比赛的前后几名。这两个限度区域，是最动心、最敏感的地带。对这些人员要做好“度”的把握：一要考虑人员比例。上限人员要少而精，才能保证“高层专业代言人”（相对学校而言）的质量；下限人员要适当，不宜零淘汰或滥淘汰，才能有效提高教师的竞争意识，呵护下限教师“卷土重来”的宝贵心态。二要突出上限人员，凡上限人员均可获得“破格权”。破格一：顺序型教师（按学校既定起点依序参加评比的教师）可直接进入下项评比活动，不必参加预选；破格二：错序型教师（根据自身能力、特点自主选择评比起始项目的教师）可以选择第二类评比项目，当拿足专业积分后，亦可参加“高层专业代言人”竞聘。以此达到环环相扣、丝丝相连的衔接效果。



**3. 建中转，紧握力量转换引擎**

如果学校评优机制按“球状”机械运行，势必形成低效的原地打转，日久，将会出现教师疲软应付的局面。要使“球状”评优机制良性循环，就要使作为“中转站”的评优项目成为起点与终点的共同体，即经过一个轮回的评优活动脱颖而出的“高层专业代言人”，并未停止其专业发展的脚步，他们必须在“中转站”中释放能量，培养新一批后备人才；同时，还必须在“中转站”中不断补充能量，提高自身专业水平，以接受学校年度考核及资格的再认定。

## 三、校本评优机制操作示例

基于上述见解，我试以实例诠释个人粗浅的观点，所列项目名称，只代表个人喜好，意在指向。

**1. 图示**

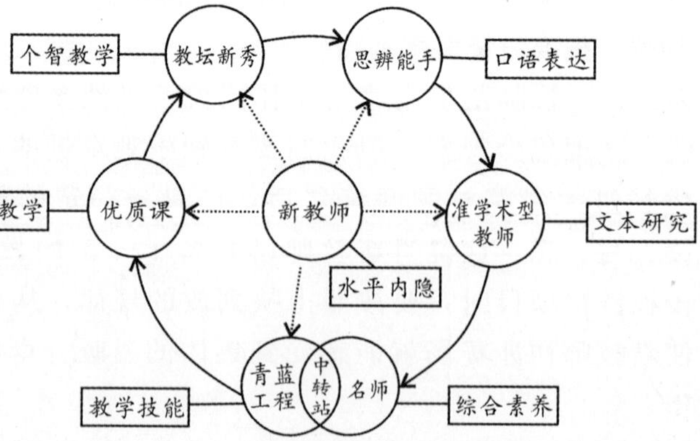


校本评优机制操作图

2. **说明**

（1）“○”内表示评比项目。

（2）“□”内表示检测能力类别。

（3）“──→”表示顺序型教师参评路径（路径是环状的）。

（4）“┈┈→”表示错序型教师在常态下的参评路径（路径是单线的）。

3. **操作**

（1）设立评优项目

项目一：青蓝工程（主要指向教学技能和传、帮、带）。系列一：新教师教学基本技能比赛，如朗诵、演讲、“三笔字”等；系列二：名师指导新教师，以名师说课（或试课、上课）、新教师上课的形式进行，把惯于在后台指挥的指导师请上前台，目的在于促进“双师”捆绑式发展。

项目二：优质课（主要指向群慧教学）。由参评教师当堂执行教研组的集体备课方案。

项目三：教坛新秀（主要指向个智教学）。由参评教师在规定时间内独立完成备课、上课任务，侧重于独立设计教学和驾驭课堂的能力。

项目四：思辨能手（主要指向口语表达）。侧重于即兴思辨能力，要求参评教师听课后即兴点评，点评时只能参照听课笔记和发言提纲，不准读稿，点评时间不得少于 30 分钟或超过 40 分钟，点评完毕即进行现场答辩。

项目五：准学术型教师（主要指向文本研究）。侧重于信息材料的收集、分析、处理能力，每位教师在一个赛段要整理好四本文集：读书文摘集、个人论文集、教学信息集、反思案例集。

项目六：名师（主要指向综合素养）。全面检阅教师综合专业水平。

（2）确立先后次序

如上图的实心箭头所示，从新教师至名师再经“中转站”开始新一轮环状运行。

（3）教师分类导引

根据教师能力结构存在差异的特点，把参评教师分成顺序型和错序型。顺序型教师按照上图实心箭头所示路径参评，错序型教师可自主选择起点向单项发展，如上图虚心箭头所示。

（4）科学认定“新手”

凡是因教学经验不足、理论认识不够、反思意识不强、研究热情不高、个性特点不露等引起专业水平暂时内隐，尚不能自由发挥的教师，不论其年龄、教龄、职称高低，均为新手型教师。

（5）序列开展活动

注意活动时段的合理穿插，几年为一届，每届在哪一学期，都要科学安排，并通过制度化保证其正常运行。

（6）拟定“破格”制度

顺序型教师获上限奖项后可直接进入下一项评比，如获优质课一等奖者可直接参加学校教坛新秀评比，无须参加教研组预选。错序型教师获上限奖项后可破格参加另一项评比。

（7）实施“高资”认定

顺序型教师每次活动均获奖，即可参加“名师”（相当于“高层专业代言人”）竞聘；错序型教师可以积分的办法竞聘“名师”。“名师”资格认定的核心要素是参聘者必须是科研课题的负责人或主要成员。凡已获“名师”荣誉者，学校两年审定一次，主要审查其履行职责的情况。同时设立“首席名师”，激励“高层专业代言人”参与竞争，强化其“学不可怠”的意识。落选的“名师”，要重新参加三项评比：教坛新秀、思辨能手、准学术型教师。拿足积分后可再次竞聘“名师”。

（8）架接起止环节

这是“球状”竞争机制的关键环节，学校在启动这一机制时，要使起点与终点辩证地存在。如项目一“青蓝工程”中有名师导课内容，项目六名师评比中有名师导课任务，“导课”把两个环节连在一起，实现了新旧更替。

以上所述，是基于我对教师成长载体的一种反思，是对校本教研之评优机制的一种梳理、一种重建。合理的评优就如适当的换血，定有利于教师强“生”健体，定能更好地为学生服务。

# 让课堂成为教师专业发展的“脐带”



关于教师成长的话题，上文指向评优机制，本文带你走进我们的主阵地——课堂。离开了课堂，教师的专业发展就失去了生命色彩，课堂犹如教师专业发展的“脐带”。听起来，这话似乎有点耸人听闻，但静心思量，教师的专业“生命”与课堂息息相关。

“让每一个孩子快乐健康地成长”，这是小学教育的使命，具体行道者是教师。只有不同层面的教师得以适性发展，才能让教育真正惠及每个孩子。为了达成育人的目的，我们除了关注教师之外，还要聚焦课堂。学生在校期间，绝大部分时间是在课堂中度过的，学生的思维方式、价值观大多也是在课堂上形成的。学生的课堂生活质量，决定了教育质量的高低。

显然，孩子在学校教育的成长过程中，教师与课堂是两大核心要素。事实上，这两大要素在战略上的位置是有了，但在战术上还比较零散。关于教师的专业发展或关于课堂的教学改革的研究甚多，但在二者的联系点上鲜有系统的思考与建构。另外，就评价而言，当前的课堂评价、教师评优大多有利于表现型教师，教师只要上好几堂课就能出人头地，而大部分勤勤恳恳、默默无闻工作的教师则常常被过分“实在”给遮蔽了。可以说，当前存在的惯有评价方式关注的是具有某种特质的教师，这种评价没有让不同层面的教师得到适性发展。我认为应该立足课堂，研、评、训合一，“课本位”建构教师人人发展的机制，让课堂成为教师专业发展的“脐带”，让课堂成为教师素养提升的“生命纽带”。我们要引导教师关注课堂，通过评优、培优策略，分层分享、实施“课本化”改良行动。通过课品、课能、课质、课感的系统建构，提升学科教师的素养。

## 一、面向“课品”的分项评优——提升职业执行力



教书育人，是教师的本职。其职能大多以“课”的形式转化到学生身上，而“课”的效度，除了技能技巧外，更多取决于教师自身的心灵高度。教师为育人殚精竭虑、尽心尽责，有了这一品性，就有了强有力的职业执行力，何患“课”会无端沉浮。“课”的保质，源于“课品”。

“课品”，指教师的教学态度、职业操守、品性修养。其核心是爱与责任，强调常态教学环境下的一种慎独境界。关注“课品”，就抓住了根本。教师课前认真备好课，提前一分钟进教室候课；课上，公平对待每个孩子，真心关爱后20%的学生，不拖堂，不剥夺或变相剥夺学生的学习权利，不随意产生教学干扰波等。如此，“课品”自然正，教学再怎么样也不至于跑调。当然，“课品”也包含教师对课程的敬畏，不能用随意调课、换课、篡课来亵渎课程。对于课程，我们可以做校本化改造，可以做创新性改良，但不能随意揉捏。

面向“课品”的分项评优，应充分发挥学生的主体作用，只有学生才能最为真实地感受到常态教学环境下的真实教学状态。每学期可以组织一两次学生评教活动，不要求对教师的教学艺术评头论足，而是从以下四个方面来做评价：“时不我待”——不能迟到；“时不我怠”——不能拖课；“时不我在”——不能篡课；“举不违疆”——不能体罚、冷落学生。学生看到的、感到的、做着的、受着的都是直接的，教师关爱与否，责任感的高低，“课品”的优劣，学生自然心中有数。

学校还可以建立行政领导巡学制度，每天由一位行政领导巡学，

把教师的课堂情形随机记录下来，每周行政会上汇总一次，以此作为平时评价。期末根据整个学期的常规检查、随堂评估和随机抽查情况，对老师的课堂品性态度分项评优，勤勤恳恳教书的，评为“勤谨之范”；与学生打成一片的，评为“学生之友”；与学生教学相长的，评为“合作之星”；班级管理有条不紊的，评为“管理之英”；课上学生创意作品迭出的，评为“创意之才”。只有教师以用心为前提，学生才可能精彩无限。评价面向不同层面，不同层面的教师就会受到鼓舞与激励。如此一来，教师就能“安命”——忠于教书育人的使命。教师只需为学生发展而尽心，而不是为评优评先而尽职。



## 二、面向“课能”的分层评优——提升课堂执教力

课堂上的教学能力，就是“课能”。凡是能力，其发展都离不开训练。“课能”评价，侧重于教师的课堂执教力，也就是教师的课堂表现力、课堂驾驭能力，乃至教学的特色、个性、风格等。采用个体独立备课、上课的形式，展示个体的教学能力，近似于平常的教坛新秀评比。

“课能”评优不能一刀切，一般不同教龄、不同阅历的教师，课堂执教力是不同的。我们不能用同样的标准，让他们在同一个平台竞争。教师是要激励的，要不断地给他们成功感；教师也是要逐级发展的，循序渐进的规律要求我们给教师的专业发展做好规划。

为了更好地完成教师专业发展规划，我们紧紧围绕“课能”这一核心，用分层评优的方式提升教师的课堂执教力。教师“课能”评优层级表如下。

**教师“课能”评优层级表**

| 层级 | 目标 | 条件 | 认定 | | 发展链接 |
|---|---|---|---|---|---|
| | | | 途径 | 标准 | |
| 第一层级（一星级教师） | 胜任教师 | 2～5年教龄 | 教研新星评比 | 有效，规范，潜力 | 参加市研修班或校名师工作室 |

续表

<table>
<tr><th rowspan="2">层级</th><th rowspan="2">目标</th><th rowspan="2">条件</th><th colspan="2">认定</th><th rowspan="2">发展链接</th></tr>
<tr><th>途径</th><th>标准</th></tr>
<tr><td>第二层级（二星级教师）</td><td>骨干教师</td><td rowspan="6">拥有上一层级的荣誉</td><td>还学课堂评审</td><td>还学于生，稳健优质</td><td>推荐市骨干教师评审</td></tr>
<tr><td rowspan="2">第三层级（三星级教师）</td><td rowspan="2">特色教师</td><td>特色课堂评审</td><td>有思想，显特色，高效率</td><td rowspan="2">推荐省、市教坛新秀（中坚）评审</td></tr>
<tr><td>项目验收</td><td>有成效，有影响，有价值</td></tr>
<tr><td rowspan="2">第四层级（四星级教师）</td><td rowspan="2">风格教师</td><td>风格课堂评审</td><td>思想、技术和个性的完美融合</td><td rowspan="2">推荐省、市名师、特级教师评审</td></tr>
<tr><td>项目验收</td><td>重大成效和影响</td></tr>
<tr><td>第五层级（五星级教师）</td><td>首席教师</td><td>根据需要聘任</td><td>在某一方面、领域有开拓性成就，或对学校某一方面有卓越的引领</td><td>学校督学</td></tr>
</table>

上表简明地呈现了教师“课能”的发展历程：胜任→骨干→特色→风格→首席（有特殊贡献的可以破格）。每位教师从初涉讲台的拘束，到风格课堂的挥洒，乃至拥抱一种学术的自由，这离不开独立的备课、说课、上课、评课，离不开教学能力的课堂历练。让教师分层发展，其实很多学校都在做，我们唯一要加以说明的是，“课能”评优坚守一个原则——让教师独立面对。

教师的专业发展，不是单靠评优激发出来的，更多的是培育成长起来的。以下两点再度围绕课堂谈谈如何培优。

## 三、面向“课质”的分层培优——提升教学执导力

“课质”，非常容易理解，就是课的质量与效率。如何构建有效课堂，是一个永恒的话题，也是一个与时俱进的话题。优质课评比就是通过团队合力推出一堂好课，着眼点就在于课的完美呈现。

如何拿出一堂好课？如何才是一堂好课？如何演绎出一堂好课？如何让人家理解一堂好课？这就不是一个人所能考虑周全的，它需要专家引领、同伴互助，围绕一个课题，盯着一个主题，不同水平线上的人交流碰撞。而这个过程用一个字概括就是“导”。此时谁来上课已经不是很重要了，重要的是思想的交融。团队的合作，不是一个人受益，大家在研讨的过程中，每个人都接触了“导”，感知了“导”，并逐步学会了“导”。

“课质”培优之分层，既有教师层面的区别，也有导课团层级的区别，如名家领航式、名校连锁式、同伴互助式。其核心磨课机制就是我们创生出的教研新式——滚动焊接式，它主要包括尝试课、会诊课、赏析课等活动流程。新教师上尝试课，老教师不仅说课、评课，还要亲自示范课例，也就是亲自用课堂教学实实在在地演绎自己提出的观点。此时是会诊课（一），最后再交给新教师上会诊课（二），时机成熟就上赏析课。整个过程是围绕一堂课滚动前行的，此处有别于传统滚雪球式教研的关键是：滚雪球式是一个人在反复上同样的课；滚动焊接式在于中间有老教师接棒上课，达到“以老带新，共同成长”的目的。老教师的介入变单纯的“借箸代筹”为联动式的“借镜观形”，变老教师的“坐观成败”为“见义勇为”，变新教师的“孤军深入”为“里应外合”。这在促进教师成长、主题提炼、课例优化、课质提升等方面都有着明显的成效（详见后文《滚动焊接式：个性教研 多元成长》一文）。

## 四、面向“课感”的分项培优——提升综合执把力

教师身上有一种缄默的课堂教学能力，是比较直接、迅速地感悟教学的能力，是课堂的综合执把力，我们称为“课感”，这是教学水平的重要组成部分，是对教学分析、理解、体会、吸收全过程的高度浓缩。

“课感”是一种经验色彩很浓的能力，离不开教师扎实的学科功底、熟练的教育教学基本技能和综合素养。首先得多读书，书读多了，七窍玲珑，事事澄明，所以，读书成了学校办学的精神底色。完善教工阅览室，优化读书沙龙，开辟读书讲坛，读书让我们有了精神的积淀，也丰富了生命的色彩。不管是课前我们预设的知识，还是课上生成的讯息，都会在经纶之气内润化。课堂教学的圆润，就是“课感”的一部分。其次，我们要加强教学基本功训练。教师的“即兴言”“三笔字”“简笔画”等基本功，能让课堂教学呈现出一种流线美，言不疙瘩——畅快淋漓，字无糟粕——龙马精神，画显逼真——栩栩如生。一言一语，一笔一画，自然洒脱，学生自然会被你吸引，课上不做作，这就是“课感”。最后是重视教学反思习惯的养成。抓牢“得”“失”“悟”等教学反思的实质性内容，通过反思，不断梳理自己在教学过程中的成功之处，排查教学活动的不足，记录自己的失落体会，分析失落背后的成因，保持思考问题的自觉性，思忖问题的背景，谋划改进方略，不断提高自己的教学机智，优化自己的教学风格，形成属于自己的独特的、敏锐的“课感”意识。

如上“四课四力”，其实是一个相互交融的系统，在此加以厘清，并给予具象，分科别目，分级发展，分类培优，意在突出教学的关键人（教师）与关键地（课堂），突出课与人的“脐带”关系。“课品”立足基础，强调常态评价。“课能”“课质”“课感”都是对教师专业能力的高位诉求，“课能”倾向于个体能力，“课质”倾向于团队合力，“课感”倾向于综合潜质。研、评、训合一，站稳了课堂，就捍卫了师生的根本利益，从而保证了教学质量。师教得从容至善，生学得扎实有效。“课内不够课后补”的现象消失了，教师幸福，学生幸福，课后师生可以做自己想做的、有益的事，这就是幸福的良性循环。

# 分层导课：走进教师的最近发展区



导课，大家都很熟悉。在每位教师的从教生涯中，总会与导课发生关系，不是被别人指导过，就是指导过别人。切身体会是每堂课都有着无限的可能，不同的思想、不同的视角、不同的情境、不同的学生都会派生出“新课模式”，显然，每个教师“被导”的过程就是一次“历练”的过程。

这个“历练”的过程，对于每一位教师而言，是不是都有所触动、有所明晰，或有所醒悟，也就是个个是否都能从中受益？带着这个问题，我做了一项调查：专家或同伴帮扶导课的需求状态。结果有需要的教师并不是100%，如右图。

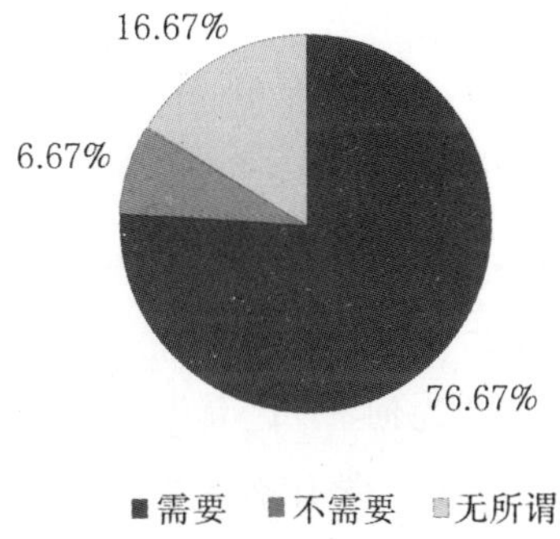


专家或同伴帮扶导课需求状态图（一）

“无所谓”与“不需要”占23.34%，形成的原因可能很多，但至少说明“被导”并不是人人都有实质性的正向变化，不同层次的教师需求是有差异的，下图可以验证这个观点。

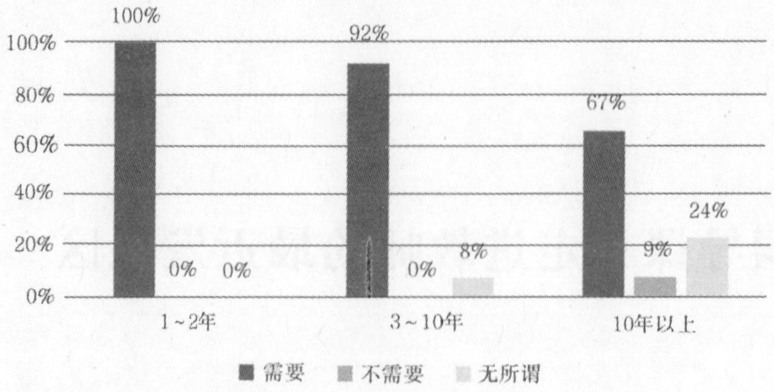


专家或同伴帮扶导课需求状态图（二）



我把调查对象按教龄分组，1～2年教龄的新老师“被导”的需求量占100%，而这种需要性随着教龄的增长而降低，逐步出现了“无所谓”，甚至“不需要”。这种变化除了由教师专业水平的差异引起外，还有一个原因在于持“无所谓”和“不需要”立场的教师没有在“被导”中受益。

这与主导者不无关系，在传统的导课模式下，主导者基本上是以课例为载体，结合相关教学因素表述自己的思想认识和操作策略的。一种基于专业境界的导引，是在主导者的视角下展开对话的。从我20多年来的“导”与“被导”的经验看，导课大致有两种倾向：其一，倾向于“教”，导的是“教什么”“怎么教”“为何教”；其二，倾向于“学”，导的是“学什么”“怎么学”“为何学”。这两种导课走势可用上图表示。

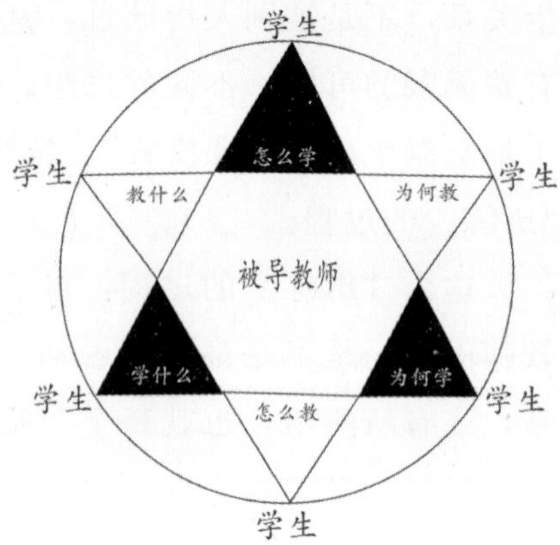


导课视角走势图

上图主体是六角形，分别由六个三角形与中间的六边形组成，六个三角形分别代表教与学的六个维度，六边形代表被导者，图案的外圆代表学生，从教与学的走势能看出六个角都有个共同的指向——学生。学生是我们教育的出发点，也是落脚点，这非常清晰，但我们往往忽视了教学的组织者——被导者的真实感受。求“生”心切的时候，主导者更多考虑的是把学习材料做到极致，既符合学段的“营养餐标”，又让学生乐于消化吸收。在意识层面上把“菜品”做得再精致一些，也只是“计划”，要付诸实践，必定要被导者去落实。如上图所示，六边形是六个角向外伸展的“原力”，是教学的内核部分。基于学的教离不开对被导者的个体关照，导课应体现对“人”的尊重。黄忠敬提出，在评课中应使观察者和被观察者达到交流（Communication）、礼貌（Courtesy）、合作（Cooperation）的“3C”境界。王文涛、沈正元等都呼吁因人施评、体现人本。[1]

凡事不能一刀切，导课亦是，应该遵循教学的原则——因材施教，做到因材施导。教育是心的工作。导课是对教师的教育，要从“心”到“行”再回到“心”，即从“自在”到“自为”再到“自由”。前一个“心”是“感”，后一个“心”是“悟”，中间的“行”就是从“心”到“心”的过程。针对这点我又做了一个调查（如下图），调查教师“导课后侧重于哪种效果”（可多选）。

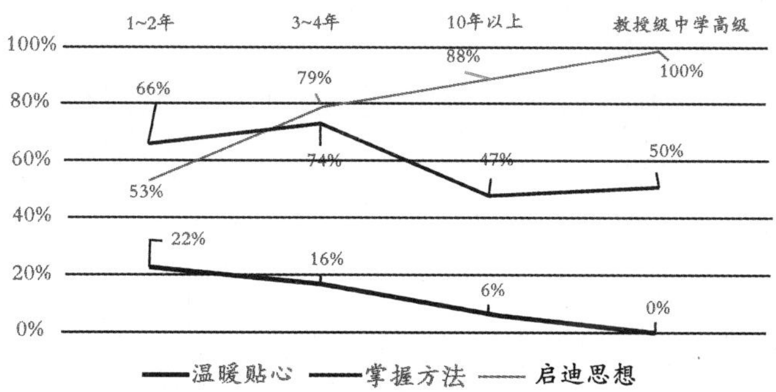


导课后效果侧重维度图

上图显示，“温暖贴心”的指数随着教龄的提升而下降，“启迪思想”这一维度则相反——一直上升，“掌握方法”基本处在中间波段。调查发现，“掌握方法”是每个阶段的教师都普遍需求的，“温暖贴心”的需求在刚开始教学的新手阶段最为明显，“启迪思想”则随着教龄和教学经验的增长而增长。显然，不同层次的教师对导课的需求是不同的，我们应当分层导课，提升导课的针对性，凸显匹配度高的“特效”。由此，我更加确定了导课的三个定位：知心、知会、知道。

① 崔允漷，沈毅，吴江林等. 课堂观察Ⅱ：走向专业的听评课［M］. 上海：华东师范大学出版社，2013：4.

其定位可由不同教龄的教师与之匹配，大致可分为“1～2 年”（新手教师）、“3～10 年”（胜任教师）、“10 年以上”（成熟教师）三个层次。相关的联结如右图所示。

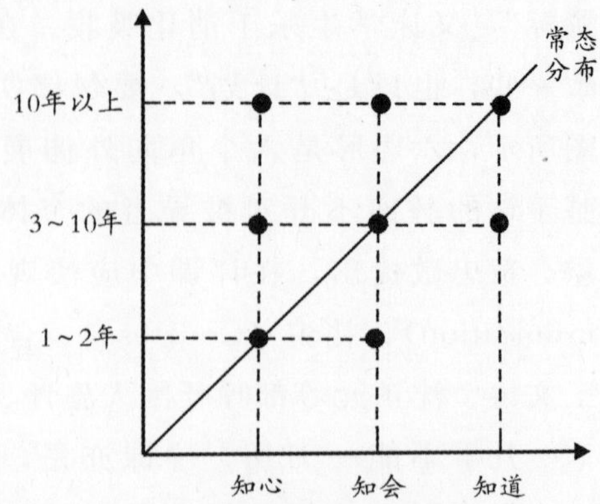

教师层级导课分布图

右图中间对角线上的 3 个点是常态分布的集合，1～2 年对应“知心”，3～10 年对应“知会”，10 年以上对应“知道”。其他 5 个点是偏态分布（教育教学是活知识，是经验的迭代，1～2 年教龄的教师无法直接走进“知道”层次），因教师资质、禀赋的不同而有变化，不囿于教龄。教龄低、悟性高的教师可以达到“知会”，教龄高、悟性低的教师可能仍在“知心”，这里不对教师的个体差异做赘述。接下来以常态分布为例述解教师层级导课的三个阶段。

知心阶段。对于刚入职一两年的青年教师来说，有一个院校衔接的过渡阶段，高校所学理论与课堂实践有段距离，而这段距离的衔接不可能一蹴而就，需要有个过程，明白这一点就等于贴近心地。导课时，我们要站在老师原有设计的基础上做适度的科学引导。一是厘清头绪。年轻老师以模仿为主，什么都想要，又什么都要不好，上课时总是纠结。我们做梳理工作时，要让他们明白每一堂课的“要”与“不要”，中其下怀，而这也是每位教师一生教育的基础能力。抓住这个点导课，就是为老师的专业素养做奠基工程。二是局部优化。对新教师我们不要全盘否定，推倒重来，这种方式的摧毁力量太大——老师不够自信，也因为自己的方案被否定而感到自己不受专家尊重，心里焦虑。其实，老师也需要关心、鼓舞与激励。德国著名的民主主义教育家第斯多惠说：“教育的艺术不在于传授的本领，而在于激励、唤醒和鼓舞。”对于学生是如此，对于导课中的“大学生”——被导者也是如此。在肯定的前提下，在局部做微调优化，老师容易接受，也保护了他们的信心与自尊心，心动才有行动，被尊重带来的正能量远远超过你一味地技术拉扯。主导者不要做“人技控”，要做“人急送”——立足于人，急人所急，给人所需。就如有老师上温州地方课程“春节习俗”时，她以春联导入，但春联的内容与温州没有多大关联。我们与她合编了一副地方春联：一年四季泰顺，万户千家瑞安。横批为：温州永嘉（泰顺、瑞安、温州、永嘉皆是当地地名）。这就贴心。

知会阶段。关注 3～10 年教龄的教师，这个阶段的教师开始有自己的经验，开始在课堂的表现形态上追求丰富性、多彩多变，开始对“会”有了更为强烈的需求。会，就是懂得、领会、掌握，是教育教学工作有形的表现方式，是理性的解读与熟练的操作。导课要由此出发，一是指向会意，引导教师学会解读教材，领会作者、编者、读者、导者的意图。我国台湾著名的小学语文教育专家李玉贵强调“文本教材化”，也就说明不是所有的文本都是教材，文章要变成教材就需要每位教师会其意。“教什么”比“怎么教”更重要，知道哪些要教、哪些不教、哪些可融合着教，是这一阶段教师必须具备的能力。教学取舍与整合是智慧的抉择，只有明白作者、编者、读者、导者的意图，最大限度地避免“进食”偏误，才不会让学生营养不良。二是指向得法，学会操作方法，体现基于学的指导，形成学习活动设计能力。学习活动设计是教学预设直接操练核心素养与核心能力的工事，是教学设计的内核工程。在明确学习内容的基础上，要让被导者明白“通过各种策略引发学生内部的认知加工和思维”，让学生真正动起来。学习活动设计不能只是局部的深化，而应该注意整体学习支架的设计，让每一个教学块的设计实现有意义关联，形成有机的学习模块。

知道阶段。教龄 10 年以上的教师不应该只琢磨一招一式，大道至简，只有简简单单教书，才能清清爽爽育人。“删繁就简三秋树，领异标新二月花。”郑板桥之道，亦是教育之道，即“简创”之道。引导这个阶段的教师抓住本真“简创”，并为自己“这么教”打好充足的“为什么这么教”的专业底气。让这批教师“震醒”的导课策略就是重新建构，甚至推倒重来。打破原有的认知结构，引导他们发现新的蓝图，而这个蓝图又是他们本来想要又要不来的，此时对话就有了顿悟的感觉，“道”就隐含其中。同时，要让这一层次的教师明白教学不是“上好一节课”，而是“上好一门课”，要积极引导他们寻找教学资源，用跨界思维丰富课程，攫取精要得当之处为“简创课堂”所用。

现以人教版语文六年级上册第11课《唯一的听众》为例具体呈现导课的不同策略。

**《唯一的听众》课例要点记录与导引**

| 课例过程精要 | 导课的基本定位 | | |
|---|---|---|---|
| | 第一层次（知心） | 第二层次（知会） | 第三层次（知道） |
| 一、课前热身（听小提琴曲猜歌名）<br>二、引出课题，质疑<br>1. 这节课我们继续沐浴人间真情的暖阳，抚摸一行行温暖心灵的语言，学习《唯一的听众》。<br>2. 读了课题，你有什么想问的？<br>三、整体感知<br>请同学们快速读课文，找出能概括课文主要内容的几个段落，试着用简洁的语言进行概括。<br>四、聚焦外貌，初识听众 | 一、肯定与鼓励<br>1. 抓住单元人文主题前后呼应，重烙人文印记。<br>2. 遵循“整体—部分—整体”的语文教学规律。<br>3. 抓住关键语句，从老人的语言、外貌、心理活动感受人物形象与心灵。<br>4. 重视课堂小练笔，明白语篇操练在高段语用中的地位。<br>5. 整体教学入情入境，特别是教师表现自如，教学顺畅。 | 一、交流与对话<br>1. 面对写人的小说，教师引导学生“听其言、观其形、悟其心”，思路清晰，也有一定的教学架构，有课堂整体的骨架意识。<br>2. 抓住三句描写“平静”的语句深入品味，深切感受人物形象、语言点选择与切入“精准稳”。 | 一、思辨与重构（在肯定的前提下重在启发思考并进行结构性重塑）<br>1. 课堂上师生互动自然，看似很顺当，其实在教与学的关系上，是否“教”的牵制力偏强，“学”的自主性不够？<br>2. 如果是基于学的思考，这篇课文有没有第二种结构？<br>3. 如何集中火力，整合资源，活用文本？ |
| 1. 请大家默读课文，划出课文中直接描写这位老人面貌的语句。<br>2. 读读这几句话，想想你的眼前出现了一位怎样的老人，能用一个词来概括吗？<br>五、质疑、讨论、释疑<br>1. 用“___”划出描写老人语言的句子，反复读这些句子，你有什么想问的吗？<br>2. 讨论：为什么老人明明没有聋，却说自己聋了？<br>3. 感受形象：同学们，这是一位怎样的老人？ | 二、建议与导向<br>1. 要关注字词，基础积累在高段不能被抛弃，可以抓住反映心理的重点词语认读理解，如溜走、抱歉、嘿、沮丧、羞愧、兴奋、洋溢、无法割舍、蹑手蹑脚等，并巧用这些词语初步梳理“我”的心理变化，概括主要内容。<br>2. 要明白课后问题的导向功能，不能让默读流于形式，可以多几次默读， | 二、建议与导向<br>1. 语境要与语用结合；理解三个“平静”的不同之后不要用“接读”的方式重复三句话，貌似声响回荡、语境融洽，实质上课后的问题还得深化：为什么“我”觉得老人的眼睛像“深深的潭水”？可以引导学生思考：透过这一泓深深的潭水，你仿佛看到了……听到了……想到 | 二、建议与导向<br>1. 重建教学结构，不要过于拘泥于文本，小步伐挺进教学不如大刀阔斧架构放得开。这篇课文其实讲了一个谎言和真相的故事，说谎言的是谁？（老人）明白真相的是谁？（“我”）围绕谎言与真相，我们可以做些文章：(1) 理解谎言的合情合理。（划出老人谎言的句子，哪里看出合情 |

续表

| 课例过程精要 | 导课的基本定位 | | |
|---|---|---|---|
| | 第一层次（知心） | 第二层次（知会） | 第三层次（知道） |
| 4. 研读描写老人眼神里的“平静”的句子。(理解后，师生接读。师：是呀，当我拉出像锯床腿一样的声音时，一位极瘦……生读文中第一个描写“平静”的句子。师：当我有了几份信心时，每天去练琴，她看到了，也是一直……生读文中第二个描写“平静”的句子。师：当我渐渐奏出了真正的音乐时，她还是用她慈祥……生读文中第三个描写“平静”的句子)<br>六、小练笔<br>老人用爱心筑起沟通的桥梁，实现了“我”的梦想，相信这位老人的形象已经深深地印刻在你的脑海里了。现在请同学们结合课文中的语句和你的感受，发挥想象，写一段有关老人外貌的文字。<br>七、总结提升<br>同学们，赠人玫瑰，手有余香。老师衷心希望你们常怀一颗感恩的心，多给予身边的人一份关爱、一份帮助，让爱的旋律伴随着我们，共同创造我们完美的人生吧！ | 做些批注。<br>3. 不能满足于句子的读悟，要抓住字词甚至标点符号等品味语句，体会情感，习得大意。如品味第一个“平静”可以抓住“我的脸顿时烧起来了”“一定”来反衬理解。品味第二个“平静”可以抓住“真不错。我的心已经感受到了。谢谢你，小伙子。”句中的标点符号为什么不用感叹号来体会。品味第三个“平静”可以抓住“深深的潭水”和省略号。 | 了……让学生回顾前文具体影像加以说明，会更为饱满。<br>2. 拓展要在迁移的可能与深化上做文章。该教案小练笔部分写老人的外貌，前文却没有有关外貌描写手法的指导与小结，如何有效迁移？前文教学可以抓住“我”的心理变化做文章，小练笔部分巧借“妹妹的话”引出“老人的真实身份”，再引导学生书写心声：此时的“我”，内心五味杂陈，您竟然不是聋子，而是首席小提琴手，“我”一下子无法相信……写好后，让学生思考：寄还是不寄呢？要不要把这个秘密捅破呢？“我”的心又开始纠结起来。这种矛盾的心理又该怎么表达？教师再引导学生读毕淑敏的《剥豆》一文，模仿书写。如此一来，拓展不会跑题，只为深化。 | 合理？同桌讨论，明白老人有礼貌、年纪大、有修养、关心人……）(2) 理解谎言背后的深刻含义。采用批注式阅读：谎言背后是什么？请同学们默读这些谎言，并用几个关键词在书上写出自己的理解，如鼓励、爱护、坚持、欣赏、智慧……(3) 理解眼神背后的深意。抓住三个“平静”，理解不同的含义。(4) 根据板书发现明线与暗线交织的写法。表面是写谎言，背后深藏真相；明线是写聋子，暗线是写智者，明暗交错让文章暗流涌动，引人入胜。导读后再迁移应用。<br>2. 也可以提供第二种思路：立足文体特点，把小说特点深化。让学生通过小组合作、探究、填写思维导图等方式，快速提取小说信息，厘清小说的脉络，抓住环境、人物、情节，知道如何阅读小小说。多种路径启思。 |

综上可见，同样一堂课例，面对不同层次的教师应该有不同的点拨之处。1～2 年教龄的教师，刚入门，重在“知心”，多肯定，承认他们的付出，然后钉牢“基础”，立足基础做引导。如阅读课需关注关键语句的品读领会，关注教材课后习题的重点落实，可感可知，教师容易接受。3～10 年教龄的教师，开始寻找自己的第一次蜕变与提升，并努力去实现自我的专业发展，重在“知会”：一是会意，懂大家的意思，特别是教材的意图；二是得法，知道怎么教、怎么学，特别是学习活动设计。10 年以上教龄的教师，开始走进第二次突围期，不突破就会落入瓶颈，手段不是最关键的，关键是如何让自己和学生共享课堂，这就必须追求大道至简。这个阶段的指导，不拘泥于课，简化头绪，抓住学习核心，腾出时空，在生成中发挥学生的主体作用。

由于教师层次不同，对教学的认识不同，专业的体验也不同，我们的导课不能只有主观形态的课，而要客观地对人负责，更要对课与人的主客观存在负责。课与人（老师与学生）是二合一的，世界上不存在没有人的课，因此，我们需要从对立思维走向理解思维，摒弃那种所谓的“自我本位即假如我来上……”“就课论课不涉人”的思维，用理解、体谅、多元、支持的态度来对待他人的课。[①] 新手教师需要顺向适度，触动；胜任教师需要正向引渡，顿悟；成熟教师需要逆向超度，觉醒。在教师的最近发展区导课，没有功利性，让每个层面的被导者悦纳并有所获，这应该是“家常课”导引的个味。

---

① 崔允漷，沈毅，吴江林等. 课堂观察Ⅱ：走向专业的听评课［M］. 上海：华东师范大学出版社，2013：4.

# 核本化建构教师多元评价体系



教师评价从单极走向多元，已是共识。在多元化评价的思潮下，有两类基本分项评价思维：一类以教师个体为核心，从“德、能、勤、绩、廉”五个维度进行评价；另一类以教育关系为核心，从“家长、学生、同事、领导、自身”五个维度进行评价。基本思维体现了综合考量的诉求，体现了评价的过程是一个综合计算、观察和咨询等方法的复合分析过程。在施用过程中，“一核多维”评价显露出它诸多的短板，评价信度在动摇，由此引发我们更深的思考，在评价实践中发现问题、分析问题、解决问题。

## 一、看评价误区

当前教师评价存有误区。不论是以教育个体为核心，还是以教育关系为核心，二者所朝向的每个维度之间都有明显的“混沌现象”。前者的误区有二：一是目标失当。细看“德、能、勤、绩、廉”五个维度，“德”“能”和“廉”方面的评价属于素质评价，“勤”方面的评价属于行为评价，“绩”方面的评价属于效果评价。素质评价、行为评价与效果评价之间存在着因果关系，素质好，行为相对好；行为好，效果相应好。将其并列考核，显然不科学。二是主体失察。这种评价着眼于领导和教师，完全忽视学习主体——学生，以及教育伙伴——家长的感受，听不到评价主体——教师的声音。素质评价的稳定性和“晕轮效应”对行为评价和效果评价所具有的较强的“屏蔽作用”，使一些学校出现了“说你行你就行，不行也行；说你不行就不行，行也不行”的随意评价状况。

再观以教育关系为核心的评价，在评价主体上有了突破，家长、学生、同事、领导、自身都参与到教师评价上来，这符合教育部颁发的《基础教育课程改革纲要（试行）》的精神：要建立促进教师不断提高的评价体系……建立以教师自评为主，校长、教师、学生、家长共同参与的评价制度，使教师从多种渠道获得信息，不断提高教学水平。但经查看相关资料，我们所见过的学校，其五个维度评价的核心是相同的，都是针对教师道德、教学水平、教学质量，而这些又大都来自课堂的观察、体验与分析。也就是课上得好不好，大家都来说。其误区明显在于“标杆越位”。课的好坏不是什么人都可以拿捏的，把控不准就出现了非专业人士指点江山、左右专业，外行钳制内行的状况。教育是不是在给自己做枷锁？学生、家长直接评教，家校、师生关系容易紧张而不和谐。

## 二、思误区根源

一位哲人说过：“人的思想是万物之因。”思想决定行为。产生原有多元评价混沌误区的根源在于思想，一种聚合性思想。聚合性思想是思想者集聚与问题有关的信息，在思考和解答问题时，进行重组推理，以求得唯一正确答案的收敛式思想方式。中国大多数人在“太极”思想的影响下，重视体认内在机理。体现在评价上就是内核的引力过大，硬性牵引着教育管理者“内向”考虑，如右图。

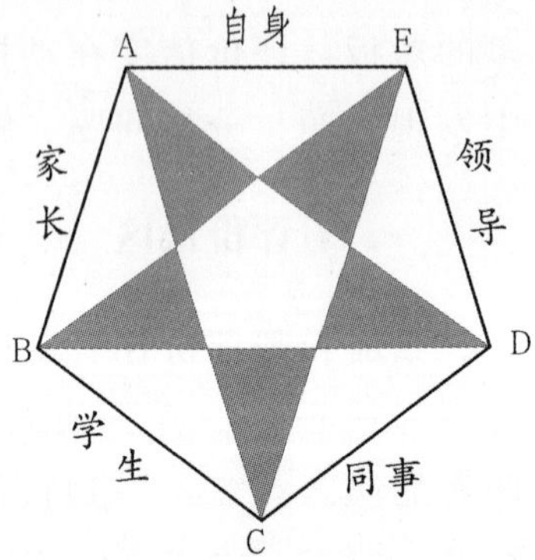


教师素养内向评价图

正五边形 ABCDE 的内围面积就是教师的专业素养，五条边线分别代表“德、能、勤、绩、廉”或者“学生、家长、同事、领导、自身”，向内聚合评价教师的专业素养，就如同正五边形 ABCDE 内部的线条交叉，构成多个灰色的三角地带。因为交叉，有些评价标准必然存在重复，那些所谓的重要指标（如教学目标明确、教学方法得当等）肯定会反复叠加，导致评价失衡；因为交叉，有些指标的对应性不强，也就是这个指标放在哪里都可以，容易让人质疑而失信。失衡、失信后就是失效。

## 三、转根源朝向

思维很奇妙，顺着不行，逆着来，常常有意外的收获。针对“内向”的交叉性弊端，我们完全可以换一种思维，“外向”考虑，变聚合性思想为发散性思想。发散性思想，是一种不依常规、寻求变异，从多方面、多角度寻求多样性答案的思想方式。它不但不会因交叉而混淆，还能扩大教师专业素养的外延，扩大张力，如右图。

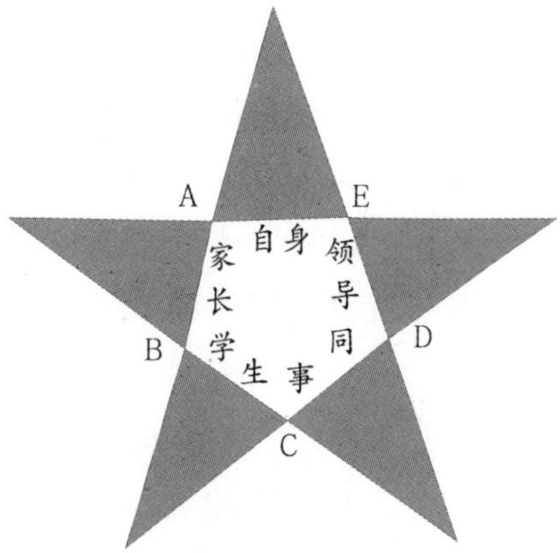

教师素养外向评价图

同样是正五边形 ABCDE，由线段 AB（家长维度）、BC（学生维度）、CD（同事维度）、DE（领导维度）、EA（自身维度）组成。由于思考的方向不同，灰色的三角地带就没有交叉存在，也就是各类评价指标的唯一指代性凸显，评价的信度增强，呈现在我们眼前的评价格局就更显得开放、大气。

## 四、定朝向标杆

五维评价大家都能做到，问题是贴近学校的才是最好的，操作方便的才是最持久的，尽量剥离五维之间的交叉线是优化的核心。我们要让每个维度的评价对象发挥他们最为优势的一面，所以我们提出“五维五核”的核本化多元评价办法，定好各维度的评价标杆。

维度一：家长评价。核心是“满意度”，本位是“沟通”。沟通无障碍，理解万事通。家校合力，教育得力，家校沟通非常重要。为此，我校从“心”“行”“形”三个方面了解家校沟通情况，达成家校和谐沟通共识，促进学生最佳发展。“心”即“沟通从心开始”——①尊重家长，理解家长，处处为家长着想；②与家长交往、沟通时，态度和气、语言亲切有礼貌。“行”即“沟通随行起航”——①能主动家访，或通过电话、书信、QQ 等形式与家长沟通交流，及时反映学生在校的学习、生活情况；②关爱学生，不歧视、不体罚、不放纵学生，宽严有度，言语文明，言行一致，赢得家长认可；③不索取、收受学生及家长物品，不进行有偿家教。“形”即“沟通随形附加”——①举止文明，着装得体，符合教师特点和形象；②面带微笑，亲和力强。沟通是家长所能直接感受和判断的，让家长评价、定位“沟通”就不会越位，就不会外行管内行，就达成了“通衢通畅”的功效。

维度二：学生评价。核心是“喜欢度”，本位是“关爱”。重在感官意识层面和心理体验层面：①“时不我待”——不能迟到；②“时不我怠”——不能拖课；③“时不我在”——不能篡课；④“举不违疆”——不能课上玩手机，不能体罚或变相体罚学生，不能冷落或歧视后进生，不能统配高负荷作业，不能无视学生生活。学生看到的、感到的、做着的、受着的都是直接的，关爱与否，喜欢度高低说了算。

维度三：同事评价。核心是“佩服度”，本位是“专业”。重在专业能力和协作能力的评价。专业能力测评有三个方面：①是“班主任”，就要带好一个班。班风正，班貌佳，有特色，零投诉，美誉度高。②是“学科教师”，就要教好一门学科。学生爱上你的课，课堂灵动、扎实、有效，作业分层、有效、高质，关爱后 20%的学生，有学科涵养。③是“研究型教师”，就要爱上你的专业。有课程意识，教学有想法，观点鲜明，初具思想，善于学习，乐于研究，积极上研讨课，主动承担课题任务，有教学成果。协作能力的测评直指“合作型教师”，就是同事最佳的伙伴。有合作的愿望、积极的人际关系，彼此积极互依，彼此促发成功，师徒结对能担当，重过程，出成效，副班主任积极配合正班主任工作。教师的专业水平、协作能力当属身边的同事最了解。教育事业是团队共建的事业，让同事之间互评，按教研组、年级组归属评价，有助于教育共同体的营建。

维度四：领导评价。核心是“信任度”，本位是“事业”。重在考量教师的事业心，看教师的执行力、奉献力和创造力。重在常态，以行政巡学制度为基础，每天安排一位行政领导巡视校园，记录教育教学现象，特别关注课程执行力、常规执行力、事务执行力、自觉奉献力和积极创造力，每周汇总，及时评价反馈，期末交流。把教育当作事业的人，行为是自动化的，主体能量的自我释放当然就是能不能执行、奉献与创造。

维度五：自身评价。核心是“认同度”，本位是“省业”。重在自省敬业之心的考量。让教师在评价中具有主体性，有助于提高教师对自己行为的反思意识和能力，增强教师对单位的归属感。以教师自我“认同度”设计问卷表，用“很认同”“较认同”“一般”“不认同”四个程度指标编制教师自评表，每位教师对自己上一阶段的教育教学情况及工作状态进行定性评价，并做一个反思性小结，尽量客观地分析自己的成绩与不足。蹲下身来听听教师的心声，是教育管理者澄明心境的必修课，是学校开明管理的民主心。

评价重在导向与引领。“五维五核”评价以教师的专业素养为主线，尊重各维度评价主体的相对局限性这一客观事实，尽量做到各评价主体少跨界、少越位、少交叉，从而促进家校、师生、干群的协同发展，调动积极心理，助推奋进动力，提升自省能力，在童乐世界里共享同乐人生，从而达成创适合孩子发展的教育的目标。

# 调整心态，追求个性的校本教研

校本教研，备受大家关注。各个层面的教育工作者都力图从教研形式与教研内容两个方面，探寻校本教研管理新路。个人以为，各教研组在落实上级各项共性任务的同时，应有自己的独特做法。在管理中调整心态、追求个性，有利于校本教研工作由被动转向主动，由千篇一律转向异彩纷呈。

**软环境　硬发展　塑轻松心态**

教研工作不应成为教师的一种累赘，而应成为教师在专业成长中的一种乐趣，只有教师乐意做，教研工作才有效益。教育是一项事业，它是永恒的；教研是一种专业，它是长期的。我们为什么不能让教研工作多几分自如、多几分烂漫呢？我们可以根据学校人性化管理原则，推进软环境的建设。在既定时间上，体现自主性。很多学校，每周都安排有半天的教研活动，不同的学科安排在不同的时间，给各学科教研充足的时间，这点很好。在尊重这个时间点的基础上，每个教师可以自主选择完成教研工作的时间。如果条件允许，确定好的时间也可以重新调整。比如，工作忙不过来可以调整，自己状态不好也可以调整，对此教研组长可灵活把握。在研讨内容上，体现常态性，不作秀，不赶时髦，不把精力花在“摆花架子”上。我们的理念是“轻松上手，实而有效”，尽可能使自己所研究的课题是在教学实践中可借鉴、能操作、益于学的，使教研服务于教学，而非让教学“服侍”教研。

## 小主题　大作为　探教学实质

常理：花同样的时间，用同样的工具，同样的人挖同样的地方，面积越小，挖得越深。教研工作也是如此。我们在教研管理中要引导教师选择“小而深”的课题进行研究。可以确定主题：捕捉文本特点，实现有效课堂。方式采用“聚沙成塔法”，让自己的研究目标一点一滴地汇聚而成，一步步逼近自己的研究目标。现举例如下。

主题一：抓“题旨”，深研课文（1～4 周完成）。

如教学《曼谷的小象》。学生读题后，可让学生补充题意，初步明白文章主旨，并以此创设大问题背景：曼谷的小象真……（聪明、乖巧、能干等）

主题二：抓“思维”，深研课文（5～8 周完成）。

如教学《找骆驼》。这是一篇经典课文，在教学中应突出思维训练，让学生初步感受“发现—推理—判断”的思维过程，把思维训练点落实到教学的各个环节。

主题三：抓“情境”，深研课文（9～12 周完成）。

如教学《黄山奇石》。把评选“最佳小导游”贯穿于整个课堂，做好任务驱动与情境融合。根据文中情节设置五关，注意情境创设，给学生以闯关的兴奋感。

主题四：抓“重点句”，深研课文（13～16 周完成）。

如教学《青蛙的眼睛》。抓重点句进行教学，从“青蛙的眼睛很特殊，看动的东西很敏锐，看静的东西很迟钝”入手，以探究形式展开教学，引导学生关注生活细节，学会从生活中理解创造的意蕴。

主题五：抓“题眼”，深研课文（17～20 周完成）。

如教学《大海的歌》。以歌解歌，读中感悟。通过想象“大海的音符”、欣赏“大海的旋律”、感受“情绪与速度”、猜想“词、唱、曲”、谱写“新时代音符”和对唱《我们美丽的祖国》，体味语言文字，理解作者欢乐、自豪的心情，体会改革开放以后祖国发生的巨大变化，激发学生热爱祖国的思想感情。

这几个小主题组合在一起就是对“捕捉文本特点，实现有效课堂”的实证诠释。

**热交流　冷处理　养研究习惯**

教师听了课就交流，总爱刨根问底，总爱唠唠叨叨，有时甚至是“神经质”地一问，但没关系，总有另外一个“神经质”在回应，这就是热情，这就是交流。我们交流的话题有组内的、组外的，也有校外的。组内感悟主题，组外丰实主题，校外提升主题。如听了一位老师的作文课“感受色彩”，其中最为精彩的环节——学生分享作文成果、相互评改，是有效课堂的借鉴之笔。看到了二年级全体语文老师的“现场支援”，我们又给有效课堂添加了一笔：孩子最感兴趣的内容可在第一课时先处理。而深圳名师赵志祥的课，更让我们笃信常态教学的重要。经统计，那年我带的教研组的 4 位教师，一学期下来听课 169 节，开课 24 节。从数字中我们读出的是交流的热度。

当然，我们更强调教后反思，在交流场上我们“冲动”了一回，接下来就要把这热乎乎的思想冷却下来，凝固成我们自己的思想，那就是写反思，这是宝贵的研究习惯，不可懈怠。

**先分工　后合作　创资源效益**

资源共享，是我们共同的追求；追求效益，是我们努力的方向。在集体备课方面，开学初，我们就明确各自的任务。合作的前提是分工，分工的目的是更好的合作。我们很强调每个教案的“普适性”，要合大众的口味；同时，我们更强调“独特性”，教学要有独特风味，既要有班级风味，又要有教师个人风味。尽可能做到课课有调整意见，因班而异，因人而异。

总之，个人认为，我们在校本教研管理工作中应该做到：

心态要轻松，不要觉得累；

主题要细小，不要心憔悴；

交流要热情，不要无所谓；

处理要冷静，不要三分醉；

资源要活化，教学求风味；

管理要效益，不要半途废。

# 滚动焊接式：个性教研　多元成长

紧接上文，我把教研路径独立一篇，做专题介绍。以前我带过一个微型小组，其自成特点：一是组员人数少，仅 4 人，是典型的便利群体；二是新老教师搭配比例为 1∶1，是自然的能量互补组织；三是 4 位教师均为加盟学校的新成员，需要在边学、边教、边研究中融入新的群体。人少、年轻、彼此不熟络，但不妨碍深化教研。

**在比较中出新**

为了找到个性化教研活动的高起点，我们在比较中寻索“教研巨人”的肩膀。纵览教研形式，大抵如下。

1. 圆心式：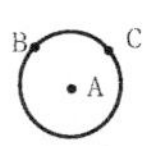

由一人（圆心 A）备课、开课，其他人（圆周 B、C 等）围坐评议——当“事后诸葛亮”。

2. 直线式：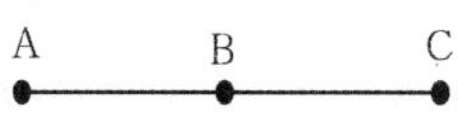

各人（A、B、C 等）按各自的认识处理同一教材内容，观点没有在整合中得以升华，只是在平面上转换。

3. 滚雪球式：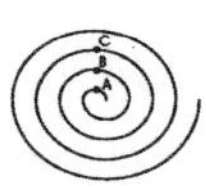
同一教材经过不同人（A、B、C 等）的接力处理，教学理念渐趋明朗，教学艺术渐趋完美，教学效益渐趋丰实。

相对而言，“滚雪球式”教研效度最高。它从个体的形式化的框框中跳出，意图通过集体合力的整合充分展示教与学的提升过程。但静心思量便可发现，滚动的“雪球”是在不同人的手上运转的，教研的受益面在拓宽，可对于教师个体专业成长这一点挖得并不深。如何在每一阶段的教研活动中做到点面结合，给教学者与合作者心灵上的震撼与共鸣呢？以下是我们的思考，也是我们的求异之笔。

**在滚动中传递**

我们的根本做法是运行“滚动焊接式”，如下图所示，整个教研路线是开放的、连贯的、递进的。

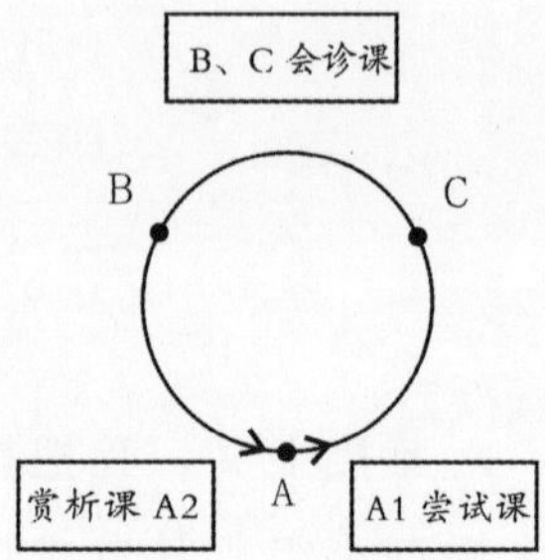

“滚动焊接式” 教研路径图

A1 尝试课 → B、C 会诊课 → 赏析课 A2 构成的是一个完整的研究时段。每个研究时段都有教研主题与教研主角，每一主题与主角在期初就已列入计划。

在这里，我们要考虑三个问题：一是路径的运转；二是主题的确定；三是主角的释放。

**路径的运转**。首先，它是滚动的，它不是在窄小的空间里反复转悠，而是研究者带着新的教研认识不断切入深度领域而反复提升的过程。通过滚动，课例不断得以完善，学科认识不断得以深化。其次，它是焊接的，第一个尝试者也是最后一个展示者。在这里，教学研究的目的不仅仅是课的完善，它还紧紧伴随着教学研究者的专业成长。在为期两周左右的同一主题研究时段中，第一个与最后一个执教者都是同一个人，整个活动前后呼应，相依相存。

**主题的确定**。在主题化研究过程中，我们强调两个步骤：一是主题的提出，来自校本问题，即直接围绕学校所遇到的真实教学问题确立主题。我们学校每位教师随时能利用自己手中的笔记本电脑上网搜寻各类教育教学资源，每个课堂都能实现最形象的、最大容量的教学，“小课堂、大天地”我们一直在践行。但在实际教学中，我组发现一种反差：教师研究文本的时间少了，上网的时间多了。此时，我们应有一点先知先觉，为了避免这种时间差的进一步扩大，我们提出了“捕捉文本特点，实现有效课堂”的主题。二是主题的分化，这是我们实现“小主题、大作为”的根本。对于“捕捉文本特点”，我们不管用多少语言去解释，都太笼统，它必须结合课文谈特点，才可能从个例中归纳出一般规律。因此，开学初第一周，我组教师就拿着这个主题去对照自己确定的研究课例，提出子主题。这样一来，我们的教学研究就不会随波逐流，才可能有所发现、有所提升（详见上篇例析）。

**主角的释放**。教研管理，人的能量的激活与释放是关键。“滚动焊接式”教研活动时刻关注个人能量与群体能量的释放，它的每个时段都要由第一主角在集体备课的基础上，围绕教研主题执教尝试课，再在集体对话交流后，提出整改方案，由第二主角上会诊课。这个过程一般包括“假设→验证→迁移”三个环节。研究小组提出的整改方案，可以说是一种理论假设，能否成为教学现实，必须经过验证，特别是观点主讲者（即第二主角）的亲身试法更有借鉴价值，也只有这样才能很好地达到外在形式与内在理念的双重迁移（会诊课有时不止一节，视情况而定，一般在首例会诊课后又出现新问题时，需做二次会诊）。最后再通过大家的整体优化由第一主角上赏析课，并在对话中提升对主题的认识。

现以浙教版语文第六册《找骆驼》第二课时课例的研讨和形成流程试做简介。

流程一：定专题。围绕文本集体讨论初定主题是否科学，有无突出课文特点，有无把握学科特色，有无切合学生特性。经过反复思虑，最终确定实践主题：感悟语言文字，提高思维品质。

流程二：尝试课。第一主角根据自己对主题的理解，从“复习导入→分角色朗读→感受老人智慧→思维训练”几大环节进行个体实践。

流程三：会诊课（一）。第二主角从“推断课题→判断推理能手→学法渗透→分角色朗读→判断推理高手→设计新方案”几个环节印证研究伙伴提出的种种教学假设。

流程四：会诊课（二）。由于教学中“判断推理能手”这一教学预设与学生的认识产生冲突，结果课堂实践与预设高潮无缘。经集体研讨后，由第三主角去掉这一环节再次会诊。

流程五：赏析课。第一主角在耳濡目染之下，开始从学情出发，围绕主题生成课堂教学。

流程六：反思链。课堂实践后，第一主角对比前后方案，整合每次集体反思的意见，一思个人成长，重在谈认识的转化；二思主题深化，重在谈方法的运思。

由上例我们发现，“滚动焊接式”有效地实现了三大转变：①变独立为合作——智慧碰撞。每一堂课都是一个典型的例子，大家围绕共同的话题在交流中提升。②变说教为践行——言传身教。每一次激烈的探讨都是教学的预设或教学的理想，它必须通过实践验证，才能成为现实的教学。③变客串为主角——多重印证。每一次教研活动都没有客串与主角之分，每位老师都是教研的主角，他们不仅会侃侃而谈，而且会跃跃欲试；不仅有理念的对话，更有实践的印证。

“滚动焊接式”教研活动的整个过程始终追求的是两个字：多赢——尽最大限度发展人，尽最大可能臻美课。

# 常规达人：用专业摆脱紧箍咒



教育管理不能一刀切，对不同层次的老师应有不同的管理方式。扶着走、牵着走，还有拉着走、推着走，在教师的成长过程中，这几种方式很少被突破过。为什么就不能“放手走”？难道离开管理的那只手就不能更好地工作？

教师工作专业性很强，越到高处越讲究专业自由，只有专业自由才能创生出无限的可能。这一点我们得尊重，并尽力想法子为高层次的老师开一扇窗。我们把窗开在“常规”上，这项工作他们得心应手，他们有自己的拿捏尺度，他们有自己的推进策略，同时“常规”又最“生活”，无处不在，无时不来。如果学校都是大一统的管理，过多的规条就会不同程度地约束着他们，这就如“小脚女人”是走不出“大天地”的一样。

于是，“常规达人”跑到了我们常规管理的流水线上来。达人，是指在某一领域非常专业、出类拔萃的人物。“常规达人”指在教学常规工作方面很精通、很洒脱的人。符合以下条件者可以申报：

1. 师德优秀，课品高尚，工作负责，执行力强，自我要求高，有一定的科研创新能力；

2. 教学有一套成熟做法，较为系统，既有总的目标，又有阶段推进的细化做法，不浮于事，不夸于言；

3. 教龄 10 年及以上，小学高级教师职称及以上，特别优秀的可适当放宽教龄与职称要求；

4. 上个学期常规检查总评定优秀。

符合条件的教师填写申报表，明确列出自主设定的期末常规检测办法和标准，经教研组同意并上报，学校评审组讨论确定“常规达人”入围对象，期末根据申评教师综合表现以及自我评定办法检查情况，最后评定出“常规达人”。

评定有两种标准，一是通用标准：(1) 诚信第一，学生、家长满意度高，领导、同事美誉度高；(2) 学生综合素养高，校级以上平台学生综合展示率高；(3) 常态打造“阳光课堂”，开放课堂，乐于交流，积极做成一件事（项目），能充分发挥专业辐射功效。二是个性标准：从教学、科研、质量、学科建设等方面列出可检测的量化标准。具体由申评对象自我确定。

对评上“常规达人”荣誉的教师，要做好相应的制度保障。比如，只要遵照教育教学规律，备课形式可以不拘一格；入围对象列入学校人才库，享有更多的专业提升机会，享有更多的专业自主权，自主设定教学常规考核办法，期末前不参与学校任何形式的常规检查与评定；每年免费为其提供教育教学类杂志一份。“常规达人”认定不限指标，入围对象经核查全部符合者一律授予该项荣誉称号，下一学期自然升级为“常规达人”，无须列入入围对象；连续两年被评为“常规达人”的教师升格为“免检教师”。自社会上“免检产品”出现以后，引得多少产家员工花尽心思去争创高质量产品，去争塑高质量品牌。获此殊荣的产业部门为了能保住这张“金名片”，更是不断创新、与时俱进，信誉一天一天在增厚，受众一天一天在增多。反观我们的教师队伍，当然也可以给他们挂上这张“金名片”——“免检教师”。“免检教师”绝非放任自流，他们有责任、有义务主动释放自己的力量，引领其他层面的教师成长；同时，他们每学期都要向学校递交一份成果报告单，报告单基本包括两个部分：学生综合素质提高报告和教师自我成果展示报告。有了这些，何须我们步步紧逼，因为他们已学会了自主生活！只要教师能达到自主管理，我们的管理制度不必成为“紧箍咒”，完全可以开放。

“常规达人”，只是一扇窗，是促进学校教学常规改革、鼓励优秀教师积极创新教学与自主提炼常态教学自控策略的一扇窗，是学校常规评价的一项个性化菜单。相信秉承“下要保底，上不封顶”的评价理念，创新评价机制，为创新型优秀教师提供自主、自由、自律的专业发展环境，这窗将不止一扇。

# 风格冲浪：名师自我经营的增长点

名校师资雄厚是事实，靠文化浸染教师是事实，名校必须要长足发展也是事实。用怎样的文化浸染出怎样的教师？这是名校发展一直在思考的问题。

面对事实，各所名校都有自己一套深具特色的制度文化，但不可或缺的是它们都有一个共同的文化追求——自我经营名师这一学校的核心资产。

众所周知，名校往往是一个地域内优秀教师的相对集中营，特级教师，中学高级教师，国家、省、市级名师培养对象，教坛新秀，优质课获奖者等齐聚麾下。这是一张张业务名片，也是学校名望的根本组件。这又是一张张专业旅途的绿卡，拥有了这些荣誉，在教学上就等于拥有了资本，一路顺畅。我们在感受到幸福的同时，也感受到了些许痛苦——“荣誉后”的教师坐享其成、知足常乐、思想懈怠，乃至思想滑坡亦非少数。

面对事实，名校必须从支撑名师精神脊梁入手，寻找可持续发展的新的增长点。

切入口在何处？美国心理学家马斯洛的人类五种基本需要（生理需要、安全需要、归属和爱的需要、尊重需要和自我实现的需要）给了我们新的启示：尊重教师实现自我。

成就思想是实现自我的一种境界。学校是人类思想的集散地，人与人之间的思想在此碰撞、交汇、融合、创生。身处其间的思想传播者——教师，在这里受尊重的标尺是自己的思想是否得到尊重。教师在工作中是否“有思想”，将促成教育的核心目标——人的和谐发展，即通过教师的发展促进学生的发展，以学生的发展激励教师的发展。如果课堂被演绎成思想者的对话空间，那么教师将拥有职业幸福的巅峰体验。而这种体验需要学校创设一种气候，寻找一种载体，让内隐的思想尽情外露。教学风格是思想的外壳。学校领导携领教师去参与风格对话的系列活动——风格冲浪，教师的教学思想便有了释放的天地。在这里没有行政权威的干涉，学术自由使教师放飞了个性，展露了风格，锤炼了思想。

优秀教师云集的名校，绝不能让核心资产荒废。众多的优秀教师有风格对话的能力，有风格对话的氛围，有风格对话的精神诉求。他们存在“荣誉后”的休眠现象，不等于他们完全丧失了奋斗力。产生这种现象更多的原因可能要归咎于学校管理者自身，你要叩问自己：你给了优秀教师怎样的一种文化浸染？还是以课为核心的大比武吗？还是条条杠杠的评优机制吗？我以为，凡是优秀教师，在一定高度，他们的视界是开放的，他们的心灵是自由的，他们的思想是自己的，他们的心境已由原来的必然王国飞向了自由王国。我们学校管理者所能做的就是积极鼓励老师去体验学术的自由，在有如风格冲浪的思想者对话中让优秀教师在新的更高的层面找到自己。

如何组织风格冲浪活动呢？笔者试做勾勒。

**第一阶段：风格概述**

学校事先拟定申报表，引导教师从风格名称、理论基理（指教育教学基本理论）、教学理念（指思辨性观点）、操作策略（指动态调控办法）、基本模式（指常态运行的简单流程）和匹配案例（指能反映自定风格的教学案例）六个方面概述风格，深度分析、反思自己的教学，发现、提炼自己的教学特色、教学个性，初步确定较为稳定的个性化的高效教学方略。

**第二阶段：风格演绎**

以课堂教学的形式演绎自己的教学风格。这里不采用即兴展示方式，即在规定时间内选择指定课题现场备课并借班上课。因为教师的风格提炼是一个过程，而这个过程中的行为并不是每个人都具有的本能行为，它需要一个任务驱动的过程，而且教师风格的形成往往又是一个长期磨砺的过程，在自己所任班级上课最能映照教师风格的常态影子，也能最大限度地发挥教师的风格。故我们在此阶段给教师充分的自我审视时间，教师自取课题、自选班级、自定地点。有了自由度，方有所谓的风格气候。

**第三阶段：风格对话**

视觉冲击之后，我们在专家的引领下，用对话倾吐精神诉求，这是教师生涯中的一大乐事。这是一轮智者与智者的多维对话，是教师与理论先驱、当代学者、实践专家、教学同伴利用多种交互方式共话风格的过程。

1. 风格陈述

在10～15分钟内，展评教师简述个人教学风格的形成过程，风格名称的定夺、思量，及其解构与重构的过程，并结合现场展评课例透视个人教学风格的折射点，准确、简洁地表述课上自己的风格反映。

2. 风格答辩

特邀专家根据展评教师陈述的观点，参照教师个人教学风格概述，提出问题，展评教师给予答复。时间控制在15～20分钟。

3. 风格互动

风格冲浪不只服务于个人或少数够资格的展评教师，它更需要全体教师的全程深度参与。与会教师观赏了课堂教学实景，聆听了风格陈述与答辩，已心有所感。此时我们鼓励与会教师参与，圆说、补白、质疑、追问、揭短，无所不有。形式上既有现场的互动，又有会后的“跟帖”，大家针对展评教师课堂教学、现场对话中的亮点与不足，提出自己的看法，联系展评教师的平常课例、对照其风格定位等思考其合理性与稳定性。

4. 风格引领

一线教师教学风格的自我定位，受个人认识的限制，存在局限性当属自然。“不识庐山真面目，只缘身在此山中。”不仅仅本人如此，同事们也是如此，因为长期共同生活在一块儿，有时相近的体验会酿成熟视无睹。教师要想拥有豁然开朗的愉悦，缺少不了教学专家的点拨开化——风格引领。教学专家能以系统的视界、全新的视角、敏锐的视觉打开教师的风格视窗。

**第四阶段：风格完形**

经专家引领、多维对话后，教师摇摆不定的风格观进一步明晰了精神诉求的方向。接下来的阶段将是不断完形的过程，这是一个长期的逐步定型的过程。教师要以课题的形式系统地建构个人风格，努力消除风格结构中的不稳定因素，积极寻求切合自身特点的、扣合课改核心价值的风格元素。研究期间还要与教学专家保持联系，求得学术支持。同时，适时地组织几场“×××教师风格展示会”，这将是理论与实践相结合的根本载体，也是风格教师不断走向成熟的一扇视窗。

回顾当前，展望未来，我们都在寻梦。凡人，都有梦，每个人的一生都在圆梦。我们所能做的，只是在教师的教育梦境中点缀几笔美丽的色彩，只是在常人觉得不可能的地方实现可能而已（在常人眼中，教学风格好像是特级教师的“私有财物”）。在风格冲浪中引领教师对话教学风格、提炼教学风格，是求得课与人合体双修的自然超脱，是老师们一辈子梦寐以求的所指，但没有孜孜不倦的寻求，我们的教育常常会在梦境中止步，甚至游离！老师们，留一点梦给教育，我们在诗意栖息，但这绝对不是我们教育工作者单一的生存方式，我们还应当有寻梦的冲动与勇气——理性地追寻“我就是我”的教育福祉。

风格冲浪是成长舞台的基座之一，在教学艺术研究与实践的征途中支撑着教师“以身试法”的冲动与勇气，教师以自身独有的教学理念和行为去印证教学法度，去突破教学法度，去创新教学灵动法度。教无定法，贵在得法。每个人都有自身潜在的风格法度，每个教师都把教育烙上自己的印记，教育将不再只是付出，教师在照亮学生的同时，也成就了自己。有了这种双重幸福体验，教育才具最为持久的动力，学校的自我经营也就走向了教师的自我经营。

# 裸教：教师自我修炼的新视角

“裸教”，这个词，看起来比较俗，却直接明了，对长期沉浸在“依托式教学”或“寄生式教学”中的教师能有所触动。“裸”，是露出，没有遮盖。“裸教”，顾名思义，就是没有遮掩的教学，是一种“真人秀”，是自我袒露、心灵对话、魅力感召、能量转换的教学。教师在课堂上不用多媒体代言，“一个身态、一支粉笔、一张嘴”，看似传统的方式，教师却用自己的气度、涵养、心灵化育学生。

在信息化时代，提出“裸教”的做法，是否有点迂腐得不合时宜？信息化给传统教学带来变革，多感官学习体验，大容量信息交互，课堂教学效率明显提升，这是事实。但还有一个事实也不容我们否认：我们在信息时代受益，也在信息时代懈怠——一种寄生状态下的精神懈怠。

当前教育，以信息技术手段为骨架的现代化课堂建构非常普遍。教学手段现代化，PPT、电子白板让粉笔渐渐淡出舞台；教学材料现代化，“电子书包”悄悄爬上课桌。课堂是电光幻影，教师拼的是什么？是信息技术！

我们不能否定信息技术等现代化教学手段的作用。现代化好，著名语言学家、教育家张志公也为现代化叫好。但张先生也说，教育要朴实。这点从哪里来？我们不妨来看看2012年语文出版社社长、前教育部新闻发言人王旭明先生对一个课例的点评。

听贾志敏老师讲课，讲课人老，已经74岁了；讲课手段老，粉笔、板擦、黑板和老师的一张嘴；讲课方式老，老师讲、学生听和练，一个老人呈现的老课。朴素的表达、真诚的教学和逻辑严谨的环环相扣以及对学生实实在在的引导，都令人耳目一新。当下有太多的形新实老，太少的形老实新，时髦误国误教误人！

天然去雕饰，朴实见芳华。很明显，教育要朴实来自教师的功底。手段丰富固然重要，然而，无论我们做什么，最能获得实践效果的，是用心灵去浸润课堂，用智慧去启迪学生。而这一切都要求教师练就一身好功底。教师有功底，课就把握得好；教师有功底，学生就听得好；教师有功底，魅力比说教好。那么，教师的功底从哪里来？自我修炼是重要的一环。

磨课、赛课、评课、赏课，通过各种形式自我修炼，让教师在课堂内摸爬滚打，成就课，也成就人。说白了，归根结底就是通过课的锤炼，让教师能教，让学生会学。这点没有错，也不可能有错！不过，我们在朝向课的完美的行动中，过于"借力"！外在的"技术力""信息力"在课堂中膨胀。只要有电脑、有网络，现代技术就能把你想要的都搬到你的眼前、你的课堂，你所看到的以及转化给学生的就是技术处理的而已，顶多就是用自己的思想来做二次加工。日久，教师的专业素养就会在"衣来伸手，饭来张口"的"全纳"中慢慢退化。一味地接受会让人的惰性生长、记忆力消退、理解力减弱、创新力低迷。过于仰仗外力，内力就会疲软，内在的教学力将被鼠标俘虏。我们用鼠标拼出了无数个美丽的课堂，打造了无数个立体的空间，但有时不得不承认：这不一定胜过"一支粉笔、一张嘴"。这种课堂缺少的是原生态的、本能的"野味"。

如果我们不拓展教与学的能力，复杂、混淆、冲突缠身的快速变化将会损耗或拖累我们。真正好的教学不能降低到技术层面，真正好的教学来自教师的自我认同与自身完整。① 于是，我提出了"裸教"。

"裸教"，需要勇气。首先，教师要不怕"出丑"。习惯了运用多

① ［美］帕克·帕尔默．教学勇气——漫步教师心灵［M］．吴国珍，余巍等译．上海：华东师范大学出版社，2005．

媒体等手段教学，一下子“裸教”，课堂上可能不适应，教学语言、教学节奏、教学互动，乃至教师的站位、板演等都可能显得不自在。出现这些情况，大可不必紧张，这是过于依赖信息技术等外在手段的正常反应。别扭是暂时的，看似拙劣的背后是真实课堂的雏形（在互联网时代，在现代人快节奏的生活中，我们现在的课堂往往更多的是“拼凑课堂”，是“拿来课堂”，真正由教师自己独立创生的课堂少得可怜，如果说有，我看也就是各类评优课）。其次，教师要不怕被指责。课上得好不好，不是看教学呈现或交互的方式有多么现代化，而要看课堂中学生学得好不好。如果我们的课堂只用“一个身态、一支粉笔、一张嘴”就能取得最佳的教学效果，这就是最生态的教学，也是性价比最高的教学。即使你失败了，如果有指责你也不用担心，因为你的一切努力都是朝向有境界的课堂的。再次，教师要不怕辛苦。“裸教”的课前准备是要用大脑储存、用心智消化的，所有涉及教学的内容都要尽可能多地熟记，这样你的课堂将是师生思想自由交汇的舞台。教师的所有关注点都在学生身上，真正的生本课堂我们完全可以通过努力去实现。最后，教师要不怕寂寞。现代社会生活色彩斑斓，充满了诱惑，很少有人耐得住寂寞去修行，去当教学的“苦行僧”，但真正的修行真的需要耐得住寂寞，坚持方能成就美丽。

“裸教”，需要底气。记得我在读师范的时候，老师提出“六个一”的要求：能唱一百首少儿歌曲，能背一百首古诗词，能讲一百个童话故事，能背一百首童谣，能做一百个谜语，能玩一百种儿童游戏。再加上每个师范生都要求掌握的“三笔字”“简笔画”，以及学科类的知识。有这些打底，何患课堂不精彩？说到这里，大家似乎应该明白，“裸教”，只是“脱掉”课堂教学中多媒体之类的“外衣”，基本教学素养却贴身相随，教学并不是“体不遮羞”，反而应该更显得“胴体健美”。有了扎实的基本功、广博的知识，如果再加上专业的视角，用正确的教学思想把握教材，知道“教什么”和“怎么教”，此时，“裸教”对于师生来说，就是皆大欢喜。上帝公平地给了每个人每天三个 8 小时，第一个 8 小时大家都在工作，第二个 8 小时大家都在睡觉，人与人的区别是在第三个 8 小时创造出来的。第三个 8 小时，教师表面上看是在为课做准备，实质上是在做人的工作，培养学生，成长自我。当然，这一切不能一蹴而就，需要用心去积累。要像高尔基说的那样，像饥饿的人扑在面包上一样吸吮精神食粮，以充实“裸教”底气。

“裸教”，需要惠气，即和顺之气。我们不能为“裸教”而“裸教”，信息时代课课“裸教”，有悖于时代发展规律，完全没有必要。我们也不能假借“裸教”的名义怠慢教学，上无准备的低效或无效课。我们要以和顺为贵，要尊重教学规律，尊重时代规律，不能逆而行之，要把握时机，顺势而为。一要看教材内容是否适宜。并不是所有的教材内容都适合“裸教”，有些教材内容用上多媒体手段会把学生带进现场，带进神奇的世界。比如，六年级数学课中圆柱体面积的演化，通过几何画板软件可以形象、逼真、清晰、可重复地反映从矩形到圆柱体的转化过程，少了老师很多解说的唾沫。二要看时间是否适宜。教学以周为单位，两周开展一两节“裸教”，一个学期就有十多节，学生会因教学形式的变化而感兴趣，教师也有充足的时间做好教学准备，从教学素养提升训练的程度考虑也适宜。学校也可以一学期组织一次“裸教”比赛，在组织层面刺激教师专业发展。

“一支粉笔一张嘴，三尺讲台终无悔。”儿时教师的形象一直印记在我们这一代人的心里。虽然当时“一言堂”“满堂灌”的大有人在，但也不乏幽默风趣、循循善诱之辈。板书笔笔精到，言语字字珠玑，教学胸有成竹，课堂挥洒自如。他们与其说是通过课来育人，不如说是在用学问育人、用魅力育人。“亲其师，信其道。”教师的魅力往往会让学生爱上这门学科，爱上学习。我们呼唤“裸教”的尝试，“裸教”，是教师倒逼自我修炼的一种形式，是一种心灵的自由放达。如果我们不能珍惜以及激励作为优秀教学之源泉的人的心灵，那么，提供一切都不能真正改变教育。“裸教”，与心灵握手，让修炼直抵心灵。

# 搭车理论：履新教师必读

秋季开学刚刚过完了第二周，老师们一下子从慵懒的暑期步入了紧张的工作地带，“忙”，毫不掩饰地挂在大家的身影上。开学初，既要铺轨，又要开车，偶尔带点货，忙，是非常正常的。教师之间只是忙的状态不同，有的忙中不乱，有的手忙脚乱，有的心烦意乱。第一种状态大多发生在老学校带老班级教老学科的老教师身上，后两种状态大多发生在履新教师身上。

履新教师，不单纯指新教师，新调入的、接手新班级的、接到新任务的教师都包含其中。一个全新的开始，一个崭新的环境，一个陌生的班级，一个手生的任务，遇上开学初，忙乱也就接踵而至。要想摆脱窘境，要从“心”开始。忙，本质上是心乱，没有头绪。“心”一“亡”就“忙”，“心”一“亡”就“忘”。想来，让心保持活力，是摆脱忙乱魔咒的法门。

任何一位教师履新，首先要把心门打开，以自然的心态面对新事物、新环境、新现象。心头不被蒙垢，就没有负重感。遇到问题，不会下意识地抱怨排挤，而是想办法解决问题，跟上新学期开学的节奏。就如搭公交车，如果你一定得去目的地，有车你就上，只要能容身。有人上，就有人下；上一秒钟你站着，下一秒钟说不定你就坐着。挤一会儿是正常的，更不用说“上班高峰期”了，谁能保证下一班车能让你轻松就座。你心里明白，就不会挑三拣四，既然要上班，就要赶时间，上车才是王道。当教师履新遇上了开学初，环境还不熟悉，套路还未摸透，教育班车如期而至，我们的选择肯定是不掉队。开学初，就是高峰期，教师，“上车”再说。

同样是履新教师，为什么有些适应快，没几天教育教学秩序井然，有些却一直疲于奔命？关键点是教师把握教育教学规律存在差异。有的教师工作有预见性，知道什么时间干什么事。就如接任一年级班主任工作，有人知道给学生佩戴名牌，而且字样醒目，让师生之间、学生之间能快速地通过反复重现姓名认识对方，以此拉近新集体内彼此的距离。没有陌生感，才有安全感，这是班集体建设的基础。有经验的班主任还在学生名字上配上拼音，正好配合拼音教学，一举多得。这是按规律做事，靠预见抢先，做起事来自然事半功倍。搭公交车不也如此，你尽量靠中间站，争取挨着年龄为三四十岁的上班族的座位，坐到座位的概率就会增大。一般这个年龄段的人，短途上班才会选择公交出行，这就是规律。教师不要恐惧履新，任何事物的发展都存在一定的规律，我们要积极去发现这些规律，并积极去应用。

其实，这种规律认知的差异可以借“用心”填补。下载一个“我看行”APP，让公交车在每一个站点的运行情况了然于心，你就不会因错过而误点，这就是搭车的用心。教育工作何尝不是这样，新教师也不例外。我们学校有位何姓的新教师，今秋工作生涯刚刚迈进第三个年头，有人插班就直接点名进她的班。之所以攒得如此口碑，就是靠“用心”二字。刚参加工作时，每天晚上都要干到午夜，她说自己有个“坏习惯”——一定要把事情做到自己满意为止，而且不过夜。全身心投入后，现在她工作游刃有余。凑巧，这个学期要插班的这个孩子抽中了她的班级。虽然这位家长如愿以偿，可刚开始还是不放心，因为她深知自己孩子的特殊性。这位家长提出陪读，提出午餐陪吃，因为插班换了新环境，因为她的孩子读书以来从来没有在学校用过餐。何老师委婉地谢绝了家长的全程陪护，“放开手让孩子自己慢慢走”，成了她们彼此的约定。第一天，这个孩子不吃饭，说喜欢吃炒鸡肉，何老师到教工餐厅专门给他特制了一份。第一天用餐顺利，开了好局。在何老师的耐心教导下，孩子每天都光盘，而且都是第一个用完餐。产生奇迹的力量没有别的，就是用心，而且总不忘携带——爱。说实在点儿，用心就是为对方多想一点。

当履新教师遇上了开学初，就如一大早搭车上班。“拎着公文包，西装革履，车一到，择位而坐。”想这么做，要么你时间充裕，要么你有专座服务。“快骑共享单车，赶到公交站，先上车，再找零钱投币。”看起来忙碌，其实这就是上班族搭车的常态规律。后者最为关键的是——总是早早地到学校开启新一天的工作。回想开学的这两周，我不也是这么“坐”过来的吗？

开学工作，履新，先上车。

# 忙时做减法，闲时做加法



周三教师例会如期而至，各处室行政一一部署近期工作，秋游、学术节、家学周、校运会、“四同章”评价体系出台……近一个月的工作一一推行。说者用心，听者操心，越听神经越紧，从每位老师，特别是班主任老师的脸上可以看出来。

大家的压力从哪里来？显然是头绪太多理不清楚，或者说头绪已经被心事重重裹住了。其实，我们要明白一点，教师工作有紧有慢、有张有弛，很正常。只要我们正视它，并学会自我调理，一切也就顺手许多。方法之一就是“忙时做减法，闲时做加法”。

记得20世纪八九十年代，教师工作大多是期初、期末两头忙，呈“U”字形。现在不同，教育形态丰富，改革式样多重，期中前后又出现了一个高峰，呈“W”字形。在此期间，学校开始做些深入的活动，如以“节”的形态整合资源做活动。同时为了错过期初高峰期，经过几周缓冲之后，学校开始把未曾完善的一些活动制度与评价体系做些着床动作。另外，校外的培训与研讨任务也在此时集中发单，教师出外开会学习的时间大幅增多。这些都是明显存在的，这时属于教师新的“农忙期”。我们得学会静下心来分析各项任务的特征，厘清工作对象、承担主体、节点时间、表现方式等，以此做减法，抓住核心开展工作。比如，文前所举事例，仔细一看，它不是一周完成，而是一月收官，是处室行政计划性的提前预告，让学校每样工作有条不紊。看似一下子抛出很多工种，实际上是提前让老师有个梳理的时间，活动的过程得以拉开，教育的真正意义也就更为实在。想到这儿，就是在时间上做减法，不是一周内高密度完成，而是稀释到一个月内一点点突破，时间的密度被减了，心态自然也就不一样了。

内容上，我们也可以做减法，而且这点尤为重要。如上任务，我们首先要减的是家学周，这是学校把原先分散到各个随机日子里的家长课堂以系统建构的思维统整到一个星期内，安排当周每天的下午半天，让不同的课程在学校有意的重组下发挥家长课堂的更大功效，老师就是随堂听课，帮助协调，可以改改作业、做点私活，可见这一周的家学活动，对教师而言是减负，不是负重。明白这个减法算理，心理负担也就减轻一半。再看体育运动会，只要做好分组和项目申报，确定好小组长，过程让孩子们自个儿练去，比赛是一个月以后的事，就把自己原先觉得整个时日要陪练的顾虑卸下，又减去了许多负担与顾虑。学术节牵涉的就是几个上课教师，听课也就是本学科教师过来参与，相对于一个学科，也就一日半晌，这也属于正常工作范畴。如此一一剖析，找准活动的本质，我们就能删繁就简，轻松面对。

闲时做加法，这是专业发展的需要。有人说，教师工作哪有清闲时，一日到晚就是一只陀螺，转个不停。说的是实在话，是勤勤恳恳、踏踏实实工作的教师群体的基本工作事实。教育工作是良心活，只要有时间稍微闲一点，他们就会主动给自己加码，备课、上课、批阅、辅导、访谈、反思、写作、给孩子来点调剂品……他们样样不含糊。其实，负责的老师稍闲时即做加法是职业习惯。闲，总是相对而言的。从大周期来说，寒暑假可以做些加法，增加专业储备量。就小周期而言，一个学期内，期初与期中之间，期中与期末之间，稍微闲一些，时间上自我支配度更高一些。那么，我们得去积极建构，一是做些提前量，早预感，早发现，早准备；二是多备点课，多看行事历，多做些工作预设，多读些书，自己也更为充实、更为淡定。

只要我们深谙教育教学规律，以自然平稳的心态，积极主动地做些加减法，工作自然会更加张弛有度、得心应手一些。

# 一线教师直面专家引领



专业引领是校本教研中的核心要素之一，它形式众多，如从引领者的身份而言，主要有专家引领和同伴互助两种。相对而言，前者是引领学校开展教研活动的稀有资源，是一线教师专业成长的航标。我们作为一线教师，常常以亲近教学专家为荣。平常，我们除了大量地汲取专家论著中的精神营养外，更需要专家的耳提面命，更想在面对面中与专家平等对话，甚至是思想的碰撞，让智慧在碰撞中迸出火花，让思想在爆震中产生共鸣。如此积淀，我们的专业认识就非仅仅停留在陈述性、程序性的层面上，而是更侧重于策略性。只有这样，才可以真正发挥这“稀有资源”的作用，难得的专家面对面，才会在校本教研的发展进程中重彩一笔。鉴于此，我就专家引领的思想交流层面窃语几个“不应该”。

**不应该是信口开河**

脱离现实这块土壤，理想的种子是很难播种、植根、生长的。让正确的教育思想化为实践，这是专家的理想。可只在理论层面提出各种教学假设，会让人有缥缈虚幻之感，嗅不到半点实实在在的本土气息，即使你说得天花乱坠，也打动不了人心，更无法言及开启教师心智了，因为你脱离了实际。所以，每次专家引领都需从学校教师群体的教学研究实力、教师个人研究的实际水平、研讨课例展评的预设条件、课文与课时应当负载的独有任务等方面精心考虑。否则，留给一线教师的只是满腹疑团。试想，在倡行反思教学的今天，一线教师的研究水平与理论认识还是零起点吗？可以说，他们不仅对课堂教学有了强有力的反思能力，甚至对专家的说法也敢在心里掂量、印证。当前的专家只有知己知彼，才能百“领”不殆。否则，就可能在所谓的“大义”中失小节。

**不应该是唯我独尊**

辩证唯物主义指出，人们的认识可以无限地接近真理，但却永远无法达到真理。这赋予了人们在真理面前都拥有的“言论权”。可现在难免有专家，还或多或少地存在学术垄断意识，往往以真理的唯一拥有者或代言人自居，总以为只有自己才拥有真理的发现权、解释权，只有自己的思想最具号召力，平时习惯于搞“一言堂”，唯我独尊，垄断教学论坛。教学研究人员是一个共同体，在探求教学真谛的进程中，不同群体的人具有不同的知识背景，能从不同的视角切入相同的问题，能不断丰富教学认识。因此，本着追求真理的精神，开展健康的学术争鸣，非常有利于学术的发展，有利于专家思想的传扬，也有利于教师自身的成长。一线教师与专家之间应是一种学术对话、学术交流，他们之间应存在真诚、平等、互敬。在专家引领活动中，要提倡一线教师敢于与专家观点碰撞、交锋、争鸣。教学研究不是单边行为，专家不能专己而非人。蹲下身来，你可能获得的更多。

**不应该是老调重弹**

教学研究的生命力在于创新，没有创新，教学研究就会成为无本之木、无源之水。而在教学研究中，起着指引作用的专家观点，如果没有创新，就无法有效地传播、延续、繁荣。专家要在不同阶段，随着教学改革的不断深入，对本专业有所丰实与提升；要在不同的场合，根据现成的本土案例，巧妙地借题发挥。专家不能靠一本讲义打天下，翻来覆去地引用几个老数据、旧例子，一次引领只道出了大多数人都知道的东西，了无新意。表面上，你捍卫了自己的权威；实际上，你却失去了“民心”。现实中往往有教师埋怨：“我们是慕名而来，扫兴而归。”问其原因，原来是第 N 次接受了同一专家一成不变的

"谆谆教诲"。他们说专家天天重复着那几句话，耳朵都听出茧子来了。可见，没有重组、另构、创新的语言是没有魅力的，也是没有市场的。专家每次的引领都要尽可能多地注入新的养分，要让更多的一线教师有"柳暗花明又一村"之感。

**不应该是花言巧语**

教学研究贵在求真务实。离开真与实，教学研究将会黯然无光，甚至一文不值。真与实关系到研究的效益、价值以及研究成果在历史中的存活率，教学研究的成果应该是经得起历史验证的。以此对照专家引领，花哨、甜蜜的语言绝对不是主要的引领信息，它承载不了引领的任务——活跃学校研究氛围，促进教师素质提升，提炼教研成果与功效。虽然，在略显严肃的教学研讨会上，适当穿插一些甜言蜜语，的确有助于情感的升华、关系的融洽，但只卖弄口才，在研讨会上侃大山、拉家常、说好话，你好我好大家好，一堂下来，只留给人能说会道的主持人风范，这应该不是真正的专家引领。在一线教师的眼中，专家是真的种子、善的使者、美的旗帜，他们就是真善美的代言人。通过专家的引领，要在教师的心灵深处埋下一句——"听君一席话，胜读十年书"。

**不应该是蜻蜓点水**

如果问，在专家引领会上，一线教师最想得到的是什么？笔者以为，应是"一言中的""一针见血"的痛快。专家所言精辟、深刻，正中"教学要害"，解除了一线教师心中常积的"教学郁闷"。这种引领，请问，谁不笑纳？如果专家选择蜻蜓点水、面面俱到的引领方式，把本来已找到的研究对象只做平面化的处理，把遇到的教学问题只做清单式的罗列，摆出十大优点、十大缺点，不痛不痒，不是浅尝辄止，就是浮光掠影，就不会受到教师的欢迎。每个方面都讲到，就丧失了主题。当前强调教研活动要有主题，专家引领也应围绕主题，事先精心备课，抓一点，带一面，讲精讲透。

"吾爱吾师，吾尤爱真理。"出于对教学真谛的追求、对教学专家的仰慕，笔者重申：现在的一线教师已非以往的教学工具，而是一个具有反思精神和创新能力的教学研究者，我们与专家的面对面，并不只是聆听与被动的接受，而是求得一种教学思想的印证、一种教学行为的反省。我们需要引领，我们需要高品位的专业引领。

# 第四辑　教育调理贴近生态

你中有我，我中有你，生命是彼此的给养。离开学生，就如叶脱离根，教师的生命就会黯然失色以至枯萎。根深才可叶茂，孩子茁壮成长，方有我们的葱葱绿意、勃勃生机。我从不以长者自恃，却常常自乐于孩子的天真与聪慧。一个个“活蹦蹦”的孩子，是我的希望；一个个“热腾腾”的孩子，是我的全部。我自感离不开学生“根”般的养分补给，我得不断贴近他们，贴近儿童本真的生命情态。为了孩子，我将吟唱，吟唱一首不老的情歌——《绿叶对根的情意》。那“光合作用”，就是自然的调理。

# 与孩子站在一起



一年一度的秋季校运会，由于各种原因被移到了冬季，很多人质疑，包括家长：“这么冷的天，孩子受得住吗？”甚至有人直接叫停。这种言行，其实是成人的过度担忧，是站在成人的既得经验上思考并处理问题。其实，静下来思考，教育服务的对象是谁？办与不办的抉择权在谁？当然是孩子。我们得与孩子站在一起，蹲下来听听他们的声音。2013 年，我做过一次“孩子们最喜欢的校园活动”的调查，结果校运会名列榜首。可想而知，校运会对于孩子的意义，使他们可以释放出活泼好动的天性，享受规则许可下的“自由拼杀”。教育，做学生喜欢的，何乐而不为？

与孩子站在一起，我们的教育工作会更符合教育的规律——在合宜的时间做合宜的事，让合宜的人发生合宜的变化。同样是校运会，为了节省开幕式的时间，让孩子们的比赛时间更充裕，我们增添了团体趣味项目，让每一个孩子都参与进来。我们有届校运会简化了班级方阵进场表演的形式，穿插了一次全场广播操评比。原先组委会提出的方案是以年段为单位，六个年段轮着做操。我给他们掐算了一下时间，一套操 9 分钟，当一个年段在做操的时候，其他几个年段的学生都要陪着，而且彼此看不到，该时段将近一个小时。如果此时你是场上的孩子，你开心吗？从中受益了吗？跟原先节省开幕式时间的初衷一致吗？凡事都要换位思考，都要前后印证，才能抵达合宜的彼岸。

与孩子站在一起，就产生了关系。人与人是在交往中产生关联的，教师与学生之间的教育关系是在不断地交往中确立起来的。做孩子的工作，就是要走进儿童的世界里去，而且状态是积极的。在儿童的世界里，有许许多多的美好词汇：爱、纯真、自由、游乐、冒险、梦想……这些，每一个有良知的教育工作者都很珍惜，都试着极力地促进。但就我个人的教育体验而言，有两个词汇是永远不可忽略的，反而还要倍加珍视：一个是"存在"，另一个是"平等"。这两个词汇是一切美好的基石。

存在感，是每个人与生俱来的，而且年龄越小越突出。小儿出生时的第一声啼哭，幼小课堂上高举如林的小手，小学校园里孩子们主动的问好……存在感在少儿阶段几乎处于主动"索取"的状态。较之小学，初中的孩子存在感的流露相对含蓄。从日本教育家佐藤学在《学校的挑战——创建学习共同体》一书里所举的第一个"合作学习"的案例中可略见一斑。文中举了神奈川县川崎市的南菅中学一年级男生高志（化名），在英语课合作学习中，与班里唯一的朋友正人分开，处在三女一男的新组别内，此时高志极度焦虑，而替代正人负责关照他的同学幸子，恰恰又是班里英语最差的。面对沉默寡言、英语成绩优秀的高志，幸子该如何关照呢？奇迹出现了，仿佛僵化的学习组织在存在感的驱动下发生了戏剧性的变化。幸子为了找到自己的存在感，不断地向其他两个学习伙伴求助，毅然地询问高志。看到幸子慌慌张张、极其努力的样子，高志僵硬的表情里露出一丝微笑，其存在感也开始冒泡，轻声细语地回应幸子。这种状态一直延续到课堂结束，并趋向了新的学习。在佐藤学的眼里，该现象让他看到了"合作学习"的精妙。在我眼里，还看到了另外一道风景——孩子对存在的本能需求。

给孩子存在感，就要与孩子站在一起。站在一起，教育者必须关注每一个孩子。你的眼神、你的动作、你的话语，都是孩子确认自我存在的信号。我们应把孩子的存在时刻放在心底，不论你在何方，都要有一根心弦牵挂着教室的那一头。有一年金秋，我的一位同事去北京学习，路过香山，他就为其任教的两个班级的 50 个孩子捎回了红叶，并用伤痛未愈的手为每一个孩子写上了祝福的话语。小小的举动温润着每一个孩子，每一个孩子都因为自己的存在、自己被关注而开心地栖息在美丽的校园里。

如果说存在让每一个孩子找到了自我，那么，平等就让每一个孩子接纳了他人。校园的集体生活，就是自我与他人的和谐共处，包括学生与学生、学生与师长。作为教育者是这么说的，但不一定这么做。每当六月天气炎热，操场集合时常见女教师们打着伞、戴着宽檐帽，更有甚者，有意地选驻阴凉处，孩子们则个个成了“阳光少年”。旁人纳闷，荫蔽的你能育出阳光少年吗？可笑的是行为者却浑然不知，每当主持人暗示了，方才悻悻地褪去不合时宜的“护装”。试问，你是否想过此时孩子会想什么吗？孩子的眼神里流露出的又是什么呢？孩子会敞开胸怀接纳异质的你吗？

要给学生平等，管理者也是这么说的，但不一定都这么做。2011年，各大报纸、网站曝光了一所学校在“六一”节艺术会演上，出现了台上领导撑伞、台下孩子冒雨表演的一幕。虽然只是雨丝，但就那个镜头而言，刺痛了多少观众的神经。台上台下的不和谐，缘于没有平等地与孩子站在一起，没有设身处地地为孩子想一想。可能这是突发的一瞬间的疏忽，但在这一瞬间，关照的天平却倾向了领导，至少暴露了活动组织者“学生第一”的观念还未深入骨髓。

平等，是生本教育的天平。保持平衡，就要公正地对待每一个孩子，把好平等教育的基本砝码：己所不欲，勿施于人；身教重于言教，身正令行。当然，保持平衡，还要科学地对待每一个孩子。蹲下身来，走近孩子，是一种平衡，但教育者不是一味地蹲下身来，与孩子的视角齐平。我们可以给每个孩子一块垫脚石，让他们可以与成人一起分享另一番风景。如右图，垫脚的木柜从平均分配到按需分配，这就是一种因人制宜的平等。在原有的基础上让需要的人有所提升，这就是教育领域内的平等智慧，也就是教育者要发挥引领的作用，重置、优化资源，让不同的人实现“冲刺与挑战”的成长。全国模范教师、全国五一劳动奖章获得者、温州市实验中学的

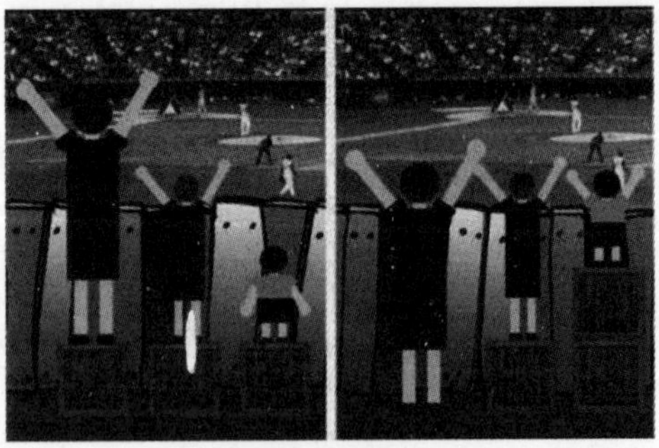

平等中的智慧

朱俐老师多次讲座都举过一个例子：一个自以为是体育弱者的学生在她的激励下摘取了校运会 1500 米的桂冠。奇迹的产生来自发现、肯定、陪练与鼓励。该生平常学习与工作认真、有韧劲、能坚持，身型瘦长，朱老师积极肯定其“一定行”，并每天陪练，一直坚持了两个多月（周末不休）。比赛当天，朱老师在看台选了一个好位置，亲自为其敲锣加油，第一圈该生很吃力，大概处于第九名；最后一圈竟然敲一下锣，孩子就超越一个，连续超过 8 个。孩子成功了，朱老师的高血压却发作了，头痛得厉害，但她无悔，她认为自己挖掘出了一个孩子的潜能，在她人生的道路上肯定会受益终身。从某种意义上说，挖掘孩子的潜能就是给孩子一块垫脚石。

有了平等，人与人之间就少了许多猜疑，彼此所呈现的各种形态就能很好地通达与被接纳。“亲其师，信其道。”亲近的土壤就是与孩子站在一起，其根本的路径就是补给存在感与实现平等权。实实在在地触摸存在与平等，你就站在了孩子的中间，你就成了“孩子王”。

与孩子站在一起，是最为朴素的教育观。和“与整个世界站在一起”这一教育口号相比，仿佛少了气魄、站位、视野与新意，但恰恰是最为贴近人的，是“与整个世界站在一起”的起点。与孩子站在一起，决定了你的真实存在。朱永新教授说：“对于教师来说，什么最重要？当然是和学生们一起成长。”在教育实践过程中，我们要始终坚守这份“重要”，向前抵近育人目标的时候别忘了经常问问自己：“我们为什么而出发？”时刻保持这份清醒，这是教育本源性的思考。为了完整的人的成长，教育请从身边的人做起。

# 让每个孩子融入“组织”

每天跟孩子打交道，故事总在见与不见中发生。

一次上了书法课，看到走廊地面有墨迹，欲查监控进行个体跟踪教育，却无意间看到有个小男孩半拉着裤子急匆匆地往卫生间直奔的镜头，白花花的屁股顾不上遮掩。约莫跑了 30 米，拐个弯，2 米即到目的地，可孩子硬生生就在卫生间门口拉了长长的一泡。按常规做法大多是叫过来狠狠地训话，诫勉下不为例。可这么做，容易酿成教育的“错案冤案”。要让每个孩子走近你、信赖你，每次只需要我们多想一点，把搀扶的手多伸一寸。不思“进取”，只会把孩子往外泼。

面对“尿裤子”的小男孩，我们不要急于下判断。实际上，透过镜头顺藤摸瓜得知，他还是班里的好学生，从而排除了熊孩子故意捣蛋胡为的可能。问题又出在哪里？是不是孩子胆小？是不是孩子怕羞？是不是孩子有过类似做过表达但被回绝的经历？不论何种原因，都在说明一点——“组织沦陷”。组织在无形消退，孩子可能找不到组织。班级就是组织，他没有找到组织的温暖，怕被嘲笑；科任教师就是组织，他没有找到组织的亲切，怕被拒绝。此时的他，孤零零的一个，他只能选择相信自己，虽然结果并不如意。事后孩子会怎么想？听说他自尊心很强。尚好，班主任有艺术，请孩子的妈妈来，像在家里一样，带他去重播一下原过程，在亲情之下加以引导，自然而又不伤自尊。

透过上述事例你看到了什么？是不是一个是“组织的沦陷”，另一个是“组织的光复”？后者善待个体，学校政教、班主任没有充当审判官的角色，严处“过错”，而是在理解的前提下调查分析并予以自然的教育。这样处理，孩子容易接受，对学校、对老师绝无恐慌感。其实这个过程，就是组织价值的自我营建过程。

让个体向组织靠拢，会尽可能避免自由散漫的滋长及其背后的行为脱轨现象。现实教育中，问题学生的致因，除了智力问题外，最普遍的就是这批孩子游离于组织之外。有的是自己抛弃组织，如家风不良让孩子厌烦一切，包括被教育；有的是自己被组织抛弃，如陋习成癖、屡教不改，教师心力不济，同伴避而远之。不论是主动还是被动，最根本的问题就是他们脱离了组织。如果“尿裤子”的小男孩从好学生变成问题学生，组织是脱不了干系的。

一所学校就是一个组织，一个班级就是一个组织，一个团队就是一个组织……如果把这类组织比作一定量的溶剂，在一定的教育温度和作用力下，孩子融入其间的最大量就是溶解度。溶解度越高，孩子对学校的安全感就越强，对校园学习生活的满意度就越高，自我的认可度也越高；反之则越弱、越低。

孩子出现问题不怕，怕的是——他找不到组织，组织也找不到他。个体与外界的无关联性越明显，他的举动与心思就越容易脱轨。组织之于个体的教育力量极为微妙，我们一对一的说教或影响常常远远不及组织带来的影响有效。一个孩子在家里不听话，或者在零零散散的组合内常常发生矛盾与冲突，一时半刻还不可调和，可一到学校，一进班级，往往判若两人。个中的奥妙就在于组织起着镜子与尺子的作用，组织内每个人都有个映照，有比较就有掂量，每个人都比较注重个人分量，很需要别人在意他。

那是不是班级存在、学校存在，组织就自然存在？并非如此，组织是一种文化，需要组织者积极营建和时间的积淀。我们要把个体放到群体中来，把群体上升为组织。对孩子进行教育少点纯粹的“一对一”——针对孩子个别问题进行个别教育，较多地用说教，较多地直接应用“师道尊严”，直截了当地向学生提“要”与“不要”，效果不好就跟上“声色俱厉”。这个办法来得快捷，但效果一般。前段时间，下班路上遇到一位年轻教师问我：“学生不听话怎么办？”脸上神情十分焦虑。“犯了错误，跟他讲要罚抄作业，他还一副不以为然的样子——罚就罚呗。”她接着说。我说：“你的方法本身就简单粗浅，怎能期待孩子给你优雅的回馈？一个孩子就是一个世界，只有了解孩子才能走进个体，同时要把个体放入组织，也就是班集体之中，用组织的影响来带动他、转化他。你知道他在乎什么吗？”她说：“就是爱看书，对了，还特别喜欢军事。”“那么，他至少在乎书的世界，在乎迷彩生活，你可以跟他看同样的书，聊读书的感受，主动给他搭建军事舞台，让他在班级里找到感觉，一种独特的自我存在的感觉，然后再适机转化能量、转移兴趣，或者扩展兴趣，让他的兴致投入到组织共同期待的价值上来。”我接着她的话题说，“比如你先跟他聊军事，他喜欢战斗机，你可以陪他练航模，再拓展到车模，这类赛事多，孩子有机会，如有获奖就是鼓励。本来是个体的喜好，苦于无知音，现在给予有组织的交流，这不就在尊重个体的基础上转到组织的关怀下了吗？”听了我的话，这位年轻教师仿佛驱散了心中的雾霾，会心地与我道别。

把个体融入组织，学校才有学校的价值，班级才有班级的价值，团队才有团队的价值。离开了团队内组员间的影响，离开了小组之间的影响，离开了班级之间的影响，离开了年段之间的影响，教育的力量就显得苍白许多。组织的功能没有发挥，“居家求学”将不是个别人的另类做法，“可汗学院”就增加了替代学校的概率。之所以学校能够长期存在，其价值更多的是来自组织，来自组织的社会性。其实，只有组织存在，才有个体的真正存在，离开了组织，个体有时候什么都不是。很多人高喊“为了每一个孩子”，可常常难以着力。那么，组织在哪里？我们又将如何营建？我尝试从以下两个门径切入——显性组织与隐性组织。

提到显性组织，首先想到的是机构，如校长室、德育处、教务处等，与孩子关系最紧密的机构是大队部和班级。对于小学生来说，他们还不知机构是咋回事，主要是通过课程、课堂、课外的活动来感知组织的存在的。

课程组织已经发生了结构性的变化，在国家三级课程的基础上，浙江省提出了“二级课程”——基础性课程与拓展性课程，其拓展性直接锁定“选择性”，也就是只有经过每个孩子自主选择的课程才是真正意义上的拓展性课程。从校本式的放权到选择性的拓展，显示出组织的个体关照。21世纪初，温州市实验小学提出“配方制课程”——让每个孩子拥有自己的课表。今年秋季，杭州市娃哈哈小学每个周二下午整整半天都在体验“左右脑课程”——一个学生半天选两门课程，一门开发左脑，一门开发右脑，和谐开发心智。温州大学城附属学校创生“大境脉课程”——让不同学段或不同兴致的孩子走进大学城各个场馆综合实践。可能这些做法远远不及北京市十一学校打破行政班来得震撼，但作为小学能突破思想与资源的藩篱，为每个活生生的个体实施准私人订制，足以让人欣慰。当课程把每个个体放在正中央时，生命就进来了，而且持久。

课堂教学组织历来强调因材施教、分层教学、小组合作、个别辅导……小学语文阅读课堂上曾有一句流行语“用你喜欢的方式自由朗读课文”，现在还常听到。我们暂且不论这个行为如何做更有效，就语言的指向来看，我们读到的是教师对个体的尊重。不让孩子充当课堂的陪客，就得考虑每个孩子的需求并给予机会。“1+9=?”学生的反应，一种是齐刷刷地回答“10”，另一种是用手势表示。显然后者能更准确地反映个体的掌握情况，前者只是走过程，并未触及教学的实质——让每个孩子发生真正的学习。目前盛行的“学习前测后测”就是对个体学习基础的尊重。我国台湾学者李玉贵老师曾质疑大陆课堂容不得冷场，就是因为心底装着每一个孩子，如有需要，她宁愿在课堂上放慢脚步，甚至停下脚步，等等孩子，教育需要这份真实。比教学进度更重要的是教育温度。有次听一位教龄满10年的老师上课，她教学很娴熟，能在同个时段做好几样事，比如请学生答题时，她还能环顾四周、操作PPT、上台给表现好的小组加星……统揽全局没问题，却不知不觉失去了当局——站着的学生很少有与老师眼神交流的机会，课堂上缺少面对面的互动是一种残障。

课外更多的是通过活动体现组织。实施主题晨会班级承办制，确保每个学期让每个孩子都能上台亮相；开办“泉川星秀场”，让每个孩子都能发挥自己的长处，在小小的民间舞台上表现自我；设立“双胞胎文化节”，让每个孩子找到最亲密的同伴过上一天“童年同样”的生活；馆藏“个人文集”，只要你有文学兴趣，并乐于表达，你的作品就有机会入主学校图书馆，并永久保存……即使是天天出现的大课间跑操活动，只要善于“组织”，我们就会让每个孩子走进“组织”——给出一个方阵做徒手操，或者原地素质操等，这样一来就不会让不适宜跑步的孩子在一旁受冷观望，也不会让偷懒的孩子以病搪塞，养成惰性。

隐性组织发挥着校园内静态的物象文化的功能。环境文化，功能的体现在于熏陶——潜移默化，教育者要有意而为之。杭州市娃哈哈小学的每个楼层都摆着一架钢琴，仿佛它是死的，却又是活的，因为孩子们随时可以弹奏。地上随处画几种学生活动的图案，如“跳大人”“跳飞行棋”“斗鸡”“打野鸭”等，一到课间孩子们就不知不觉地结伴而来，欢快游戏。如果我们有意地把学校的行为规范融入游戏图里，如“光盘进一格”“上下楼梯靠右走进两格”“迟到退一格”……如此一来，游戏与教育合二为一，这就是组织，不过是隐性的。另外，墙壁上挂满了孩子们的各类作品，作品不就是“教育者”吗？让孩子们的作品来教育孩子，让身边的人来带动身边的人。组织的教育功能在悄然发生。学校有很多资源，摆得好，无须多少话语，就能带出孩子的自然率真与美好。

组织的灵魂就是人性，不论是显性还是隐性，融入了人性的关怀就有了生命。校园内的每一位行者、每一道设施，都是风景。当我们的教育不断指向个体向上、向善的目标时，每个孩子就进入了教育的系统。处处有组织的支持与引领，此时谈教育情怀似乎更为贴切——蕴含每颗种子的教育方配得上“情怀”二字。

# 教师慎用“抗生素”

在学生问题上，遇到事情，反应太快了，并不见得好。记得20世纪80年代读初中时，有位部队复员的历史代课老师，很年轻。每堂课总有那么几个学生调皮捣蛋，“你老[①]，你老，你再给我老”也就成了这位老师责备违纪学生的惯用语。刚开始还有震慑力，久了，学生反而觉得没听到这声音怪怪的。课上，有人冒泡试水，有人观战自娱，这位老师常常面红耳赤、青筋暴起，实在控制不住，后来干脆不再教书。

同样是这所学校，同样是那段时光，有一位快退休的化学老师，是全校也是当时全县寥寥无几的中学高级教师之一，课上有同学不安分（往往都是在老师转身板书的时候），他头也不回，念叨了一句：“今天什么天气，又有几只小鸟叽叽喳喳。”声音很轻，没有红脸，没有青筋，没有争执，学生却知趣地把心思收敛过来。这话后来鲜有耳闻，只是存在于每个同学的记忆里。

争执，争执，是“争”了才会执意而为，一加剧，就成了“对抗”，往往到了“对抗”就很难收拾。上述二例，显然是教师处置学生问题时出现的两种不同方式，前者的失败，在于动了肝火。发现学生犯错就想压着来，一旦压不下去，就适得其反。发现错误，强势压制，与滥用“抗生素”无异，学生日久必然形成“耐药性”。

---

① 老：温州方言，意为“老油条”。

哪些属于教育的“抗生素”？直接、短促、强制、对抗，是其基本特征；听觉、视觉、触觉、心觉，是其药效反应的基本途径；要么暂时性屈服，要么突然性爆发，是其表现的基本形态。我的办公室离教学楼比较近，偶有听到老师歇斯底里的呵斥声。一听到这样的声音，我的心就被揪住，我仿佛成了班级里那批惶恐受惊又无助的孩子。我想这就是“听觉抗生素”，教师通过提高音量分贝震慑孩子，除了受惊与临时性服从外，并没有多大的收益。比如，当班里很吵的时候，老师一个高分贝“安静——”，孩子们安静下来了，但只是暂时性的，过一会儿又开始嘈杂起来；老师又是一声“安静——”，分贝进一步提高，孩子暂停……如此反复的结果肯定是老师大发雷霆。不去思考孩子们为什么吵，不去思考如何让孩子们安下心来扮好每个场合的角色，而是用这种简单粗暴的形式换取暂时的“休宁”，不仅达不成教育的初衷，反而会让孩子们养成只有在“呵斥”下才能维持场面的习惯。久了，还不一定听，甚至跟你对着干，这就是滥用“抗生素”产生的“耐药性”。

视觉上，老师瞪眼睛、吹胡子、给脸色、擂桌敲凳；触觉上，有变相体罚和体罚；心觉上，就是设置“隔离桌”，孤立，不理不睬等冷暴力。这些都是滥用“抗生素”的手法，一经使用，确实会起到震慑作用。教师图一时之快，不体察人情，不剖析事理，野蛮处置，播下野蛮种子的可能性就大大增加。2017 年 6 月 15 日，《中国教育报》登载了苏细清老师的《情绪密码是亲子互动的钥匙》一文，其中谈及：美国社会学家库利把儿童自我发展的最初阶段描述为“镜中自我”，他们把与之互动的重要他人（如父母或老师）当作一面镜子，从重要他人的反映中发展自我意识。在孩子社会化的过程中，父母是孩子身心健康的保障者、情感的支持者，也是其社会适应问题的缓冲器与避震器。作为重要他人，我们老师何尝不是这个角色。孩子看到老师绝不应是紧张兮兮、谨小慎微的，孩子毕竟是孩子，淘气是他们的另一个天性，犯错是他们的另一只足迹，不要动不动就声色俱厉、以一儆百。你的待人处事，就是孩子的待人处事。你应该给孩子一个温暖贴心的、值得信赖的托付。

很多时候，作为教师，不是你拥有什么，而是你没有什么。第 56

号教室之所以特别，不是因为它拥有了什么，反而是因为它缺乏了某样东西——这里没有害怕。我们应该拒用“抗生素”，即使碰到刁蛮的孩子，即使特殊情况下的应对，即使你这个七情六欲者难以超凡脱俗，自控不住。一旦使用“抗生素”，就要跟上“维生素”，硬来后要软的上。打击身心千万忌用，谨之，慎之，戒之。

你急，学生比你更急；你慢，学生就急不起来。教育就是要耐着性子来，其实，脾气大了，不减下来，就成了痞气。从教二十多年，感觉脾气小了许多。说来也是，年纪大了，性子也慢了下来，对教育也多了几分省思、审视与敬畏。

# 擦亮责任德育的“物矩镜”

我经常问自己，德育的核心是什么？肯定是“树人”。树人的核心又是什么？回应是“责任”。有责可担国，无责难立人。人要长大，就要学会担当，“人”的肩上担根“一”不就是“大”吗？

要践行社会主义核心价值观，责任心培育是其底线。尘埃落定的“中国学生发展核心素养”也明确了“责任担当”的一席之地，其内涵包括社会责任、国家认同、国际理解。显而易见，“责任德育”是我们的“德育责任”。我觉得，责任是为人的根本，是德育的起点。如果人人有责任心，教育又有何忧？

去年年底，我们几家人去日本旅游，导游说：“日本人家喻户晓的有一点——不给人家添麻烦。”接下来几天的行程里，我们真的感受到了这一点，而且非常强烈。路上见不到垃圾桶，每个人都把自己产生的垃圾带回处理；近百个老人在神社前自觉排队；食客用完餐，发现原先乱摆的鞋子有序地依次排列……“不给人家添麻烦”，这是一种社会责任，也是一份自我担当。这些责任的体现都有一个特点——看得见。就如一面面镜子，我们得去积极擦亮，让责任不在遁形中模糊。

有人说，见证责任的最大镜子是行为，人的一言一行是心灵的反照，可鉴。于是，给人设定了一系列的规矩，仿佛抓“人规”，责任就从源头处被点燃了。道理固然对，可天天盯着人，是不是很累？盯的人喊累，被盯的人更觉得心累。何况从管理真相的获得角度来说，也难以获得准确信息。人是活的，具有一定的行为调节能力，有时会出于保护自我而伪装，打马虎眼、虚晃一枪等都有可能存在，负不负责任，容易误判，也很难评判人的负责程度。人的行为表现是责任的最大镜子，但并不是最为直接的镜子。

教育中有种现象，在公众监督下表现优秀的班集体并不见得真正优秀，往往是在无人监督下还井然有序的班集体更显得突出。我待过多所学校，不论公办还是民办，物件摆放有序的班集体责任心最强，发展后劲最足，时间越久越能见出分晓。而且很奇怪，其结果不为班主任的教龄所左右。只要达到“物有位”，不论教师青春几何，其班“人有责”。

相对于人的活动而言，物鉴来得更直接，更显常态。只要我们去转转教室，就能从物件的摆放中洞察分毫，特别是无人的时候，更让责任心的强弱跃然眼前。“物迹即人形”，教室里物件随意摆放，课桌椅东扭西歪，书包随便塞挂常常堵住通道，饮水杯随时因撞击叮咚响，上课了还不知学习用品在哪里，垃圾“随地而安”……这些物件的迹象可鉴人之责任，其责任心之强弱，见者自明。

曾记得《百年孤独》中有这么一段描述：“有一次，费尔南达因丢失了结婚戒指把家里搅得地覆天翻，最后还是乌尔苏拉在孩子们房间的壁架上找到。”一枚戒指怎么会让几近盲人的乌尔苏拉找到？答案正如书中所言：“每个人每天都在无意中重复同样的路线，做同样的事，甚至在同一时刻说同样的话。只有当他们偏离这些刻板的常规时，才会有丢东西的危险……费尔南达只在她平常经过的路线上寻找……因此总是难以找到。”乌尔苏拉能找到，是靠她暗中用心记下东西的位置、人们的声音，继而凭记忆“观看”患白内障后看不到的事物。通过一位准盲人，深刻地告知我们物与人的关系——只要物走位了，人就可能错序。

班集体建设更是如此，一定的人群组合形成了微型社会性组织，组织内不仅有人与人的影响，还有物及人的影响，更有人、事、物三者交融的境的影响。一大早，学生在课桌前捧书一尺开始晨读，姿势优雅，书声琅琅。齐刷刷的班级晨读面貌直接影响着每一个陆续进场的同学，自然个个轻轻入座捧书跟读。这不是“物有位，人有礼，人室即静，入班即学”吗？

物有位，事有序，人有责。看来，责任德育可以擦亮“物矩镜”，赋物以规矩，定物以位置，敬物然后明敬人。“物”这个东西简单可鉴，不可转移，物件不长腿，之所以挪动、变形甚至扭曲，因在人为。以物鉴人、醒人、成人，何乐而不为？故不以物矩，何以人规？

《旧唐书·魏徵传》中言：“夫以铜为镜，可以正衣冠；以古为镜，可以知兴替；以人为镜，可以明得失。”我看：“以物为镜，可以清责任。”

# 与孩子善意地“周旋”



“一个班换你三个班。”这是曾经跟我搭过班的老同事在十几年前跟大伙儿说过的一句话。这话没有半点儿玩笑的意思，那是绷紧的神经假借告白的形式所做的适度放松，虽然换班级没有真正发生过，却实实在在地起着自我调适的作用。每每想起，同感之至。

我带这个班的第一个月就招架不住了。那是 2003 年 9 月 28 日，星期日（国庆调休上课），上午第四节铃声一响，有孩子过来打报告，小玉用铅笔刺陈雁的太阳穴，不得了！我马上赶到教室，只见陈雁趴在桌上抽泣，太阳穴上有一小点血迹，皮戳破了。还没等我说，郑宇就边哭边喊：“我要揍小玉！”情绪非常激动，有点失控。我一把拉住他，说：“要沉住，怎么能这样处理问题？”“她打了我的好朋友，我就要打她！”还哭着闹着要打“110”，最后还惊动了校长。当时，我也被气晕了，觉得自己的付出得不到理解，当即跟校领导申请另请高明，这个班我带不下去了，让我去图书馆、档案室，只要有活干就行。领导开导我，帮我解开心结。孩子毕竟是孩子，情绪常常会霸道地侵占理性，不因外界而转移，冷静下来又是一个活泼可爱的孩子，教师不应成为学生情绪的俘虏。

事情已经过了十多年，可那一幕幕我还历历在目。当你为孩子们倾注了自己的一切以后，很难经得住“被忽略”。可能是我的性子太急，在不熟悉孩子们的情况下，欲求转变的心态过于急切，认为付出就会有回报。其实，付出需要触及对象的内心才能释放一定的能量，当时我跟孩子们接触不到一个月，怎能奢求孩子“谢主隆恩”！

要想了解这批孩子，得先看看他们的组合。这是2002年学校刚刚创办时二年级段独一无二的班级，由于学校是一所新学校，大多数家长还在观望。同时，刚刚就读一年级，孩子还没有适应小学生活，又给转到一个新的学习环境中，很多家长难免有所顾虑。当时，学校二年级段就凑了一个21人的班级，或多或少与这两个原因有关。而能来的，大致是两类人：一类是对这所新的学校充满信心；另一类是孩子个性十足。我班级的组成后者居多，男生占三分之二。我是在他们三年级时接这个班的，也是我调入这所学校所接的第一个班级。2003年，刚刚创办一年的学校迅速崛起，三年级一下子扩到了四个班级。当学校宣布人事的时候，我的名字排到了第一个，明眼人一看就知道我接三年级（1）班，也就是那个独一无二的班级。会后，有个老同事半开玩笑地跟我说：“本来要把亲戚放到你班，可这个班，就是特级教师来我也不敢啊！”

让老师们敬而远之的班级究竟是何等情状？我从教学日志中摘录几段，反观当时的几个镜头（孩子均为化名）。

镜头一：小中高评审课上，我随堂听课，在开课教师的调动下，一切都很正常。可在小组竞争过程中，随着黑板上竞赛表中分值的变化，杜勋开始急了，在连续几次未能争取到发言机会后，在上课15分钟左右眼眶泛红，进而落泪擦拭。在接近下课2分钟光景，有同学肚子痛，我陪他去了医务室，回来刚好下课。可杜勋那股憋着的气随着铃声一下子爆开，哭着鼻子，要去找上课老师算账——为什么举手一节课就不请他？他一个教室一个教室地寻找，全身发抖，拳头紧捏，这种状态一直延续到我的语文课。

镜头二：一天中午，李老师看到走廊上有纸屑，叫路过的李悠捡一下，他不捡，还扬长而去。李老师拉住他劝导了几句，反而被骂。

镜头三：艺术课上，书宏看课外书，老师制止，他不听，书被老师没收。书宏拿瓶子敲打桌子，老师批评，不听，反而拿书扔老师，并用脚踢老师，还跑出座位打另一位同学。

镜头四：中午静校时间，只听庞华说要去方便，我许可。可回来时，他却在走廊用手击打盆栽，用脚踢墙壁，我忙制止，问其原因，他满脸不高兴，还使劲以头碰壁。我强制之并耐心询问，他用泛红的双眼看着我，说自己想邀请好同学到家玩，老爸就是不同意。

透过这几个镜头，我们可以发现部分孩子有几个特征：自我中心膨胀，情绪难以自控，呼吁公平并站在自己的立场索求，不会包容，不懂尊重，有人挑事、有人闹事、有人煽事。在这样的集体里，我每天都要与孩子们斗智斗勇，还要在家长的心理尺度上让每个孩子有阶段性提升，更要在学校的管理体制下与其他班在同一条跑道上赛跑。不进步就是退步，一退步就难以管束，一管束就陷入死路。一个要进步，一个又不能机械管束，这个尺度的拿捏对我而言确实是一大挑战。面对特殊的班集体，我要在尊重每个个体、走近每个个体、激活每个个体上下功夫，每一天每一时每一刻都要与孩子们善意地“周旋”。

曾记得我与孩子们的第一次亲密接触。2003 年 9 月，开学初不久的中午静校时间，有孩子因肠胃不好，一时控制不住，大小便失禁，从教室到厕所一路上遍地“黄金”。我看到其他同学个个避而远之的情景，行动抢在了思想之前，我不退缩，而是第一时间上前，蹲下身来，用餐巾纸清除污迹，再用地拖拖干净，整个动作非常连贯，没有一丝迟疑。此时不打电话请清洁师傅支援，是有深意的。学生的眼光告诉我，身教重于言教。这也是我走近学生的第一步。

随着我与孩子们的交往越来越深入，我开始寻思关系我们班级情感敏感地带的是什么。2004 年的第一场冲击波，给了我最明确的答案。

因为一位学生违反了班级规定，把食物带出餐厅，竟招来十几个同学集体攻击，要她退学，否则他们自己退学。我了解事情后，在班级内先教育那一帮同学，可万万想不到，小小年纪的他们，竟然火气那么大，连老师的一句话也听不进去，反而认为老师的话是对他们功劳的否定。只见其中一个学生哭着说：“我们把教室内跟我们有关的东西都撕掉！”正在气头上的孩子们，如同泄洪的激流，全部乱成一团。此时，我气得只差一个“晕”字，我知道当时的我如果要处理事情，已很难冷静。我打电话给副班主任朱老师，由她出面处理这个事件。下午兴趣活动时间，我同违规学生的家长谈话。夜晚，我又与朱老师一起到意见激烈的学生家里了解情况，并进行教育。第二大，上午短课开始，我组织了谈话节目：“实话实说——为爱添光彩”系列活动之一“谈论孰为公平”。学生在圆桌对话式的交流中，个个实话实说，提出了公平不等于用一个标准要求所有学生，就如我们不能用36码的鞋让所有的学生穿一样，应该因人而异。但同学们又提出公平不等于一味地妥协，它必须有严格与宽松之别，有时也必须统一。如违规同学用餐时要服从学校有关规定，但她也必须有自己的空间，有属于自己的时间，此时我们必须帮助她，允许她的一些特殊举动。

这场风波让我找到了走近学生的钥匙——公正，绝对的公正。孙云晓老师强调：“公正客观是理想教师最重要的品质。”我班孩子几乎个个都是好汉，个个都能自立山头，相互之间互不买账，争执、口角常有，第一年时，班里有一天不吵架反而有点不正常。因此，公正这把心灵的钥匙，表现在行为上便是“公正执法”——公正、公平地处理学生之间的矛盾冲突。说实在的，在得到这把钥匙前，我的意志曾被这场冲击波摧垮过。在我怯退时，校长的话语又重新给了我信心。“如果爱是真情实意的，受的委屈会很快忘记的。”我深爱陀思妥耶夫斯基的这句教育箴言。

每逢学生的怒气转化为战火时，我就开始行动起来。爱，在我这里可能就是“思前顾后”。爱在思考中，在思考中爱。孩子的心结，阻塞之处要疏导，分岔之处要拨正。这些工作做好了，爱的暖流方能活泼地流淌在每一位孩子的心田。

难吗？累吗？曾经有一段时间我每天天蒙蒙亮就醒过来，不是勤快，而是睡不着。我带这个班级整整四年，一直从三年级带到毕业，跟我搭班的同事换了一拨又一拨，只有我一个人与孩子们共同走过了不同凡响的四年。我最大的收获是没有扭曲孩子们的个性，顺着他们的个性并使之渐趋和谐。“爱出者爱返，福往者福来。”2004年3月2日，星期二，雨，我正在食堂用餐，忽见学生徐加拎着一把雨伞站在我的面前，我心里一咯噔：“糟，莫不是又有什么事发生？”只听徐加说：“老师，你快点吃饭。”我问：“怎么了？班里出事了？”徐加说：“老师，你快吃吧！”我说：“是不是与同学发生矛盾了？”徐加说：“老师，外面下着大雨。”我这时才恍然大悟，那时我觉得自己是世界上最幸福的人。

与孩子在一起，你把爱随身携带，美好一定会到来。毕业时上当地重点中学的就有1/3，后来上重点高中的也接近1/3，现在孩子们都已经大学毕业，有的在国外发展，有的成为浙江大学优秀毕业生，有的回到母校工作，有的走上对口的岗位，后劲十足。如今想来，我要感谢家长，没有他们的支持，我就没有转化孩子们的时间。可能是我的真心投入，可能是我班家长的境界很高，也可能是我所处的学校值得托付。总归我“细火慢炖”，“炖”出了35个孩子，35个独立的、健康的、长足发展的个体。有了这种节奏，让人头疼的孩子得以缓缓成长；有了这样的环境，优秀的学生更懂得包容与友爱。

# 不急着赶路，留点时间给孩子

跟大部分老师一样，每天总想见到孩子越来越自觉，天天新气象。可现实总与我的理想相差甚远，有时静下来想想，总觉得自己对不起孩子，自己的育人手法总在事实面前变得苍白无力。

“反复”本身就是儿童试错成长的一种特性，特别是对于特殊的班集体，你不要期待“一蹴而就”和“一劳永逸”。儿童的知情意行本身就有个不断和谐的过程，有时知情意行有点紊乱，并表现出来，其实就是教育最好的契机。只有细腻地捕捉到每个孩子的这些微妙变化，教育才会走进他们。

让孩子学会自主管理，这总要一段引导与教育的时间，这段时间可能很累，可能很烦，也可能无功而返，但做了就有可能实现。学生能做的事，我们要尽可能让学生自己做，即使因学生出手慢而延误了时间，耽搁了学校的任务，我们也在所不惜，一切为了学生明天更好地发展！我们可以叫几名学生到办公室理理同学的作业本，叫学生统计值日表，叫学生给公共卫生区打分等，从简单可操作的开始。不论多揪心的班级，总有几个出“淤泥”而不染的学生；不论多顽劣的学生，总有他感兴趣的事物。我们了解了学生，就一定会找到“引线”。

给出时间，让孩子自主管理，我们得自己渗入、带动。记得有一次上科学课，庞华不去辅助教室上课，我问他：“怎么不去上课?”他说：“任祥也不去。”我说：“你没看到他脚踝骨裂了吗?”他说：“我说背他，他说不想上课，他不上我也不上。”面对有点任性的孩子，多讲无益，何况他想背任祥到科学馆上课的想法没错。我肯定了他的优点，并对任祥说：“老师背你过去上课，不能因脚踝受伤而耽搁你的学习。”这种情形下，庞华当然无话可说了。接着，我又在科学馆等学生下课，并再背任祥到食堂用餐，最后又把他背到教室。家长很感动，庞华也被触动了，再也不给自己不上课找借口了。

给出时间，让孩子自主管理，有时遇到好的教育契机，我也会把时间留给孩子们。2004 年 4 月 29 日那天，轮到我值日，中午时分，我趁巡视的空当，站在学校刚刚张贴的两张宣传页前，慢慢琢磨教育部不久前公布的中小学生守则与规范。当我看到第十八条时，发现了广告制作的疏漏，“在公共场所守不拥挤”，这不是多了一个“守”字吗？这可是每个孩子、家长、领导、社会人士等，凡驻足我校的朋友们都可能发现的。虽然只是一字之差，但我觉得学校绝对不能有一丝差错，一个上档次的学校就要把握好每一个细节。我是学校的一名教师，有责任做好细节中的每一个节点。我是直接上报学校领导，还是……此时，我想到了自己的孩子们，让他们做学校的小主人，让他们学会关心学校的每一件事，让他们在自我发现中学习中小学生守则与规范。我正好看见周琦与方浩俩同学在鱼池边玩耍，我叫了他们一声，他们马上向我这边跑来。我说：“你们到校门口，站在宣传窗前读读规范，看有没有错误，看谁最细心！”5 分钟后，他们向我交了白卷。时间推移到下午第三节课，上课前，叶静与黄慧俩同学在科学馆前被我“逮着”，她们直到上课，还没结果。下课后，她们又耐心地寻找。“老师，是不是多了一个‘守’字？”她们高兴地问我。我笑着说：“你们马上去写一封信交给大队部。”她俩非常积极，不一会儿工夫就不辱使命了。这件事过后，我想：有机会我还会做这样“绕弯子”的事。

给出时间，让孩子自主管理，我们得有一个宽松的环境。怕出问题，处处高压监控，会让本来憋气的班级窒息。有一次我班就因四名孩子忘穿校服而被扣分，导致星级班级没有评上，我不知怎么说好。开学到现在，孩子们没有发生一件影响学校教学秩序的事，课堂上的表现也是一样，还做了很多事情，都很好。为了鼓励孩子们的进步，我就说："你们在老师的心目中是够资格的，全班每位同学各加一颗星。"孩子们的笑脸真可爱，他们的进步，别人看不到，我作为班主任怎能不顾。每个班级都有不同的特质，学校的管理制度不宜一刀切。现如今，孩子大多比较有个性，他们组成的班集体肯定也是各具风格的，每个班级应该有自己教育孩子的独立空间。学校一项接一项紧锣密鼓的统一活动与评价，会干扰班级自治，也就是班级自治在"大一统"面前太过渺小甚至没有生命力。面对一个个个性张扬甚至无法调控的个体，我总觉得自己力不从心，一次次自己的耐性渐渐消磨，又一次次重新拾起。自己能顶住，我最为期待的就是任课老师不要消磨耐性，一个特殊的班集体，需要每个人的支持，每个人都要耐得住性子。

给出时间，让孩子自主管理，离不开孩子的自主表现，更离不开教师的有意撮合。三年级下学期，我班有个孩子一下子喜欢上长篇古文，会背《满江红》《醉翁亭记》等。我与同事们约好，中午静校的时候，让他到各个班级巡回诵诗，孩子们兴致盎然。在集体面前亮过相的孩子，在公共场合更加自律。有一次，有位学生提出倡议进行厨艺大比拼，并在班会课上做了说明，提醒同学报名。"民间"的就是有活力，平常对班集体的事情爱理不理的庞华为此事还一直缠着倡议者，也缠着我，想参加比赛的激情特高，我当然是"顺水人情"。

把每个孩子拉到集体中来，不急着赶路，让他们自己也成为沿途的风景，这就是自主管理。

# 矛盾十解

当前，小学生爱面子、固执、偏激、易躁等私人感情泛滥的现象并不少见，群体的包容性较单薄，学生之间的矛盾冲突愈来愈多，有时学生甚至还会迁怒于老师。对于这一事实，我们德育工作者是熟视无睹，任其发展，还是强施硬行，钳制心灵？选择前者，你是违心的，有愧于为人师表；选择后者，你是违法的，青少年的权益是受法律保护的，二者皆不可取。不及时疏导和缓解学生的矛盾，累积起来就会成为集体凝聚力的包袱，有碍于集体上进。如何化干戈为玉帛，息硝烟为和气？我以为要让每一个闹局都成为教育的平台，我们要善于沟通、善于解困、善于导行。具体做法我不想用理论去诠释，而是通过实实在在的例子告诉你调理之法。

**解法一：亮特长爱好**

[案例] 早上第四节心理课，甲生有意调换位置坐到乙生后座，故意招惹。当然，此时的课堂是不愉快的。我得知后，当即把他俩叫到办公室，先叫甲生用他的特长帮我处理电脑病毒，再慢慢了解，后指出他的不对，一切便水到渠成。

[反思] 与孩子相处久了之后，便慢慢地摸透了他们的性子。有的孩子在情绪激动的时候是很难虚心接受教育的，此时，我们就要了解他们的喜好，自己甘为学了，虚心请教对方，再找个机会让他们露一手。以此转移他们的注意目标，引起相应的情绪和情感的变化，冲淡

或消除其愤怒的情绪。同时，我们的态度必然会让我们在他们的心目中树立起“良师”“亲人”或“好友”的形象，教育便事半功倍。

**解法二：供对话空间**

[案例]“我不扫，我为什么要扫？中午我没扫是因为自己被老师叫去了，我下午就不扫！”这是下午放学前甲生的声音。当然，马上引发了其他学生的反诘：“你是不是今天的值日生？”“每天扫两次你知道不知道？”“你中午没扫，下午更要扫啊！”你一言我一语，最后教室里留下的是甲生扫地的声音。

[反思] 对学生成长影响最大的是集体环境，集体观念要正确、鲜明、有感召力。当学生出现近似无理的抵触，个中道理又浅显易懂时，我们可以给孩子提供一个对话辩论的空间，让学生去说理。如果此时我们插手，就显得多余，也不利于正确集体观念的自主形成。这也印证了陶老的一句话：教育孩子的全部奥秘在于相信孩子和解放孩子。

**解法三：致书信交流**

[案例] 从一篇日记上，我读到了一位学生对科任老师的怨言，主题是不公平，偏袒了他所谓的“差生”。我跟科任老师交流后，该老师的第一步做法就是写了一封信，配上四幅有关孩子缺少关爱的漫画，用精美的信封包装好，直接交给这位学生。接到这封信后，该生的情绪好了许多，脸上的阴影没了，还主动去帮助另一位同学，并把信拿给我——班主任看。看到他们笑了，我也暗暗偷乐。

[反思] 当出现矛盾时，很多时候说不如不说。通过书信交流，会避免刚接触时的那种尴尬，特别是对你有成见时，你想让他静静地听你的话，都很困难。而书信交流（包括 QQ 聊天）让师生情感间接地传递，学生有了绝对的私人反省时间。在这种较轻松的精神状态下，学生不会感到压抑，反而能冷静思考与反省，容易向我们敞开心灵的大门，吐露心声。

**解法四：谅无意之举**

[案例] 在学校卫生检查后，我班被挂上了哭脸，班里的学生对今

天的值日生横加指责。我看了地面与桌椅摆设，一切正常，后发现扣分是因忘了倒垃圾桶。我专门在班上声明：今天不能全怪值日的同学，他们很尽力，但不知一票否决制，看来我们工作既要吃透规则，又要细致全面。本来趴在桌上的劳卫委员，又挺直了身躯。

［反思］处理任何事，老师都要慎微。只有了解情况，只有相信孩子，只有宽容之心，才不会扩大矛盾，才不会挫伤孩子。“无意”与“有意”只是一字之差，但它们的行为动机却是完全相反的。如果我们只重结果，可能会使善意变成随意。谅解孩子，肯定初衷，从孩子的心灵世界中洞察变化和发展，唤起他们心灵深处自我矫正的愿望，激发其正确的行为动机，不断矫正他们的行为。

### 解法五：消后顾之忧

［案例］午间，我在布置学校公共事务，叫学生暂时归位，有一生提醒三次还在偷着下棋。我收取棋子，他却攥着不放，我说：“棋子是他人的，是棋子影响了你，让我还给它的主人。”他紧握的手便迎声而解。

［反思］想象一下，如果你硬掰孩子紧握的小手，情况会怎样糟糕？因为那“生非”的棋子不是他的，是向平常易冲动的同学借的，如果被老师没收，后果“不堪设想”！这肯定是他当时的第一想法，我们知其然，然后释其然，解除他的后顾之忧，一切矛盾便迎刃而解。

### 解法六：找共同话题

［案例］有两名学生因互说绰号而发生冲突，我发现后把他们叫到办公室，看到他们正好都戴着一副眼镜，我就从我小时候如何近视、如何使用眼镜、如何控制自己的度数入手，闲聊式地开展了谈话。交谈中他们都积极地表露了各自的看法，两分钟前的那种火药味儿早已消解。“戴着眼镜，你们有一股聪明劲儿很像。”我说。“我们不仅戴眼镜相似，而且我们是幼儿园的同学，一直到现在！”一生回应，眼里话间流露出对往昔真情的回味。“真难得，你俩是班里的唯一！”我竖起大拇指，“好朋友该说什么话呢？”……最后他们握手言好，互致歉意。

[反思] 化解矛盾的关键，是找到了最好的切入口——三个“近视眼”。场上的每个人都有话讲，共同的话题勾起了他们往日的情谊，转移了他们的“兴奋灶”，缓解了他们紧张的对峙，他们不会因紧张而僵持，只会因宽松而亲近。

**解法七：予相互调解**

[案例] 一天，一位被欺负的同学的一句话深深地触动了我。“你在实验室被他用盐撒了一身，这也太不像话了，我等会儿狠狠地批评他。”我对哭着的这位同学说。说实在的，这个孩子是班里最乖的，而另一个又是班里最调皮的，两个极端碰在一起，强弱非常明显，我的话也含着为弱者打抱不平之感。可这时你知道我的耳朵里传来了怎样的声音，我觉得应该是天籁之音——“我们都是人，老师你不要骂他了!”我一下子不知怎么说，我被这位同学的心语深深地打动了：“你真好！你说得很对！老师听你的，我请他过来，你跟他说说。”她点了点头。我把那位学生叫到办公室，自己抽身避开了现场。当我返回的时候，见到的是两张笑脸。

[反思] 简简单单的一句话，让大家都有了好心情。如果我们的孩子都这么可爱，再硬的钢也会熔化——这是真情的力量，再强(jiàng) 的人也会酥化——这是爱心的感召。孩子的心灵是敏感的，它是为着接受一切好东西而敞开的。看来，我们不可低估孩子的道德认识，不可浪费孩子的育人资源，同龄人的正面影响胜似我们的千叮万嘱。

**解法八：纳集体意见**

[案例] 大合唱前夕，我初选领唱。结果甲生 91 分，得分最高，一下子引起全班学生的不满（学生对甲生素有成见）。我看如果就这样定下，一是太过武断，毕竟自己是非专业人士；二是学生的情绪太激动，对活动是不利的。于是，我指出这次是初选，还要第二次再选。再问学生有没有更好的建议，学生一致表示请他们班的音乐老师做评委，我欣然答应，结果孩子无异言。

[反思] 由于个别孩子过于计较小节，与大多数孩子不和，孩子们

在心目中觉得甲生并没有什么优点，只会找茬惹事。戴着这副有色眼镜看人，就可能使自己的判断出现偏差。而我事前也估计到这点，但实事求是地讲这个孩子唱得不错，我必须不断寻找机会给她信心。甲生比其他孩子多得1分，这1分给甲生带来了感觉，也让我发现其他孩子对她的成见有多大。我并不自作主张，而是把皮球踢给孩子。裴宁同（M. P. Penigton）等人的研究表明，如果群体讨论和群体决定在程序上结合进行，群体中意见的一致性最高，最有可能引起态度的改变。所以，我让他们自寻公平之道，集体的事情由集体解决。

### 解法九：借喜气冲忧

[案例] 用午餐时有学生向我汇报，××又闹情绪了。我了解之后，轻轻地跟××说："今天是你的生日，应该高兴才是，你先吃饱饭，也让老师填饱肚子，等会儿我们再见好吗？"他点了点头。饭后我们在办公室私聊，我先不问什么事，拿了个橘子给他，说："你今天生日应该高兴，也要让远在外地出差的妈妈放心、开心——为宝贝儿子的生日而高兴，好吗？"他点点头。"今天老师送给了你最好的生日礼物——学会控制自己不满的情绪。希望你晚上通过电话，把收到的这个礼物告诉妈妈。"经过我的开导，他又高高兴兴地融入学习之中。

[反思] 人在值得庆喜的好日子里，总想有个好心情，这是人之常情。我们要善于发现和利用，先与他聊聊喜事，在愉快的氛围中，一切都容易接受，包括随后的批评教育。这实际上是先唤起大脑皮层的优势兴奋中心，然后转移到接收信息的区域上来。

### 解法十：摆严正立场

[案例] 课间，甲生因与同学活动不和，用力踢门发泄，在提醒之下还是踢了四次。我想叫他过来谈心，他却不过来，并大喊："我干吗要过去。"我接近他，他却与我捉迷藏、兜圈子，这也作罢。当我第四节代课时，他不进教室反倒又用脚踢门，当着这么多同学的面，劝诫不听，我当即追去，强行制止。等他情绪稍微平稳，我拉着他的手，一直走到餐厅，并为他打饭、盛汤，还从教师餐厅为他拿了个橘

子。我走后回头一看，这时他的眼神告诉我——感激。我吃完饭他还没吃完，我又把自己的橘子掰成两半，把大的一半给他，他更是笑了。回到教室，我叫他上台保证，他竟然毫不犹豫、毫不推脱、毫不抵触，主动上台大声地保证。回到座位上的他，又认真地复习起功课来。

［反思］当遇到孩子行为过激，一时难以说服，并严重违反中小学生日常行为规范时，无奈之下我们也需"当场拿下"，否则"正气难扶"。有人曾说："如果要毁掉一个人，那就对他百依百顺。"我们对孩子不能这样，有时也要较着劲。我们的严正立场，是让孩子明白的行为导向。爱孩子是永恒的教育方法，但要使爱更有影响力、洞透力，还需要糅合一点"严"味儿，一点有分寸的"严"味儿，这就如给杨梅加一点盐会更甜。不过，任何时候的"严"，都要"爱"字当头，时刻记住，你的"严"是为了更好地"爱"，"分寸"二字不可马虎。不管怎样，我们都要关爱孩子。

在育人生涯中，我们撷取一段段回忆，从中感悟一点待人之道，要牢牢记住一句话：他们毕竟是孩子，孩子有让你"可气"的时候，也有让你"可笑"的时候。让你笑得心醉，这是育人协奏曲的主旋律。我们要用心去发现，用心去聆听。

# 儿童不只是“角”，更是“主”

“愿纯真的童心陪你长长久久，愿无瑕的童趣伴你朝朝暮暮。”又是一个“六一”儿童节，微信朋友圈都在晒“童真童趣”“关心关爱”。政府晒关怀、学校晒学生、家庭晒孩子，也有成人来个返老还童，晒晒久违的童年。这一天，儿童站在了整个世界的舞台中央，明摆着是个“角”。是不是真正的“主”？教育者总有那么一根敏感的追问神经。

是“角”，就有不同，各个角色，有轻有重；是“主”，也有不同，个个有担当，有你有我。“主”较之“角”，更显个体的自我存在。在儿童节，我更倾向于“主”的唤醒。学校是教育的场所，更是儿童生命成长的家园，在儿童自己的节日里，让每个孩子做一回“主”，这是对儿童生命情态的尊重与节庆关怀。

透过朋友圈，反观当前的儿童节，五味杂陈。有的一味地放养，追求表面的热闹与嘻哈。布置几个馆，让孩子各管各地玩一玩、吃一吃，再看看电影之类，纯粹的放松模式。每个孩子在其间用上腿、嘴、眼，一张一合，即可，没有什么事件划过孩子的心空，印象就深刻不起来。有的追求富丽堂皇，把学校打扮成宫殿一样，组织“高大上”的文艺会演。来得过于正式、规范，必然会过度在意一些外在。脱离了自然的一种状态，少了一点孩子的野性或者随性的气息，“六一”与孩子就有距离。朋友圈内有人欢呼：“热烈庆祝‘激情六月·欢乐童年’两场文艺会演取得圆满成功!”当我想到这个活动中有一大批观众或一大批配角的时候，我就做不到“热烈庆祝”。儿童节应该是每个孩子的“主”，节日属于每个孩子；每个孩子也应当是儿童节的“主”，任何孩子都不是“过客”。活动中，我们考虑到让每一分时间、每一处地方、每一项活动都有每一个孩子了吗？

当然，“六一”不能有刻意的“教育附加”，千万不要在活动中夹杂过多的教育需求。当活动有了任务时，孩子们自然开心不起来，就如带着作文任务去春游，孩子们的心怀是难以敞开的。“玩转‘六一’，融阅读考级、识字评价、诗词诵读为一体，践行学中玩、玩中学的理念。为教师团队创意点赞。”在朋友圈见此微信，我有点发蒙。当“玩”遇见了“学”再附加了“评”，本来有意思的语文素养闯关由于不应景而不好玩了，本来好玩的儿童节因为有了考评（即使是“化了妆”的）也便大煞风景。当教师向“六一”要了太多的教育意义时，“六一”也就没意义了。这一天，判断有无意义的标准是——孩子觉得有没有意义。我很赞同朋友圈里上海市松江区第三实验小学校长、上海市特级教师谢江峰的观点：“‘六一’儿童节，原本的主题就是两个字：快乐；但看到这些生动的照片，还是被感动了，于是，‘六一’的主题又多了两个字：成长。”“六一”，首先是快乐的。快乐的“六一”，“六一”快乐，我们耳熟能详，“快乐”永远是“六一”的最佳搭档，不是前缀就是后缀，绝对的首席搭档。快乐的主题不可被教育的附加抽离，想教育可以，但要融进快乐，而且是自然的、不做作的、不强加的，这样，成长就会被每个孩子笑纳。

2017年“六一”的前一个星期，大队部递给我一份“六一”的活动策划书，主题是“遇见·最美的你”。整个活动由“英语歌曲展演”和“校园大寻宝”组成。“英语歌曲展演”是每个班级的孩子都上台亮相，让每个孩子都成为台上的主角，但时间只有5分钟，其他时间得坐着观看十几个班级的表演。虽然观看也是欣赏，是美的熏陶，可对于天生好动的孩子们来讲，“六一”坐的时间太久很难乐得开。“校园大寻宝”活动要求学生以四人一组为单位参与，在校园内的大操场、体育馆、小操场、教学楼、食堂五片藏宝区找到奖券，并完成奖券上的任务——给为我们默默奉献的保洁、安保、餐饮等后勤爷爷奶奶叔叔阿姨们表演一个节目，通过了得到奖章，最后领奖。活动期间同时设立了“环保行动特别奖”，孩子们在参与寻宝活动的同时，可以随手收集校园内的纸屑、包装袋、果皮、烟蒂等废弃物，可获得额外小奖品。策划者把眼光投向了后勤群体与环保，很是温暖，也有一定的创意，但操作过程有点困难。一组四个孩子站在后勤员工面前会怎么表现呢？当他们的心停在寻宝与拿奖上时，眼前的人就会被淡过，表演成了形式，有可能就会在后勤人员面前糊弄过关，这与初衷相去甚远。如此，“快乐”与“成长”都难着调。

活动不要打擦边球，要做就要触及根本。“六一”，快乐是根，成长是本。我把“自主”“自由”“选择”“伙伴”几个关键词抛出来，让大队部围绕“快乐”与“成长”两个主题重新构思。短暂的交流得出一个新想法，把主题“遇见·最美的你”改为“遇见·最美的‘自己’”，这个“自己”是“影子自己”：提前约个伙伴，穿上同样的服饰，一起上学，一起游园，一起领奖。有真正的双胞胎，更多的是仿双胞胎，血缘与基因不是唯一的“亲信”，友谊友爱友善友情，同德同学同行同乐，彩绘出“六一”别样的天空。孩子们手牵手，带上彼此的约定，在“六一”可以玩出一个属于自己的节日。

“双胞胎”游园结束，我们召集真正的双胞胎一起合影，结果来了五对，我说：“不对啊，缺了两对。”等了许久，我心中的那两对始终不见影子，我干脆跑到教室找，结果竟然是仿双胞胎（路上遇见都说自己是双胞胎）。太像了！不仅形像，而且神似。我不责怪自己到处倒腾寻觅，反而欣喜，欣喜于孩子们的亲密无间。那天找不到一个孩子落单。活动后，有一个孩子开心地说：“今天真有意思，游戏两人一起玩，有意思，但最有意思的是我找到了另一个‘我’，我和‘我’一起玩，特别有感觉。”这种感觉就是我们要给予他们的，而且会保留许久。朋友圈中，杭州市娃哈哈小学校长、浙江省特级教师胡君如是说：“每个人的生命中，都会遇到一个镜子似的朋友。这面‘镜子’会陪你搏击风浪，与你分享秘密，伴你走过青春。”

是啊，伙伴是人一生的财富，让每个孩子在自己的节日里做一回“主”，与“快乐伙伴”一起成长。我把这句话记在了自己的朋友圈里。

# “正生态”触发儿童阅读的味蕾

阅读，非语文的概念。它的范畴涉及各个学科、各个社会形态，阅读已成为时代的图腾。

“一个人的精神发育史就是他的阅读史”，儿童的成长就是一部阅读摇篮曲。让孩子沉浸在阅读的胜境里，美得让人们去遐想，当然少不了对读什么、读多少、读多久、怎么读的关注。典型一为“海量阅读”，抓住了提前量，增加了阅读量，却让学生读得精疲力尽；典型二为注重个人体验的“生态阅读”，倡导在无拘无束的阅读环境中，以无忧无虑的阅读心情、无欲无求的阅读心态，进入无我无他的阅读境界。“生态阅读”维持了阅读意义的原汁原味，保证了阅读体验的个性化，但对阅读主体要求较高，对儿童而言，是一种几近“无干预”的理想阅读状态。

产生上述两大典型的根源在于定位的偏差和调控的生硬。有的为了走量，为考级而考级，孩子们疲于应付；有的崇尚自然，弱化乃至放弃了教育应有的正干预功能。如何在“海量阅读”与“生态阅读”之间找到契合点，规避二者不足之处的同时取其所长，触发儿童阅读的味蕾，追求“量”与“质”的双赢、“读”与“品”的合修，实现儿童阅读的可持续发展？“正生态阅读”促进策略的推行，即“尊重每一个体真实生长状态的正干预阅读”给出了自己的回应。

## 以儿童喜欢的方式与之见面

阅读，就是读书，就是学习，就是一种任务，这是很多儿童接触阅读后爱不上阅读的自我暗示。成因很大部分来自教育者对儿童学习心理的麻木。“知之者不如好之者，好之者不如乐之者。”让孩子喜欢，并产生发自内心的愉悦，方能亲近阅读、爱上阅读、享受阅读。童年是好玩的时光，该阶段的阅读也应当好玩起来。我们可以给阅读化个妆，取个昵称，叫上一个孩子喜欢的名字，让其代言学校的书童形象，并且独一无二。这如同犹太人在孩子一岁的时候将蜂蜜涂抹到《圣经》上让孩子舔一样，可爱的文化符号就是甜蜜的磁力，吸引着孩子，让孩子爱上读书。比如，我们自创阅读卡通人物，取名“淘书宝”（如右图），寓意“爱淘书的孩子是宝——与书为友，会读书的孩子是宝——品书为乐”，在书海遨游的小淘气包就是“淘书宝”。“淘书宝”形象贴近儿童心理，消除了“阅读护照”“阅读银行”等评价的成人色彩。它像一本打开的书，赤橙黄绿青蓝紫是它的书页，告诉你它有七个向上递增的阅读级别。其左眼圆睁，如太阳；右眼紧闭，似月牙儿。一睁一闭寓意晨诵、午读、暮省，一日一月寓意日积月累，厚积薄发。左手拿鼠标，右手抓笔杆，意指线上线下多渠道、全方位阅读。一个俏皮的、开心的、多彩的、现代的小书童形象跃然纸上。以贴近儿童心理的文化符号触发儿童的阅读味蕾，从而加入“爱阅读”行动。同时，我们还推出“淘书币”，累计阅读积分；设计“淘点点”，给爱淘书的孩子佩戴，到学校设定的“淘书市”里淘点自己的所求。学校以优秀书籍为DNA，派生出一系列的文化创意，演绎出生命的精彩，阅读便成了孩子们可爱的小伙伴。

淘书宝

## 以儿童喜欢的路径与之交往

阅读，就是交往。读书，置身文中，感发共鸣是交往。因一本书，读者与书发生故事，或者读者之间，抑或读者与环境之间发生故事，也是交往。一个是阅读本身的交往，一个是阅读活动产生的交往。其交往的路径不可能是单一的，而应该是吸引每个孩子去走的。每个人的心智活动我们无法直接与其同步，通过铺轨，以求外部刺激，这种方式就是增进交往的抓手。现在的孩子喜欢什么？难以一一罗列，但想拥有一个相对自由的世界，应该是每个孩子乐意去选择的。上网——走进线上虚拟空间，在几乎靠信息技术呼吸的社会，每个孩子都是很难绕开的。基于此，我们的阅读推进行动采用双轨制，一是线上的，二是线下的。在线上，我们开辟“淘书吧”，给每个孩子登录账号与密码，注入首期淘书基金，让孩子上网淘书。网上流通的书来自学生自愿捐献，捐书者要用文字推介，道出书的迷人之处，如果被同学拍下，那么可根据书本的新旧程度得到相应的淘书币，从而为自己淘他人的书积蓄财富。荐书、淘书、品书、写读后感，形成一个阅读活动链环。线下的阅读交往活动是实实在在的短兵相接。线上淘到的书要在学校找到捐书者，拿到书籍再给予确认，书籍走上了实质流通阶段。

淘一本书，交一位伙伴，阅读情趣就不仅仅是阅读了。一所学校总难免有腼腆、不主动交际的孩子，此时需要校方主动搭台给予交往的机会。每周定个午间时段，开设“校长淘书时光”，成立学生淘书会，让孩子自由交换图书，交换之余孩子们便自由交流读书体会、推荐新书。每学期安排两期“淘书市”，分别由学校与年段各组织一期，在人员相对集中的区域由各班策划宣传、设摊摆书、推介换书。这类活动人气旺、氛围好，也有仪式感，对全员读书起着推波助澜的作用。好书漂流、图书馆导读等阅读交往活动当属常态，这里不做赘言。不论线上或是线下，指向就是在愉悦的状态下交往，从而亲近阅读。阅读是一种交往，交往让阅读更有热度，儿童阅读需要热敷。

### 以儿童自主的需求与之认定

阅读，是一种生态，是人生命的自然形态之一，是自己认识自己的一条必修之路。读书，是生命对生命的自然呼唤。让孩子读书要尊重他的自主需要，能自发地读书是最佳的状态。可现实中孩子的阅读总是有很多牵绊，比较典型的当数到处开花的“阅读考级”。阅读内容、时段、数量等都是学校给定的，最让孩子噎郁的是连测评的时间都是统一的，读书快的孩子得等，读书慢的孩子赶不上，孩子的阅读缺少自己的存在。有人说，那就让孩子自己决定，想什么时候读、怎么读、读什么都由着他，这不就纯生态了吗？其实，这对于儿童而言，就等于放任自流、自生自灭，称其为“负生态”也不为过。科学正当的教育引导能让人处于正态发展状态，其关键是抓住评价这根指挥棒。我们给学生设计了赤橙黄绿青蓝紫七个级别的阅读书目，分必读、选读与自读，保底阅读量基本上是一年一个级别。心细的读者会发现，第七个级别是留给跳一跳往上冲的孩子。有了自读，实际上每个孩子阅读的种类与数量的总和是远远超过既定书目的。读完一本书，孩子要主动与老师交流，确认阅读达标需盖“淘书宝”印章，积满一定数量的“淘书宝”即可申请阅读等级认定。孩子自主申报，题库自动生成，机改占80％，20％的主观题由“淘书宝”图书馆分站成员批阅，过关者即可进行下一等级阅读。过关者中特别优秀的，学校授予“校长荣誉生”称号，一学期认定一次。这种激励是树立榜样的力量，以此作为引擎，拉动读书热能，积极者当积极。一年的底线认定周期又让普普通通的孩子有了充足的自主呼吸时间，阅读因自主而舒展。

### 以阅读应有的道义与之教学

阅读，是一种实践，是化无声、有声为心声的实践过程。只有主动地融进理解、领悟、吸收、鉴赏、评价和探究的思维过程，才能触发心声，而这恰恰指向了阅读应有的道义——知行合一，在阅读中砥砺，在书林中漫步，在文涛中逐浪。狭隘的阅读教学，只管每篇课文怎么上，等同于传统的“上课”。豁达的阅读教学，它不会只局限于课文，也不会死死扣住编排体系，它是基于编排体系的“族群优化”。我们以整合教学观为指导，以单元整组整理教学为机制，精简优化既定教材，精拣补充阅读素材，精讲精练，还阅读以阅读本色。单元整组整理教学的要义是效率，教学要基于学生原有的认知，基于教材的整合性，基于自主的整理内化，即走完“前摸底”“中联体”“后整理”的学习过程。教学前设置问卷，了解学情，以因材施教。教学中抓住单元训练的本体串联课外美文，让语言文字训练脱离片段的机械练习，整篇引进，让部分不离整体，还语文以整体美。我们知道，单独的字句是无所谓优劣的，只有在一定的语境中，才会折射出珍珠般的光彩。单元教学后让学生对所学内容进行自我整理，除了画画脑图、做做必要的练习外，我们还要求四年级以上的学生自己去找一篇或一本相关语言风格的文字材料，以此刺激学生自我修炼语言的敏感度。这里的“前、中、后”的目的非常明确，就是主动地积极阅读。把住课堂这块主阵地，正向引导阅读，才能真正“正生态”牵动儿童阅读的神经，触发儿童阅读的味蕾。我们还精选课外读物作为课内教学内容，即整本专著进课堂，一学期一本，整个小学阶段共12本，期末考试附加该项阅读10分。读，不怕多，怕滥。让孩子读，还要考虑读什么。读经典，除了泛读还得精读，小学阶段让每个孩子精读12本经典，这应当也属于阅读的个中道义。



### 以阅读跨界的转化与之调剂

在阅读等比较系统的学习活动中，儿童能否始终把持好奇心与坚持性？答案肯定是否定的。学习是需要意志的、有意图的、积极的、自觉的、建构的实践，儿童缺少这种“自能量”，或者说儿童的“自能量”正处于发展期。当儿童被要求参与到一项长期的学习活动中，或者学习他不具优势的领域时，则需要熟悉的外部引力加以调剂。阅读系统亦然，不能光读，还要把读转化成写，让他们在写的领域找到读的链接；也不能局限于读和写，读和写还是“近亲繁殖”。一所学校要确立以阅读为核心，并与阅读外系统产生联系的机制。期末语文免试生的必备条件就是爱阅读的“淘书宝”，积满相应“淘书币”才有机会参评。同时，这批学生还可以担任“温州少图流动车车长”，在校园内义务为同伴服务，孩子们觉得光荣。如果说这种阅读的坚持是因为凭借自己的力量所获得的成功和理解在激励着他们，那么我们设立“淘点点”，开放“诚信超市”，就是打破阅读封闭的系统，让他们与熟悉的情境建立联系、相互作用，与自己喜好的社会活动方式形成互动、中介、转化的张力，在其中得到新的刺激，寻求新的阅读势能。“淘书宝”戴着“淘点点”胸牌就可以在学校专设的“诚信超市”里自由购物，每班每天有几个孩子可以争取到这个机会。这种做法既确立了阅读的位置，又缓冲了阅读的单一，还在自然自律的透明状态下养成了诚信的品质，同时又分流了购物人数，真可谓一举多得。阅读跨界的转化目的是调剂，是阅读情感领域的异位培养，特别对儿童更是如此。让儿童持续地保持爱阅读之心，我们不能局限在阅读专场里，因为阅读总是在或多或少地释放心力。如果我们给阅读的孩子提供一个转换的平台，而这个平台又是孩子不觉得有负担且感兴趣的，就如名山观景台，既可览胜又可休憩，那么，他们向前向上就不会觉得是“一味行动”，倒还期待与下一个观景台邂逅。生活中，常常有这样的情境——孩子们早早就在远处的观景台向父母招手。阅读促进行动，我们也要尊重孩子的心理，给他们更多多功能的“阅读观景台”。



### 以阅读团辅的互补与之共进

有的孩子对阅读就是提不上兴致，任何学校都存在这种现实的尴尬，而学校又不能过滤这样的尴尬，反而要积极去面对。仅仅一对一地个别开导，收效甚微。置之于团体中，一起分享阅读带来的触动，倒成了不错的补给。团体内，人与人之间有比较，可以保持适度的紧张；信息有流通，可以直接分享；故事的色彩，又容易拉近孩子们的距离，扯平表达的起跑线，因为孩子天生就是故事家。基于故事的话题打好了团辅的基底，故事＋绘本，图文结合，主题多元，内涵丰富，表现生动，又增添了团辅的无限机会。由此，绘本故事进入了我们的“专家讲坛”，我国台湾生命教育专家纪洁芳教授多次应邀来校团辅，精彩的绘本故事深深地吸引了孩子；绘本故事进入了我们的“家长讲坛”，家长志愿者的力量助燃了书香家园的氛围；更重要的是我们把绘本故事拉进了“班级讲坛”，安排在每周的班队活动课上，班队课不做空洞的教化或居高临下的训导，我们在生命教育中融入了书籍。优秀的绘本里有很多关于生命教育的题材，如《一个怀念及感激的日子》《鳄鱼和长颈鹿——搬过来搬过去》《獾的礼物》等，阐释着感恩、互助、包容、奋斗等生命真谛。时时处处让书“生动”起来，以书为媒，以文会友，以文悟道，正是阅读团辅的妙谛。阅读团辅，不等同于心理辅导，它是通过团体内人际交互作用，在团体情境下进行的一种文本与心灵的集体对话。只求大家在一起，只求大家有分享，只求大家传温暖。让孩子们知道，读书不是你一个人的事。

儿童阅读，需要我们用心经营。促进阅读，在于让人的一生始终保持好奇心和坚持性。儿童的好奇心和坚持性需要得到成人的支持和帮助，他们指导儿童注意力、组织儿童经验、支持儿童学习努力以及控制儿童所学信息的复杂程度和难度。[①]“正生态阅读”就是我们的支持和帮助。尊重每一个体真实生长状态的正干预，我想这就是“正生态”。它不是随性的，不是自生自灭的一种生态，而是以成人科学的介入酿就儿童无限的可能。



① ［美］约翰·D.布兰思福特，安·L.布朗，罗德尼·R.科金等. 人是如何学习的——大脑、心理、经验及学校［M］. 程可拉，孙亚玲，王旭卿译. 上海：华东师范大学出版社，2002：4.

# 素质报告单应凸显个体的分量

薄薄的一张素质报告单可以看出每个学生在你心目中的分量。

如果把素质报告单的供给当作一项任务来完成，大多数人会简单处理，只要给出“学生基本情况＋等第＋评语”，就算过关。

有的还贪图方便，把素质报告单统统拿到打印店打印了事。想来，一张满是油墨味的纸，能给学生带来什么？充其量就是一份成绩认定书，即使你写的评语再漂亮，折射出再多的人性情怀，也是纸上谈兵，失去了一笔一画的手迹，销匿了中国传统风味的朱砂印迹，这张纸就必然少点风味，也就必然失暖许多。如果你说每个学生在你心目中很重很重，实在有点矫情。学生拿到这样的报告单，无非三种情况：为自己的优秀庆功，为自己的差评埋单，或者不痛不痒地丢在一边。

怎样的素质报告单才会让每个个体找到自己的分量、有更多的振奋与自省、有更多的期待与唤醒呢？

## 它应该指向学生的知情意行

知，指学科知识的掌握程度，是素质报告单的基本信息。从“百分制”走向“等第制”，让很多人摆脱分分计较的魔咒，明白自己掌握的程度而非分数，这是进步；从“课程分科”到“科目分项”，又往精细化迈进了一步。语文不再只是语文，它分为基础知识、口语交际、阅读应用、习作表达等；数学分为知识技能、实际运用、拓展提高等。对学生掌握的程度，不再是以往笼统的一个认定，而是能让每个个体洞察学科内的知识结构状态，这是进步。如果在“知”领域再往前挺进一步，那就要从“主科模式”转向“全科模式”，我们的“科目分项”不仅仅局限在语、数、英三个学科，还要考虑音、体、美、劳等学科。如一年级体育分为跳绳、30 米、纵叉、队列队形、综合，二年级体育分为跳绳、横叉、50 米、立定跳远、综合，中高段再做调整。这既考虑了弹跳力、柔韧性、速度和耐力，还考虑了年段的不同特征。把好的项目定型，并从小培养，这种“知”，或者“能”，指向会更加明确。



情，指情感。学生对素质报告单喜欢不喜欢，这是情感问题。我们除了提供理性的结果认定外，还要抓住儿童的心理，让他们参与进来，而且饶有兴致。为了做好幼小衔接，我校在一年级上下期的素质报告单上花了一点小心思——变“基本情况”为“我的自画像”（见图一、图二）。

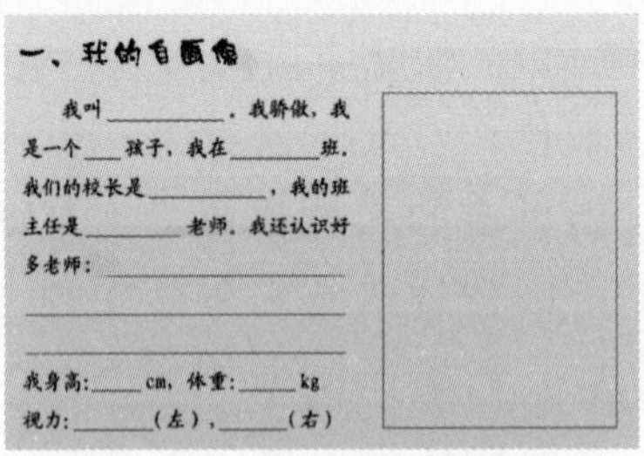

一、我的自画像

我叫________，我骄傲，我是一个____孩子，我在________班。我们的校长是________，我的班主任是________老师，我还认识好多老师：________

我身高：____cm，体重：____kg

视力：______（左），______（右）

图一　我的自画像（一年级上期）

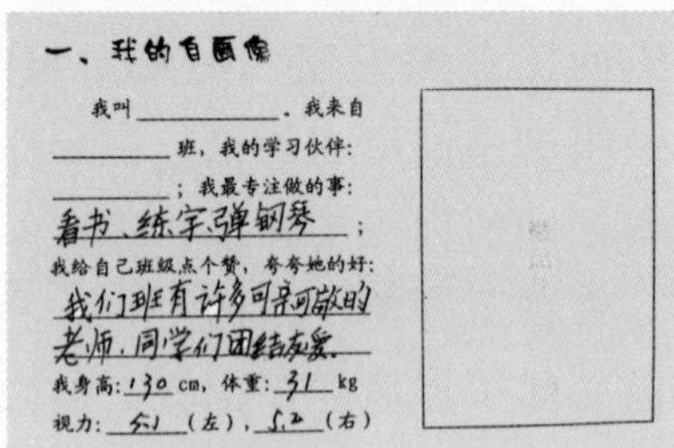

一、我的自画像

我叫________，我来自________班，我的学习伙伴：________；我最专注做的事：看书、练字弹钢琴；

我给自己班级点个赞，夸夸她的好：我们班有许多可亲可敬的老师，同学们团结友爱。

我身高：130 cm，体重：31 kg

视力：5.1（左），5.2（右）

图二　我的自画像（一年级下期）

刚迈入小学门槛的小朋友，他们喜欢用儿童的方式、用自己的方式，来认识自己、表现自己。表达主体从“我”出发，给了学生满满的存在感。一年级学生刚进入一个陌生的校园，认识身边的老师，有一种安全感。第二个学期伙伴显得比老师重要，认识身边的伙伴，夸夸他们的好，有点意思。可能刚开始学生写不了几个字，这个没关系，做些适当的引导，拼音也行，有时出点小差错也无妨。比如，把校长写成副校长，把老师的姓名写错了，也真实，不必太在意。某年某月的某一天，看到自己萌得发呆的报告单，怎不让人拾起一片美美的回忆？报告单给学生一点“小确幸”，学生会真心喜欢，但不是把报告单做得花花绿绿，搞形式主义，这不是“情”的本来味道。

意，指注意力。注意力，又称专注力，指一个人专心于某一事物或活动时的心理状态。“天才，首先是注意力。”学习好的学生往往都能保持良好的注意力，促成大脑的感知、记忆、思维等认识活动；学习差的学生往往有个共同特点——注意力缺陷，易受外界因素的影响。从小培养注意力，是有效学习的核心。钟启泉教授在《核心素养的“核心”在哪里——核心素养研究的构图》一文中提及“终身学习的五大支柱之学会求知（learing to know），包括学会如何学习，提升专注力、记忆力和思考力”。显然，要让学生一辈子学会求知，离不开专注力的养成，而我们的教育根本就不是为了一阵子。为了一辈子的教育，我们在学校积极寻找“附校最专注的人”，并把“专注度”列入素质报告单，分为三星、四星、五星三个等级（见图三）。通过课上的学习表现、家长反馈、专注度问卷等形式，做好观察与记录，并把每个学科的专注度指数相加，配上校园公共或自主活动时教师的“专注随拍图”，累积两个学期，评出“附校最专注的人”。“评优”与“评定”联手，孩子乐“意”。

| 学科 | | 评定 | 专注度 |
|---|---|---|---|
| 科学 | 知识 | 特优 | 5★ |
| | 实践 | 优秀 | |
| | 意识 | 优秀 | |
| | 综合 | 特优 | |
| 体育与健康 | 跳绳 | 优秀 | 5★ |
| | 足球 | 良好 | |
| | 50米 | 优秀 | |
| | 横叉 | 优秀 | |
| | 综合 | 优秀 | |

图三　“专注度”评价栏

行，即操行评定。这是传统项目，语言从原来的生硬教条到春风化雨，进步之处不言而喻。但看多了，学生难免有了审美疲劳，同时也会倦于一贯的“被评点”。换位思考，操行评定也要做些调剂。可以从一个学年来考虑形式的变化，上学期按照指标打钩，下学期书写评语。当时抛出这个话题，老师们都很支持，不是老师想偷懒，也不是一味地迎合学生，而是为了搅活学生“自发的喜好力”。图四是我校一年级上学期的操行评定表，评定内容以儿童喜

六、操行评定

| 评定内容 | 自我评定 | | | 教师评定 | | |
|---|---|---|---|---|---|---|
| | 优秀 | 良好 | 待努力 | 优秀 | 良好 | 待努力 |
| 待人文明有礼貌 | | | | | | |
| 晨读午休样样好 | | | | | | |
| 出操列队不跑调 | | | | | | |
| 课前准备早知晓 | | | | | | |
| 课堂倾听记得牢 | | | | | | |
| 发言积极勤动脑 | | | | | | |
| 作业整洁按时交 | | | | | | |
| 课外阅读兴致高 | | | | | | |
| 自觉整理习惯好 | | | | | | |
| 参与活动比赶超 | | | | | | |
| 午餐光盘不拣挑 | | | | | | |
| 认真值日爱环保 | | | | | | |
| 一句话寄语 | | | | | | |

图四　操行评定表

闻乐见的儿歌形式呈现，主要指向习惯。在教师评定栏前加入自我评定，让学生自小有个自我审视的机会。为了避免学生承受不起，也避免家长心里过不去，评定等级我们去掉“合格”，代之以“待努力”。“待努力”不是“不合格”，而是离“良好”还有距离。这样一来，大家都能接受，又有个区分度，让每个学生积极地面对“弹跳点”，让每个学生以“良好”为标杆，争做最好的自己。讨论过程中，老师们又觉得条条框框缺点什么，建议加入“一句话寄语”，更有温度。

**它应该调动教师的积极评价**



大凡素质报告单，都是班主任唱主角，学科教师报成绩，拓展性课程的教师上了课也就没什么事了，期末顶多为学生颁个奖、布个展，这种草率了事不符合全员评价的理念，也边缘化了拓展性课程。实质上，拓展性课程的重要性日益凸显，从 2015 年《浙江省教育厅关于深化义务教育课程改革的指导意见》中清晰可见——保护和培养每一位学生的学习兴趣，开发和培育每一位学生的学习潜能和特长，更好地帮助每一位学生实现全面而有个性的发展，拓展性课程占总课程量的 15%～20%。其地位显而易见。从理念到行动还是有距离的，拓展性课程的任课教师大多只对课程负责，对所教学生只有“当堂温度”，当学生离开课堂，谁是谁都搞不清楚。面对来自四面八方组合而成的自主选班学员，一个星期又只有那么一两次会面，老师记不住学生俨然成了一种普遍现象。对此，我总感觉存有遗憾，教育首先要有对人的关注。如何达成？用评价来撬动惰性的底板。我们把拓展性课程——“童玩空间”的评定列入素质报告单（如图五），促发教师评价的“积极元素”。写个评定等级容易，要写“优点及改善方向”就得花点心思。“×××每天笑哈哈，开心写字人人夸；还得用心练笔画，对照字帖别偏差。”“××好学又好问，一笔一画挺认真；一旦得到好评论，写字劲头立振奋。”这是我给书法启蒙班的学生写的评定，20 多个学生都用儿歌，并以其名开头，不熟悉学生肯定不行。记

我还收获了童玩空间

| 项目 | 评定 | 专注度 | 优点及改善方向 |
| --- | --- | --- | --- |
|  |  |  | 指导师：________ |

图五　“童玩空间”评价栏

得那天在家写评语，忘记了带学生名单，全部是靠回忆把学生的姓名与特征联系起来，硬生生地把孩子们重新复现了一回。这得感谢评定让我加深了对每个孩子的印象。

有了期末的评定做牵引，“拓展课”与“托管课”的决裂就来得更深刻。教学过程中教师如果不关注每个学生，期末的评定就可能张冠李戴、无关痛痒，那可是非常掉价的事儿。只要是老师，这点面子还是要的。把拓展性课程的评定列入素质报告单，显然也是倒逼老师们用心去关注每个学生，每个学生在老师们心中的分量当然也随之增加。



**它应该体现学校的价值引领**

一所学校想把学生带到哪里去？这是办学者不可或缺的教育念想。相信大家都带着学生上路了，过程中也赏尽了风光，可每个驻足之处，我们有没有对念想的审视？比如，学期末的素质报告，你想导向哪里？学科成绩要分项、学习要有专注力、体育要凸显、师生要互动交往、关注每个学科等，上文都有提及，这是我们要引导的。作为学校，还有一点得鼎力高举，那就是阅读。苏霍姆林斯基说过：“让孩子变聪明的办法，不是补课，不是增加作业量，而是阅读、阅读、再阅读。”阅读，是每个人的生命底色，小学应该给每个学生从小打好底。除了课内注重阅读、课外丰富阅读外，还得在素质报告单上腾出一个空间给阅读（见图六）。不管多长的篇幅都写不尽阅读，但素质报告单的寸金之地绝不能遮蔽阅读之光。我们不能对阅读吝啬，即使只给出阅读的量和最喜欢的书。为了做到以小见大，我们列入了“班级悦读榜指数”。平常要求每班设立“班级悦读榜”，期末把每个学生的阅读量通过班级的横向对比和个体的纵向对比转化成阅读指数。好像阅读栏只是一个豆腐块，却因为有了过程的支撑，它成了浓缩的晶体——每个学生透过其间或许能看到自己阅读的点点光影。

三、我与好书的约定

这学期我看了_____本书，我最喜欢的书有：

________________________________

________________________________

班级悦读榜指数：________________

图六　我与好书的约定

学生的荣誉评定也得有个价值引领。期末审核素质报告单，常见“荣誉”一栏空着，问其原因，竟是学生没有荣誉。这种荣誉观还停留在精英时代。现在已不是让部分学生在教育面前先“富”起来的时代，而是让每一个学生都步入教育的“小康”水平，是解放每个个体、发展每个个体、成就每个个体的时代。“荣誉”栏为空，对学生且不论有没有产生莫大的打击，至少有点失落。第斯多惠说过：“教育的艺术不在于传授的本领，而在于激励、唤醒和鼓舞。”我们要求每位班主任要主动向搭班老师了解每位学生的表现，每位老师要去积极捕捉每位学生身上的闪光点，学生获得不了校级以上的荣誉，那要考虑给出班级的荣誉，而且是说得出道得明的荣誉。可能在你的眼里这位学生非常糟糕，但换一个学习团体、面对一个新的老师，这位学生可能就优秀，即使极端的学生也有让人刮目的一面。只要在你的心底给每个个体存一点火种，就会有燃烧的一刻。教师要做点火的人，而不是泼水的人，这是我们的价值引领。

不要小看素质报告单，它是每个人求学与成长的影子。要多一份关注，多一丝温暖，多一层对话，多一个核心，多一点情趣，多一项引领。让每个学生在素质报告单里找到更多的回旋机会，有更多遐想的天空，有更多闪亮的光影，当然还要有更多的悦纳与奋发。如此，学生的分量必定得以加码。

# 第五辑　教育调理激活联动

教育作为一个庞大的系统，讲究彼此关联。气血畅通，需要彼此的联动。教育系统内，仿佛每个科室、每个学科、每个教室、每个场馆都把“同事”分割成“不同职能的教师”，其实他们都处在一条教育带上，分工是为了更好地合作，但不去调理，分工很难有向合作的高能转化。学校教育不是孤岛，家庭、社区、学院、虚拟空间等都要通衢，把孩子的教育置于更大的磁场。左右逢源，里应外合，就是做好了教育系统的“一带一路”。

# 牵头责政制：中层联动的一剂良方

“赢在中层”，可见中层重要。中层人员素质要高，更要有团队协作能力，中层联动不能患“椎间盘突出症”——科室之间相处插梗、较劲。

为了避免中层间的能量抵消，一部分学校引进了扁平化管理制度，让副校长直接担任年级段长，减少指挥与执行的层级，提高工作效力的能见度。这种办法也挺好，把一所“大学校”分解成几个“小学校”，让领导力直接转化为执行力——贯彻战略意图，有效利用资源，保质保量达成目标。“分学部”实施学校战略，既好，也有教师之间系统关联不足的现实问题。而层级式管理虽然传统，也存在事务通达不畅的劣势，但学校战略推进整体性强，中层可以而且是自然地站在整体的构架上开展工作。只要几条线合力，层级式管理的优势也不小，同时还能做好管理梯队建设，培养管理后备人才。

目前，大多数学校以层级式管理为主，如果我们能够在政令畅通上做点文章，即让中层开展工作的时候有扁平化管理的“直管权限”，层级式管理就等于“系统＋联动＋后备力量”，工作效力的能见度自然清晰而完整。

在寻找学校中层联动机制前，我们不妨先来看一个层级式管理的案例：2017 年 3 月，某校筹备植树节活动，校领导提出思路，在学校微信公众号上发出邀请函，请单位、家长、社会个人参与植树，并且建立电子成长记录袋，让学生分享树木常识和养护日志，赋予活动长远的教育意义。因为是一项教育活动，涉及的主体是学生和家长，所以，德育处任牵头科室，辅助科室是总务处、办公室、信息处。科室的关联事项可见下表。

**植树节科室分工表**

<table>
<tr><th>项目</th><th>科室</th><th>主次</th><th>主要负责事项</th></tr>
<tr><td rowspan="4">植树节</td><td>德育处</td><td>牵头</td><td>策划方案、部署工作、组织活动、联系家长、沟通联系</td></tr>
<tr><td>总务处</td><td rowspan="3">辅助</td><td>挖树坑、去捐树人家里移树、预备工具与雨衣等</td></tr>
<tr><td>办公室</td><td>文化宣传、欢迎标语、主题条幅、人力协调</td></tr>
<tr><td>信息处</td><td>音响、制作电子成长记录袋</td></tr>
</table>

从上表可见，植树活动的组织除了有想法、有做法、有人捐树外，还有一点很关键，那就是后勤保障——挖坑。德育处请总务处帮忙挖树坑，方便 200 多位家长与学生有序种树。总务处认为，挖这么多坑要一笔开销，也不知坑大坑小，直接叫家长与学生现场挖可能更合适。校长室得知后介入调度，明确意义：几百人现场植树，没有定位，必然错乱无序，铁锹铲子进进出出，安全难以保证。学校工作一定要精细在前，人家主动捐树，而且牺牲了周末时光，我们必须提供最好的服务。大家意见统一，立即跟上行动。

随后，植树活动又有了新的进展——有友好单位的领导愿意捐上私家树，得派人上门挪移。德育处联系好对方，请总务处安排树的挪移与运送，出于礼节考虑，提醒要有老师带队。可能交接有问题，结果总务处只安排了两个搬运工去捐树人家里挪树。出乎意料，所捐铁树高两米多，一两个人动不了，不懂花木园艺的工人白跑了一趟。既然人家有意捐赠，这是好事，不能搁置。为了“一棵树”，校长协调一通，第二天第二拨懂行的人去挪树，结果一下子拉回了三棵铁树和多株紫竹，学校领导与捐赠人一道植树，给本届植树节多注入了一些文化与故事。

上述案例是植树节活动中的两个小插曲。植树节活动总体很成功，但取得成功的过程费了一点周折。周折不是来自外部，反而出自内部。“坑有多大，只有植树人知道，我们只要提供地盘就可以。”“树应该是盆栽，叫两个人去用一辆车拉过来就可以。”当处事的时候有了这样一种思虑，就会影响服务的周到性，判事易专断。挖不挖坑，怎样挪树，牵头科室与辅助科室得紧密配合。为什么挖个坑、挪棵树要校长亲自协调？根本的症结在于科室之间气血不畅、协作不力。牵头科室说了不算，辅助科室有自己的判断，结果组织者的教育意图经过“他人意识”的过滤缩水，就不是原来那个味儿。平行科室之间谁听谁的，如果没有一个明确的说法，有时很难调动，这也是中层联动的一种现实无奈。如果在教育观念与办事水平上有出入，科室之间执拗是常有的事。这种执拗大多不是故意磕绊，而是认识上的偏差造成的。一旦辅助科室服务意识弱、本位主义强、僵化配合、机械应对，在组织活动中出现耗力就不奇怪了。



面对中层联动机制的不畅，我们应当通过制度疏通，而不是一味地靠觉悟与热心。由此，我们提出“牵头责政制”，就是在校领导的领导下，牵头科室从全局出发，主动担责，统筹调度，行政执事。具体来说，就是根据科室职能确定学校活动的牵头科室，在分管校长的指导下，该科室负责人具有指挥与统筹资源的责任与权限，相关科室要绝对配合，确保工作有效落实。开展工作的基本任务是“立德树人”。基本原则是“五个坚持”：①坚持德育为首；②坚持教学为先；③坚持质量为本；④坚持服务至上；⑤坚持后勤保障。基本准则是绝对放权，谁牵头谁负责，谁牵头谁主政，相关科室服从指挥、精准配合。

五项基本原则明确了牵头责政制中各职能的特质，以人的成长为颈，以事的支持为骶，共同指向“立德树人”的根本任务（如右图）。如果几项工作同时开展，当以德、学、质为先，在人力的调配上尽量让专业的人做专业的事，非教学岗位的员工要全力做好服务，这符合教育之道。学校的中心工作明确了，并用制度去强塑，必然会巩固学校管理的效能。

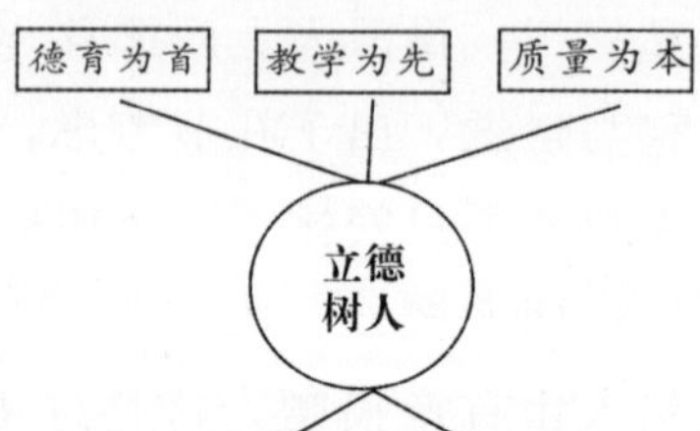

处室职能图

在实施牵头责政制的时候，我们必须厘清工作操作流程的联动路径。一般来说，学校工作按发生的状态大致可分为三类：①计划内——列入学校学期工作行事历的工作；②计划外——未列入学校学期工作行事历的工作；③常态化——一种常态的规律性强的学校工作。牵头责政制实施的联动路径因此而有所不同。

**计划内：** 牵头科室出方案 → 分管校长审定 → 牵头科室实施方案 → 辅助科室配合 → 行政会工作小结

**计划外：** 牵头科室提建议 → 校长室同意 → 同计划内流程

**常态化：** 牵头科室主抓 → 辅助科室配合

三条办事流程充分体现了主次，联动不是并驾齐驱，必须有“动车头”带动，“动车厢”联动。德育工作就由德育处牵头，教学工作就由教务处牵头，文化宣传工作就由办公室牵头，后勤保障工作就由总务处牵头……谁牵头，谁就担责放手干，其他科室不准从中插横杠。这就体现了信任，用人不疑，疑人不用。领导该放手时就放手，中层该出手时就出手，管理效率就会大大提高。三条办事流程也凸现了领导的影响，除了心知肚明的常态化工作，其他工作的出台与方案都由领导把关，一旦分管校长或校长室明确可行，中层各科室就要积极配合牵头科室。此时应该有全局意识，不可分线分块，施展出执行力才是关键。

也许有人会担心，中层水平良莠不齐，放权是不是增大了犯错的可能？这种担忧是过虑了。放权，是在领导下的放权；放权，是在担责前的放权；放权，是在监督下的放权。我们在牵头责政制之后跟上了一个配套制度——追责众议制，就是辅助科室在工作的配合过程中，如发现牵头科室办事不力，事后可以向校长室提出意见，要求“追责众议”。此做法是一种双保险，中层既能在放权下“撸起袖子加油干”，又能在担责上“把权力关进制度的笼子里”。在确保工作有效乃至高效的前提下，不悖于教育教学规律，不损于学校公共利益，不失于对同事人格的尊重。

在财务制度规范化管理的今天，如何确保牵头科室在放权的制度下“经济”开支？办法很简单，还是从制度中来。学校每年都有科室预算，每个科室只要不超出本科室相关工作的预算金额，我们就不必干预。每项工作的经济成本总额由牵头科室自行安排，超出预算叫停。这样做，是让非财务科室的中层也学会财务管理，财务部门不必过于敏感。

牵头责政制对中层而言，是一种信任，也是一种责任。“牵头”具有整合资源的优势，可以消除扯皮、推诿、消极配合等低效联动状态。只要工作中心对了，大家都可以放手干。这有利于中层工作积极性、创造性的激发，对校领导也是一种解放。管理，不仅仅是“管”，各科室只知道“管别人”，不懂管理；只有真正学会“理”，知道“理别人”，中层之间真诚地相互搭理，方得管理真味。

# 淬炼“时令产品”，提升中层领导力

“中层是腰，腰不好头就大。”道理很简单，发力的、使劲的点在“腰”。腰壮，头脑更清晰，脚步更稳健。人是如此，一个人力组织也是如此，作为以人力培养人力的学校更是如此。中层得力，学校教育工作愈显精微。如何提升中层领导力？淬炼“时令产品”当属一剂良方。“时”“令”“产”“品”是中层自我淬炼的四个着力点，也是中层自我辨识的简易参照。

## 一

时，序也。抓住“时”的要义，便井然有序。学校工作是最讲究“时”的。“教育是慢的艺术”，这句话耐人寻味。“十年树木，百年树人”道出了育人的真味——慢是成人的自然规律，育人不可能一蹴而就，它需要一定的周期。教育还有另一个“时”的存在：一节课 40 分钟，掰着课算一算，一天很快，一学期就 20 周，老师们工作，仿佛每天都在翻阅着“周历”。这种“时”又显得很快。慢与快的辩证存在，应该就是教育工作“时”的要义所在。

育人的过程是慢的，工作的节奏是快的。快与慢共存，没有快，何以成慢？教育者不能以慢为理由来放慢自己育人的步伐。课堂讲究渗透、串联与顿悟，讲究细火慢炖，但如果没有事前的备课，没有事前的单元统整，没有学段衔接的明了，没有小学六年后的成品概念……也就是没有抢在前头的思路与行动，教育真的就变成了“慢条斯理”。

教育要有置前式的思考，这就是“快”。明白这一点，工作就不会焦虑。时闻中层吐苦水——既要完成校长布置的任务，又要施行自己处室的计划，还要做好处室间的协作，更要与老师们一道站在一线的课堂上……觉得焦头烂额。其实，这本身就是中层的应为，处位须能力。要想解开这个结，就要抓住时间这个道。提前规划自己能支配的工作，并精心考虑实施方案，全校性的大活动至少提前一个月做准备，牵涉到年段或教研组的活动至少提前两周做准备，小活动至少提前一周做准备，这种“一二一”的“先进步调”至少能保稳自身阵脚。

中层工作要做好提前量。处室规划提前思量，还没放假就酝酿下个学期的做法，这样就让工作有了衔接性。知道下个学期要推进什么，就知道这个学期哪些事情可以画上句点，哪些事情得往下延续，为自己存留周转的空间，也为接轨校长的新学期工作思路储备精神粮库。安排规划的时候不要给自己下套，不要为了特色做特色，或者为了活动而活动，更忌讳为了计量处室做了多少件工作而简单地在量上叠加，动静不小，消磨了你的精力，稀释了你的能量，自己被自己狭隘的本位主义给钳制了。我们的主力应放在学生综合素养的浸润上，小学要打好有益于人一生成长的基础，如基础知识、基本能力、习惯兴趣、阳光身心等，常抓不懈，形成文化，忌东一榔头西一棒槌。

接领导的工作单子也要快进快出，不要等到时间快到了才交工作方案。你的站位与领导的站位往往处于不同的层面，你要留给领导调整方案的时间，不要以为领导闲着没事，就等着批阅你的方案。表面上每次领导都能给你及时的答复，其实是时间到了，不得不将就着上路。如果中层经常使用这种小聪明，以此减少修改的概率，就等于主动放弃了给自己留下思进的时间。这里不是说领导的水平一定优于你，而是多一个视角必然多一道风景，同时，在与人沟通中把人家的想法准确地表现出来，这也是中层很重要的一种素养。抓住时间提升自己的能力，这是不错的法门。

错时，又是一种很重要的工作方式。高峰就要错时，分流才能缓解压力，这种交通错时管理办法用在教育管理上也非常实用。中层处于上下运转的枢纽地带，常常会遇到各条线汇织在一块儿的现象，全盘齐上，你就是三头六臂也招架不住。此时得错时，关系学生的并且学生已经做好准备、过了这个时间段不适宜的先做，与校长商定了必须要做的先做，要求别的科室配合的先做，自己的放在“8小时”外再做，这是自己与外部工作发生冲突时，我们选择错时的基本法则。

快与慢，掌握节奏，掌握时机，知道什么时间做什么事，知道什么事在什么时间做，做时间的主人，就能从错综复杂的线团中理出一条线，这就是能力。

二

发号施令，扼要点明了一个组织各个层级之间的关系。姑且把组织分为上、中、下三个层级，上层发号——发布组织意识；下属施令——执行组织指令；中层既发号又施令——转化组织意识，明确工作要求，贯彻执行指令。处于交集部分的中层，如果执行力不够强大，有可能出现上层与下属在两条轨道上运转的局面，组织整体的巨大能量难以凝聚合成。在其位，谋其职，尽其责，组织和同事把我们推到中层这一重要岗位，就应敢担当、能负重、有作为，精准行令。

施令看行动。停留在头脑中的想法永远不可能变成成就，只有将想法付诸行动才能获得成功。中层只接收组织意识，并在脑子里重构，执行力是不彻底的。只有行动起来，追求行为的结果，才能缩短自己与目标之间的距离。中层，首先得忠诚。对于教育家办学的时代来说，更是如此。不折不扣地执行学校办学方针，落实学校办学理念，学校才能更快地抵近办学愿景。俗话说，态度决定一切。做得如何倒还在其次，能不能积极做才是领导关注的。你积极做了，即使在执行中遇到困难，领导也会帮你解决，而这种帮助领导是乐意的。较之遇到一个不死不活的中层，那种等待中的焦虑是任何一个领导都不想有的，他宁愿把焦虑放在指导方案的优化与实施上，至少他走在了培养人的途中。所以，态度应是中层执行力的门面。其实，你做了，一线教师也会支持你，身正则令行！有了大家的帮助，很多困难便迎刃而解，也就不用经常劳烦领导。这便让你既赢得了群众基础，又赢得了领导的信任，更不断积累了自信的能量。态度往往是能力的黏合剂，其实能力早就分布在你的体内，只不过是散状的存在。积极的态度发挥了化零为整的作用，把能力聚合起来；态度往往又是能力的起搏器，把隐含的能力激活。想唤醒自己的潜力，就从改变态度做起。由此，我们就从门面步入了内里，直抵执行力的核心——能力，有了能力才能换取行为的结果。

指令明确，是能力的第一反映。中层要嚼碎领导的话，因为领导通常在抛思路、提要求、说要点，不可能拟好工作方案等你来照本宣科。理解了领导说的话，再予以丰实，才能指点江山。然而，中层做事就是在转达领导要求的现象并不鲜见，这批人不仅没有对组织意识进行具体化，反而吃掉了领导的话语，直接下单——做什么，至于为什么这么做、怎么做、做到什么份上，统统吃到肚子里去了。中层变成了蹩脚的报幕员，不仅无益于工作，反而成了上下沟通的绊脚石。这是人力资源的一种浪费，而且破坏力极大。看看下面这个例子：从健康育人的角度，学校出台“雾霾天旗帜语”，决定在校园内竖立相应的旗帜，让每个校内人员知晓每天的空气质量，科学安排师生的户外活动。这是学校的决定，也是领导的意图。面对新的任务，你如果简单交代老师设计旗帜，简单指定专人负责更换旗帜，这种方式是根本不可能把事情做好的。旗帜分几种样式？要多大规格？有什么特殊说明？哪些元素一定要在旗帜上体现？这些信息你没有告知设计者，设计者碰到你这样的中层肯定无语，必然会面对反复修改的折磨、精力与时间的成倍投入，这就是在浪费学校的资源。另外，对于更换旗帜的人，告诉他什么时候亮出旗帜了吗？在哪些地点竖旗？专门指定一个人更换旗帜，学校有这样的闲人吗？要不要让学生参与进来？这些问题也处在无语的状态。这些都是指令不清楚，如此就谈不上执行力，反而产生了执拗力。

政令畅通，则是执行力的群众基础。保证政令畅通的要诀是尊重，相互的尊重。尊重别人，让别人尊重自己，很明显，尊重是彼此的。对于老师，最大的尊重莫过于肯定他的存在，肯定他的存在的直接反馈是他的劳动付出与成果。撇开了劳动的付出与成果言其有多么重要，只是表面的客套，存在感的寻得是空荡荡的。除了语言外，更大的尊重在于行动的跟进。每次老师组织处室活动，除了实在没有时间外，我都要亲历现场，指导在其次，在场是第一。站在一起，是最大的尊重。要让别人尊重你，首要是公正，确保自己手上这一副天平不因私念而偏斜。不知你有没有见过，行政会刚刚讨论好，一散会就有人知晓会议决定（微信时代还更快），会议纪律性不强是私念存在的反映。要检查班级建设的某项工作，结果有人提早知道，提前准备，班级评比等级立见分晓。本来是常态的检查，有了人为的应急反应，不仅没有达到检查的目的，还加剧了同事间的矛盾，同时失去了中层的公信力，因为没有不透风的墙。下次你安排工作，估计下属就会给你来个折扣。做个纯粹的教育人，你才会赢得更大的尊重。有了相互间的尊重，一个组织就多了一份和谐与默契，令至即行，无须多言。



## 三

“一步实际行动比一打纲要更重要。”这句话，强调了做，做很重要，但中层不应止于做，要有量与质的产出，要带领师生在自己负责的这条线上一起跳舞。小学阶段仅 12 个学期，每个学期都应该有抵近总目标的收获。

很多时候，我们忙忙碌碌走完了一个学期，也不知经自己的手做成了哪些事。如果说作为中层已经把握了“时”的要义，提前做了周密的规划，那么做不成事的主要原因就在于过程缺失了督导。教育一般是螺旋形发展的，是从一个平台到另外一个更高的平台，很少是直线上升的，点的递增串联是一种理想的馈赠。如右图，螺旋形平台式跳板，非常形象的教育发展图样，从中我们至少可以读到这样几条信息：①教育是阶段性发展的；②每个阶段又有一定的周期；③每个周期是螺旋式上升发酵的。中层知晓这个规律，便于督导。工作中，老师们起步很积极，到了第一个周期（平台）就懈怠了，一直在原地踏步，本应在一个平台慢慢螺旋上升的，有时往往逆反，出现漩涡式的欲拔不能，无法如期步入新的发展平台。原因其实很正常，走一段路歇一口气，或者偷个懒让别人来催产，或者新阶段有难度，解不开、

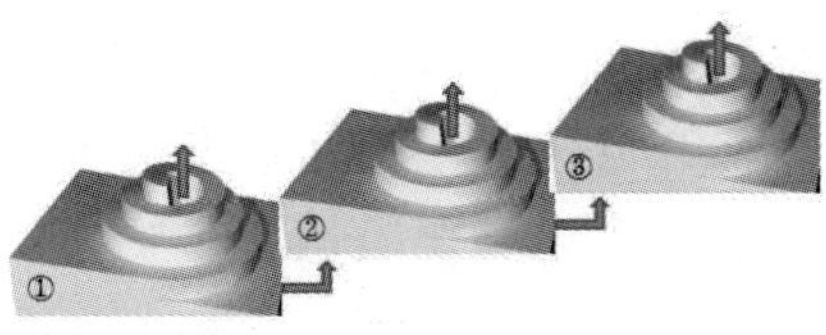


螺旋形平台式教育发展图样

冲不出原有思维的束缚。此时就需要中层理解、支持与鼓劲。自己解不开就要主动请外援，引入优势资源。循着规律做好督导，如果惰，就要督；如果惑，就要导；如果累，就争取有个陪伴。这样才可能一个阶段一个阶段往上螺旋递增。

作为中层，工作开展一件算一件，这属于工匠型的；找出每件工作的关联，给予系统建构，这属于工程师型的。描绘教育蓝图，搭建教育大厦，宏伟的教育工程需要中层以上的领导有“产业链”的结构思维与价值思维。产业链之于教育，其本质是用于描述一个具有某种内在联系的教育群结构，体现了“1＋1＞2”的价值增值效应。如何寻找内在联系？一是接通，二是延伸。接通产业链是指将负责工作的相关活动项目进行串联统整，如德育部门的班集体建设，有星级班级、规范班级、书香班级、特色班级、完美教室，名目众多，相互交叉的评比苦了学生、累了班主任。没有接通，评比就没有层次可言。产业链的内涵之一就是产业层次的表达，德育负责人要重新梳理原有班集体的评比机制，理出这么一条线，产业链就有了层次的眉目。

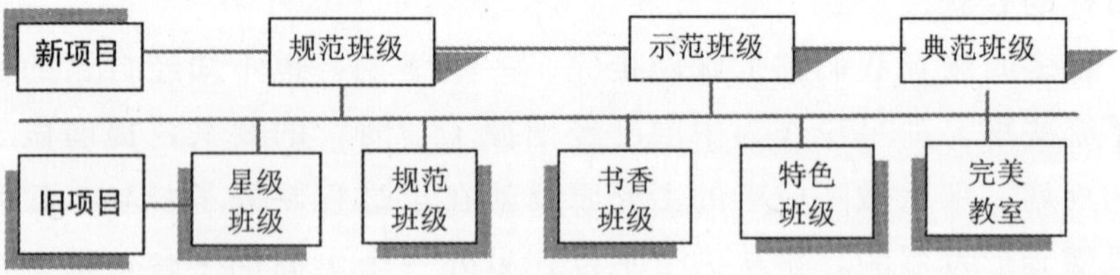


与原有的评比机制相比，新项目层级分明，班集体建设的核心非常明朗——“有范”。如果我们把全校的德育系统定位在“让每一个孩子有范”上，那么这个班集体建设就愈加有它的关联程度，这又是产业链内涵所要表达的。

接通产业链还有一种形式是在各条线之间借助某种“产业”合作形式将其串联起来。比如，学校把促进孩子读书摆在非常重要的位置，那么围绕读书，教务处确定书目、设计阅读评价方案；德育处把每个班级的阅读情况列入班集体评比中；信息处统计学生的借阅情况，进行大数据分析；办公室做好读书宣传；总务处添置校园读书场馆、景观、书目和书架；教科室做理论与实践的引领。各处室一起合作，把相对孤立、断续的各条线联系在一起，形成了全校的“悦读越美”书香校园系统。这是接通。

延伸产业链则是将一条既已存在的产业链尽可能地向上下游延展拓深。产业链向上游延伸一般使得产业链进入基础产业环节和技术研发环节，向下游拓深则进入市场拓展环节。[①] 再以读书为例，把课外阅读纳入课堂中去，课堂教学要读 1～2 本课外书，期末进行评价，这是向课堂基础环境的上游延伸；把书香家庭评比纳入学校评比，带动亲子阅读，并开设家长读书讲坛，这是向下游拓深，因为家长是学校盘活教育的新市场。如此，体现资源加工深度，满足教育需求程度，在关联中让管理发生倍增效应。

## 四

思想之于教师，如水之于生命。而思想的端口就是“品”，好教育就是“尚品”，好老师就是“善品”。缺失品鉴能力的教师，是很难品味出教育的甘醇的。好中层，当“善品”，能在你所做的事当中提炼出成果的层级差异，并优胜劣汰。教育这东西，乍一看，你我之间没有多大差异；仔细琢磨，别有洞天。可见，“品”不可忽略。

品鉴，是每个中层提升自身能力不可或缺的部分。对做过的事要反复品味、推敲、琢磨、分析、鉴真，才有心智成熟的体验。作为活动的组织者、亲历者，中层拥有自我剖析、生长现场学习力的最佳条件，如不及时跟进思考，真有可能让你的思想无限期徘徊在原有的层面。日本著名实业家、哲学家稻盛和夫在《六项精进》一书中亦是如此与我们分享的：“我并不认为自己有多大的能耐，但是，在每天努力工作的同时，我会开动脑筋，孜孜以求，推敲更好的工作方法。为了增加销售，还有没有更好的促销方案呢？为了提高效率，还有没有更好的生产方式呢？这样不断钻研的结果，往往会出现自己都意想不到的进展。”

工作精进的能量往往要在“善品”中积蓄。形成品鉴的能力，首先要摆一摆，有整理素材的意识。有时把素材摆一摆，就可能有发现。特别是拟订工作方案的一稿、二稿、三稿，直至定稿，经过领导

---

① 陈柳钦. 产业价值链：集群效应和链式效应［J］. 理论探索，2007（2）.

的指点而不断切近实际的方案是最佳的反思案例，千万不要为了释放内存而删除。我们要感恩，帮你修改的领导就是你的贵人，我们不要错过思想对话与操作演化的历程，工作中再也没有比这个更有益于自省和顿悟的。

其次要理一理。流程固定的、自己熟套的工作可以暂搁一下，其基本已化为自身工作行为的一部分。对新的工作，做过的事的各个环节要详尽记录下来，包括活动使用的场景，不仅文字留存，还要拍照存档，让下次开展同样的工作更有具象的参照，对接班的后任同事也有帮助。上下任工作不脱节，就能更好地形成学校的管理文化。以一年级分项游戏闯关式评价为例，监考人员有了家长的阵容，闯关场地安排在学校的“童玩空间”，时间分配在半天完成，资料准备少不了卡通版的“成长护照”和可爱的通关印戳，美化宣传见于各个场地，评价项目与标准经讨论后汇编……如此一套整理下来，下个学期再组织该项评价就不会有断层式的痛苦，利人利己。

最后要写一写，这是“品”的内质。“品”，不是用嘴巴说，也不是空想，它要通过写来组织、表征、理解工作的信息，从而在思想深处产生“品”质。美国教育心理学家波斯纳提出教师成长模式：经验＋反思＝成长。中层要勤动笔，勤反思，才不会局限在狭隘、肤浅、片面的管理经验上，才可能升变习以为常的管理方式。另外，工作类的品析反思，会逼迫我们去啃咬貌似生硬的专业用书。专业用书有助于中层超越既有的信息，去思考问题的表征，去收集、去推理工作中呈现的相关信息，形成新的认识或结论，这会让我们更加科学地开展工作。

学校中层，既是发号者，又是施令员；既是思想者，又是实践家。工作要干，而且要能干。“中”的定位，确定了你承上启下的重要位置，不想成为学校上下贯通不可逾越的屏障，我们毫无疑问地要淬炼自身的领导力，杜绝工作中模式化的盖戳，在做与思上下功夫，让思想接上行动的根脉，让行动插上思想的翅膀，幸福地生活在集体共荣圈中。

# 只有识务 方得实务

任何一所学校，随着发展难免会举办一些大型的教育教学活动，组织会务也就成了学校管理层的必修课之一。

如何组织会务，既得分寸，又显大方？制订一套思虑缜密的方案成了首选，其职责分明、思路清晰、联动高效是关键。学校有次活动，校办非常重视活动策划，第一次筹备会就拿出方案，分项如下表（内容、负责人、备注略）。

**会务安排表**

<table>
<tr><th>前期工作</th><th>活动当天</th><th colspan="2">其他事项</th></tr>
<tr><td rowspan="3">项 目</td><td>会务工作</td><td>报到及会议安排</td><td>安保工作</td></tr>
<tr><td>宣传及校园展示</td><td>晚餐安排</td><td>其他工作</td></tr>
<tr><td>会场布置</td><td></td><td></td></tr>
</table>

乍看上表，仿佛有时间轴、事务轴，考虑比较周到。仔细琢磨，其逻辑原点出现混乱。按时间分，“其他事项”就不应与另两项并列，何况“安保工作”也是“活动当天”的组成部分，不应被割裂出去。再问“其他工作”作为“其他事项”的下项，二者有什么区别？按项目分，表内的“会务工作”与其他项目是并列关系。查“百度百科”：会议从筹备到善后，有一系列会议秘书工作，也叫会务工作。可见，上表所列项目都归属会务。安排项目在第一分区就出现了逻辑错误，接下来每个项目的内容分配、负责人安排等必然也会颠三倒四、交叉

重复。比如，会务的内容部分有这么两栏：参会领导名单、桌签由A老师负责，专家席位安排由B老师负责。本是一个人的事，分摊给两个人干，自找麻烦。再看负责人的安排，学生礼仪教育都归教务处负责，政教处、大队部听从调遣，很是别扭，把这块工作直接交由政教部门不是顺手得多吗？人事不清，方案必乱。

不识务，难实务。大型教育教学活动具体有哪些事务？我觉得无外乎这么几种。

一是人务，指向与会代表接待。厘清参会代表的层次，领导、专家列为嘉宾组，其他为大众组。大众组人多，接待任务量大，要数清人头，安排好座席。外地来客要帮忙入住酒店，并安排人员到酒店做好报到工作。如果住所与学校距离偏远，根据会务需要可以安排车辆接送。嘉宾组人少，但规格高，接待讲究精准。组委会得知道他们什么时候来、什么时候回、用什么交通工具，帮忙做好行程服务。碰到行政级别或专业影响力高的嘉宾，最好会务全程有专人负责对接服务，避免人一多事一杂怠慢了嘉宾。你不要嗤笑这是拍马屁，我认为有点过虑。只要不影响学校的教育教学工作，只要不铺张浪费，只要不阿谀奉承，只要确保每个与会代表同样得到尊重，在此基础上礼遇我们的嘉宾，礼遇比我们更努力的人，礼遇为我们传经送宝的人，这并不为过。

二是场务，指向会场的布置与组织。活动主题背景、会标、背景音乐、灯光、司铃；主席台设置与更换、领导发言席、领导与代表座次、嘉宾茶水提供；进出、催场、化妆间、等候室；证书、鲜花、绿植、互动话筒传递……场面上的事我们都得介入。另外，还得注意“一人一技”，即主持人和信息技术。主持人是会议时间全场的指挥，主持稿要把关，场务布置要与其沟通，双方意图得以澄明，能确保会议不跑调。信息技术是新时期活动必不可少的支撑，场内的舞台灯光、音控、话筒、幻灯片、视频播放等都需要信息技术，电脑等电子产品出错需要信息技术，微信平台互动需要信息技术。如果有现场直播，更离不开信息技术。这些场面上的事务得提前考虑、部署，更重要的是信息技术在会议的“现在时”内要扮好保驾护航的角色。

三是课务，指向教与学的组织。对学校而言，这是最为关键也是最为核心的事务。活动组织者要考虑两端，一是会务课，二是常态课。会务课，是为会议专门提供的课例展示，一般由校外同行和校内同事两个对象呈现课例。对外，我们主办方要积极与上课教师对接，弄清教材、辅助学习材料、课堂组织形式、场地布置、预习前测、常用学具等要求；要与借班班级对接，了解教学进度，安排场地适应，做好预习准备，提醒其班主任做好课前一支歌、一首诗，课后告别礼仪教育，带班候场等工作。有时说课、评课、讲座、论坛也含其间，都要一一对接。对内，我们要做好课例研讨，端出好课。至于常态课，一般安排会务的人都会忽视，其实这是学校的根基，我们不能因为活动而忽视常态课的正常运作。负责部门在安排好会务课的同时，还要确保常态课不乱套。校内有多少老师参与会务，要以常态课正常运行为基准。调课者要提前三天做好准备，尽量安排同类项的教师参与现场活动，教务处审核备案，这样一来，里里外外就妥妥帖帖。

四是德务，指向学生面貌的展示。活动本身就是德育。当外界人士云集学校的时候，正是检验学生基本素养的时候。我们要把点亮学生面貌的工作交由政教处、大队部负责，行内活，轻车熟路。他们会借用晨会、广播等途径教育学生注意穿着，会组织大队委、辅助员加强礼仪队伍建设。晨间校门口礼仪队笑迎八方来客，课间走廊通道站岗帮扶导航，上下楼梯提醒学生靠右行，遇到来宾主动问好，午间校园电视台、广播站、舞台秀等纷纷露脸，鼓励学生亮出自己……这不是做作，而是借题发挥，利用外界的力量要求学生进一步端视自己、规范自己、表现自己，每个学生都会努力做好，为的是集体的荣誉。在活动中，引导学生做到有礼有节又大方，成长自己，这是一种契机德育。

五是宣务，指向校园文化与对外宣传。客人来了，我们能给他们看什么？首先是会务氛围，条幅、欢迎标语、教育理念话语、导示牌、会议指南等，置于醒目处，便捷来客，宾至如归。其次是学校环境，更新一些，开拓一些。校门口等合宜位置可以布置展架，以图为主展示学校办学特色，最好是专题，既能减少陈列内容与别的宣传资料叠合，又能短时间内抓住来宾的眼睛；进一步丰富特色场馆，把不完善的做完善，把强大的做得更强大；在走廊通道添置一批学生作品，点缀校园；在计划允许的范围内增设一些景观，如雕塑、屏风、花坛、鱼池等。再次要准备会务资料，把活动秩序册、画册、校报、校刊、折页、教育教学成果集等置于印有学校 logo 和会议主题的资料袋中，私立学校可以再放些雨伞、纸笔、纪念品等，以加深印象。最后要做好视听与媒体推介，监制校园纪录片或其他视频资料，供与会者中午休会期间观赏；安排摄影摄像、写手做自媒体，微信与网站开辟专栏，及时推送；联系各大报社、电视台记者，为学校活动鼓与呼。

六是勤务，指向后勤服务，主要是衣食住行。衣，在这里是指提供人力物资保障，会议用到的桌椅、黑板、学习用品等器材以及搬进搬出，都要后勤做好服务。食，要考虑餐次、餐标、餐时，几百人在学校用餐，得考虑与学生就餐错时。会场的矿泉水、茶水，休会茶歇亦属其列。如果有贵宾需要另行接待，餐饮也要严格按照国家标准规范执行，能做得温馨一点的就是在配菜上要考虑来宾口味习惯和风俗以及主办地的本土特色，让体贴与文化伴随全程。住，配合办公室做好与会代表的住宿安排，当然也包含小住，午间时间短，后勤要给嘉宾安排歇脚的地方，如教工之家、名师工坊等清静雅致之所，我们稍作修整，添点茶水、咖啡之类，就温暖许多。行，一是接送，二是车辆停靠，三是会场进出，后勤要安排保安、工勤人员配合会务。

此六务，如果组织者了然于心，就不会乱了手脚。会务安排由此分项，根据科室职责确定相应负责人，组织小组成员具体落实，项目之间再加强彼此沟通、增进联动，每一件事务必能实实在在完成。也就是，只有识务，方得实务。

# 行政也得经常做“场检”



教育现象，往往生存于常态，隐藏于细节。能洞察此中奥妙，是教育行政管理能力结构中极其宝贵的内质。

目前管理的现状是：大多数行政中层都十分珍惜现有岗位，也想把事情做好，可真正介入实战区域，普遍会出现一种现象——集体预设好的活动基本能组织到位，常规工作常常进入不了自己的“视力范围”，有时候即使看到了，也不被摆到心底重要的位置，从而使很多宝贵的教育时机从自己的眼前飘过。

有很多有意思的教育现象：早晨进校，红领巾在孩子们胸前飘扬，孩子们衣冠整齐；放学时，衣服挂肩上的、绑腰间的，小黄帽后戴的大有人在，红领巾也多藏进了书包；早上学生到校，冬天还好，夏天天亮得早，那些跟着爷爷奶奶的辖区内学生早早到校，要求7点30分后进校，时间未到，校门口却候着五六十人；学生用完餐后把“骨肉相连”这样的食品带出餐厅，边吃边走，那长达十几厘米的锋利的竹签真让人提心吊胆……校园里这样的现象很多、很常态，但很容易被搁浅。

导致行政“搁浅”的原因很多，其中“视力范围”窄小是原因之一，而“视力范围”窄小跟学校管理层的领航策略不无关系。很多学校领导也有强烈的“活动倾向”，高度重视活动，活动前召开筹备会，活动中现场督导，活动后举办交流会，发现问题，提炼优点，总结经验。重视活动无可厚非，但只盯着活动，俨然就是活生生的“活动第一”，教育一旦等同于活动，那是可悲的。

真正的教育是生活的、自然的。卢梭在其名著《爱弥儿》中说：“最好的教育就是无所作为的教育：学生看不到教育的发生，教育却实实在在地影响着他们的心灵，帮助他们发挥了潜能，这才是天底下最好的教育。”显然，在“经常”中念“常经”，是教育者不可或缺的能力，而且是极为重要的能力。中层行政作为管理力量，欲彰其力，必须做教育的有心人，走进校园就能敏锐地捕捉到管理信息及其教育价值。

走进去就能捕捉到，这是教育的敏感，靠的是“眼神”，看得见才能谈怎么做。由此，我们要提高中层行政的管理能力，不是光盯着活动，而应该多做“场检”——带着行政人员到现场去发现教育现象，在检测教育现象的同时反测自己。也就是在不做任何告知的情况下带上所有行政人员“逛校园”，每个人都把自己看到的有教育价值的现象记录下来，比对分析，就能查找彼此的“管理盲区”，并做好修补性完形。我们设计的“场检”表格如下。

行政“场检”表

| 场检人 | | 场检日期 | | 场检时段 | |
|---|---|---|---|---|---|
| 场检情况记录 | 场检区域 | 观察白描 | | 整改办法 | |
| | | | | | |
| 备注 | | | | | |

原先我们设计的表格在“场检情况记录”中按职能分项，一是本职工作范畴，二是其他工作范畴。结果大部分行政人员都侧重于对本职工作范畴的观察与记录，忽略了其他工作范畴，这不利于综合整治、齐抓共管、全员德育、全人管理。分范畴其实就是有意的割裂，这与“分工不分家”明显矛盾。后来我们进行了改进，不分职能管辖，让每个行政人员都明白自己就是学校教育的“首见责任人”，让每个行政人员都明白学校里的一举一动都心系我身，让每个行政人员都在立足本职的基础上养成跨界处事的能力。今天的你可能就是明天的他，中层行政岗位常有变化，最后才能真正走上领导岗位，把握全局。

明白这些，“场检”将更加有效。我们一个月“场检”一次，不是每次都是全校走动，可以寻找不同时段、不同区域组织“场检”，如清晨上学、午间放飞、午间静校、午后放学、晚自修、教学楼、寝室、餐厅等，“逛”后坐下来交流半个小时，时间不宜长，无须理论，只要用正确的教育价值观做出判断，重在问题在哪里、怎么改，少问为什么，“一月谈”是冲着解决问题而来的，讲究短平快。每个学期安排两次“场检”综合报告会，期中、期末各一次，这两次强调归纳，把不同时段、不同地点的情况进行归类分析，发现问题的背后，不仅讲怎么做，还要讲为什么这么做。

如此一来，不仅训练了眼睛的洞察力，促发了心思的敏感度，更提升了理论联系实际的能力，这也是现场学习能力的一种实践。华东师范大学的李政涛教授有三问：在教师的学习历程中，什么是教师生命所在的地方？怎么才能让所学之物进入教师生命的内核？需要什么样的载体来安放教师的求知热情？答案是：这就是“教育现场”。教师的学习能力，最重要的是现场学习力。[①] 显然，学校里的行政本身就是教师，较之教师，他们更应该多几分现场管理与执导能力，而这恰恰可以尝试“场检”。



① 李政涛. 现场学习力：教师最重要的学习能力［J］. 人民教育，2012 (21).

## 教育的专业性越强，越需补给后劲

2017 年 4 月，是我第二次走进上海宋庆龄学校，230 多亩的校园到处是草坪，绿意盎然，生机葱茏，宛若高尔夫球场。孩子们在这里无拘无束，玩得开心。小学部组织大课间活动时，几百个学生分散到操场上仿佛不足百人，生均面积大得惊人。如果仅仅让老师来打理这样的校园，就是不教书也不可能。可校园就是这么任性的美！

美在每位老师的投入——有拼劲。他们面向全人发展，全程跟进，全线陪护，全身心沉浸在教育教学之中。早上 7 点 45 分到下午 4 点 45 分，老师们始终跟孩子们在一起，他们还不满足于“按部就班”，个个创意十足，丰富校园文化建设，积极开发课程，创编学科教学大纲，他们认为仅仅靠配套教材教还远远不够。碰到两位年轻的美术老师，问她们有什么困难，得到的答案是：总觉得时间不够用。看来，她们还不满足于“卡纸＋色彩＋造型＋手工”组成的艺术走廊，还不满足于从地上、门上、墙上到天花板上的 360°美丽空间。这两位老师还不满足，还想“要时间”，一个字——拼。这样的老师不止这两位，而是每一位。

美在每位校长的亲为——有干劲。在宋庆龄学校，我们参与学校的第一次活动是观摩 2017 中国寻根之旅宋庆龄学校春令营——海外华裔青少年“一带一路”主题活动。德育副校长主持开幕式，整个活动跑前跑后，亲自上阵的原因是学校实行扁平化管理，校长—副校长—一线教师，组织结构简单。按他们的说法，班主任就是中层。我想，这个“干劲”可以这么理解：中层干部是管理的主干、能干、亲自干，每个校长都是“干货”，上下联动，缩短上情下达的通道，甚至是零距离实现“说干就干”。曾看到小学部校长的办公室，墙上贴满了各项工作计划表，桌上堆满了待批阅的作业，电脑屏幕的四周贴好了当天最紧要的工作……最让我佩服的是校长封莉蓉女士，60 多岁，每天早上还站在校门口迎接孩子们上学，下雨天还帮孩子们开车门、撑伞。她对学校组织的活动了如指掌，每项活动“如数家珍”，服了。“校长有时间是要蹲在学校里的，不是走在外面的。”封校长的每一句话都用行动来诠释，并且都可验证。

美在每位员工的给力——有后劲。之所以教师如此之拼、领导如此能干，离不开他们的后勤校长以及后勤团队的支持。刚到学校，封校长跟我们介绍了后勤校长，说起艺术节的故事：艺术节到上海大剧院表演，朱校长全部做好除表演之外的一切服务。600 个孩子，一个个行李包一清二楚，知道哪是哪、谁归谁。每次活动后都带着后勤队伍整理到深夜两三点，每个准备室都找不到一点纸屑。这完全颠覆了我对后勤领导的看法，原来“后勤不后”，事事抢先。借后勤校长的话，就是：“想得多一点，做得早一点，跑得勤一点。”“只要想得到，就能做得到。”“后勤要做好，就要自找麻烦。”有了这样的领导，怪不得一线的教师能沉下心来教书，静下心来育人。也难怪，校级领导也成了一线的一员，在课堂与学生之间亲力亲为。他们只管一条——专业的人做专业的事。

至此，“专业”成了宋庆龄学校“美”的内质。一所学校只有教育工作者够专业，办学质量才会真正剔除杂质。一所学校只有后勤工作者够专业，每位教师才会真正投入专业中。宋庆龄学校不仅有好的后勤领导，更有一支好的后勤团队。保洁、绿化、保安、食堂员工、校车司机等，都是外包公司职员，各司其职，只要学校有活动，他们都能被调用。把校勤服务在允许的区间内实现“外包”，这已成为全国一些名校、民校提升教师专业队伍建设及其学校专业管理水平的一项举措，也成了一些政府对“教育优先”的一种实质性扶持。

教师，是专业的人，有思想的人，有良知的人。教师的付出无法计量，靠的是他们自身心无旁骛、乐此不疲。让专业的人做专业的事，教师的教育能量才能最大化，而且教师因付出的单纯而愉悦。可教育现实是“老师在往前跑的同时还得整理跑道”。这种现象确实存在，他们在完成教育教学工作的同时还在为学生的衣食住行、吃喝拉撒操心发愁，不是因为孩子小而发愁，而是因为后勤保障不到位、服务不到位而发愁。

愁“吃”——食堂食谱粗糙，饭菜烧不好，孩子不喜欢，可自己又要抓光盘教育，愁；食堂员工为了准点下班，上午就把下午的水果切好候着，担心天热食物会变质，愁。愁“穿”——校服订购，尺码不对，更换困难，问题又抛给老师，愁。愁“行”——校园地面瓷砖防滑性差，一下雨，防滑垫跟不上，易摔，愁。愁“喝”——直饮水机要么不加温，要么高温 100 度，孩子喝了咋办？愁。愁“撒”——抽水马桶用按压式，开关紧，弹性差，低段孩子按不下去，冲不了水，臭了咋办，愁。

如上一点一点思虑，绝不是无稽之谈，现实中不时就会跳出来。类似很多，不一一列举。一句话，老师们发愁的原因，有很大部分来自后勤工作的状态，不是硬件有问题，就是服务跟不上。试想，如此状态，老师能安下心来教书育人吗？可能，这些愁虑本身就是育人范畴，就是全人德育的一部分。在人手不足的情况下，每个老师都得树立全局意识，积极投入学校方方面面的工作中，全方位推进学校发展。说得也很实在，符合现实。但这种“全局”“方方面面”“全方位”是不是教师工作精力透支的一大因素？是不是教师工作“压力山大”的一个方面？学校后劲疲软，是不是成了教育能量的一大沙漏？

现在的教育，不同以往，特别在专业化强的学校，教师专业所要表现与追求的东西极其丰富，不再只是传统意义上的“教书育人”——备课、上课、批阅、辅导、考试、劝勉、惩戒、批评、激励了。我把自己脑子里一闪而过的未曾深究的教师专业行为罗列出来，就有 16 项，如右图，教师专业能量至少从这些方面释放出来。人的能量基本是守恒

教师专业分项图

的，有如俗话所说“有多少能耐就做多少事”。教师亦然，额外的、过多的、非专业的负荷必然会让教师从专业行为内换取平衡，也就是搁下一些业内事，做点领导所说的“分内活”——学校的事就是大家的事，大事小事有事没事只要是事就要做。于是杂事就出来了，非专业的事开始让专业的人士干了。那么，就有一个不争的事实出现——“拆东墙补西墙”，拆了专业付出的墙补了杂勤共建的墙，也就是从教育教学那一端抽取一点时间，补给非专业的人能干的事。

在教师的专业行为上，课堂教学一周多少节，一节多少分钟，都是铁定的，还有学生、家长监督，这块阵地大家不能动也不好动。此外的其他大部分行为可以个人做主，轻、重、多、少由自己拿捏，一种“时间的平衡”就出来了。杂勤一多，这种“平衡”就会自然表现出来。其中有几处最怕塌方，而最怕的往往最容易出现。如备课、批阅、辅导、读书，前三者牵涉的时间最多，后者没有严格规定，于是在时间上都可以缩水。说到底，这些领域出了问题，课堂也难站稳。俨然，后劲疲软，是教师专业时间与精力的偷窃者。

后劲疲软，教师疲软，学校管理者也硬不起来。各处室组织活动总怕搞大，一大就要牵涉场地布置、桌椅摆放、经费支持，要人、要物、要财，协调起来很难，一难，就把整个人陷进去了，成为活动的一员，组织角色跑了，那活动自然也就容易出问题。校级领导也不敢沉浸式地与一线教师站在同一个战壕里，担心全身心投入教育教学工作，“后院会起火”。后勤部门也叫委屈，就这么几块钱，手头也没人啊。

显然，这也是一种现实的无奈，后勤人手不够只能教师凑。面对这一现实，各个学校及其教师也都是积极作为的。完善制度，减少没必要的杂勤杂务，让学生组织发挥作用，开辟“包干区”，让每个孩子参与校园实践，养成勤劳勤干作风，等等，这些都或多或少弥补了后劲不足的现实问题。但面临着老百姓对优质教育需求欲的不断提高，组建教师专业团队，营建学习共同体，拓建交互性现代学习途径……这些任务已越来越紧迫，越来越成为一种新的现实。

新时期的教师专业化走向已经强势存在，教与学的颠覆，众与一的翻转，课与人的交融，技与艺的升变，心与智的对话，摆在每位教师眼前，较之以往，我们要做得更多、做得更好。何况在信息化时代，我们的工作无处不可为，无时不可为。面对这种现实，我们是不是要有所作为？行政部门不要过多干预内部建设，内部由专业的人来主持，多做的应该是外部的大力支持，其中学校后勤服务性工作实行“外包”是一项好的政策。可以“管办服评”多轨推进，充分发挥管理、办学、服务、评估的科学性与专业性，让“老师围着学生转，后勤围着老师转”成为一种可能。

“老师不容易，要做好是永远没有边界的。”封莉蓉校长如是说。我认为这种“边界”不是万事万物的边界，而是立德树人、教书育人的专业性边界。在这个专业区间内，我们是靠良知而为的，绝无边界。我们不要把教育边界泛化，让无谓的越界成为没有边界的注脚。要做到专业领先，就要让专业的人更“钻业”——钻研业务，让纯净的人更“存进”——心存进取。

教育没有华丽，只有沉浸，要想迈进，除了教师的拼劲、领导的干劲外，当然离不开服务的后劲。后劲要补给，还得政策大力跟进。

# 有一种教育亏本叫走过场

每个月进行消防演习，挺好。有所学校也做了这样的尝试，我有次到这所学校开会，恰巧遇见。上午8点，我进入校园，忽然听到一阵广播：“今天上午进行消防演习，请同学们排好队伍有序撤离到操场。”随后校园里响起了警报声，只见一个个班级排着往常出操的阵形快速地跑进场，随着广播开始做操。听组织者向校长报告：“今天比往常快了一分钟。”

“快了一分钟”，这仿佛成了今天的战利品，似乎值得庆祝。我却纳闷：这一分钟是怎么来的？看不到虚掩着口鼻、弯着腰、贴着墙壁撤离现场的师生，看到的是两列并排的队伍一一对齐跑进操场；看不到应急的逃生通道，看到的是一如既往的出操路线；看不到教师在转弯路口疏导，看到的是楼上楼下等待的观众；看不到救援队员帮受伤的学生撤离现场，看到的是队伍撤离后教室里、走廊上还有“残兵伤卒”在闲逛；听不到广播里有人在指挥，所有人都不知道哪里起火了；听不到撤离到操场的班级向组织者报告安全逃生人数……

我不知道这样的消防演习意义有多大。消防演习绝非拍个照、做个台账迎接上级检查，也不是掩饰事故的借口。它是逃生技能的习得，是应急处置的锻炼，更是尊重生命的教育，绝不能走过场、摆个谱。没有事前的精心预设，没有事中的精确指挥，没有事后的精准反馈，一切可能都是一种摆设。

教育要做到位，就要把过程做好，结果要基本达成预期目标，否则就是一种亏本教育。在大多数人的眼里，教育亏本就是投入资金营建一个基础性或发展性的项目没有回报，但我们不要忘记了教育的根本任务是立德树人。活动组织不力，也是一种教育亏本。教育除了物资上的硬投入外，还有思想、精力上的软投入，而后者无时无刻不体现在学校的教育教学活动当中。软投入涉及的对象越多，教育亏本的风险就越大，组织活动就越要慎重。

反观该校的消防演习，全校师生一起行动，随着警报声跑向操场，跟常态出操无异。如果每次都这么做，学生就跟进不了应急状态、方法和路径，也不会把应急逃生当一回事，老师也无所谓，这倒成了教育的逆增长，不做比做好，做了还亏本。听说这次演习每个老师都不知道，组织者的意图是真实模拟逃生情景。可这类突发演习对这所学校而言才是第二次，那天每层楼道都无人把关，匆忙当中极有可能酿成事故，演习成事故，那就不仅仅是亏本。

立德树人，就是要对每个孩子负责，既对当下负责，又对一生负责。教育投入，尤其是软投入，一定要科学、谨慎与周密。很多时候，我们是做了，但不等于做好了。“做”与“做好”非一字之差，其间的距离至少包含教育认识＋教育方法＋教育情怀。没有正确的教育认识，我们所做的皆是“脸上写字——表面文章”，在表面打转，不能深及内里。有行动没方法，我们所做的便是“搬着车轱辘上山——硬干”，干的人辛苦，没有被你激活的对象也没意思，甚至还有反作用。有行动没情怀，就等于没有品位，教育活动上不了层面，给孩子留不下深刻的印象，“教育盈利”机会渺茫。

组织教育活动一定要有成本概念。教育保本是基础，教育活动一旦拉开，就产生了作用，即使你重来一次，上一次也会在学生心底留下印记。教育是没有橡皮擦的，组织活动一定要做到“保本”。在此基础上严格规划，精细组织，切忌走过场，杜绝“亏本”。在品质办学的立意前，更要积极投入，把好全局，争取“盈利”，达到“超本”，让每个孩子有所感、有所得、有所乐、有所回味。

# 消除责任模糊的教育懈怠



一所新学校，随着学段的逐年增加，规模也自然逐年扩大，我们看到了“人多力量大”的强劲势头，也看到了“只出工不出力”的现象——人多反而成了部分老师教育懈怠的掩体。

一所老学校，时光机自然而然地把教师分成能干的、肯干的、精干的、蛮干的、不干的，当然也有扯淡的。干的总是那批人，看的又是另一拨人，评头论足的又有一小撮人。这种人力组合，成了教育懈怠滋生的土壤。

不论新老学校，都存在着教师个体在团体中较不卖力的教育懈怠现象，这是不争的事实。法国心理学家黎格曼曾进行过一项实验，专门探讨团体行为对个人活动效率的影响。他要求工人尽力拉绳子，并测量拉力。参加者有时独自拉，有时以 3 人或 8 人为一组拉。结果是：个体独自拉，平均拉力为 63 公斤；3 人团体总拉力为 160 公斤，人均拉力约为 53 公斤；8 人团体总拉力为 248 公斤，人均拉力只有 31 公斤，只是单人拉时力量的一半。黎格曼把这种个体在团体中较不卖力的现象称为社会懈怠。这是个“1＋1＜2”的案例，究其原因，是团体降低了个体责任的担当风险，个体的卖力与个体没有绝对性关联，个体不用为自己的不卖力承担百分之百的责任。如何实现“1＋1＞2”呢？精密协作是关键，而其根本却在于责任的澄清，消除其模糊性。让每个个体在自我担当下发挥能量，是团队取得成效的前提。

很多人都知道教师这个领域不缺制度，更不缺岗位职责，大到校长室，小到器材室，可谓无微不至。每次上级到校评估，制度齐全绝无问题，可适切性的偏少，简适性的更少，因为这个特性是无法复制的，需要对教育管理本质特性的沉淀与涤净。离开适切性的岗位职责对教师而言，似有似无。离开简适性，教师的岗位职责似实还虚。

每逢开学，教师队伍都会出现一种现象——课务潮。上什么课，带哪个班，决定了教师本学年的基本处位，谁也无法视而不见。可也有一些教师把教育的分内事等同于课务，仿佛拿到课务就等于拿到工作的全部——课务已定，江山已定。这是对教师责任的模糊化与窄化。课务之外，这类教师都会把它当作额加的工作，接单不积极、不主动，常有推诿，带着情绪工作，这是教育懈怠的表现。管理者必须进行沟通，加以澄清。

教师要树立“四务”职能观。课务，是工作的本土、原来的生长地，全部工作从这里出发，延长到教育的每个角落；业务，是工作的本分，作为教师，除了课务外，至少还有学生工作、素养提升、学科建设等分内之事；公务，是工作的本色，学校是我家，发展靠大家，学校公共事务与每个人都有干系；服务，是工作的本旨，是教育原有的宗旨，教育没有私心，教育没有“8 小时”的工作界限，教师应凭着良知做好一生的育人服务。从“课务”到“服务”，几个关键词把教师的职能从模糊圈中提炼出来，记住这个发展的进阶关系，教师方能做到“本立而道生”，更显责任担当。

面上看，我们提炼了教师的职能，厘清了彼此的关系。点上看，我们在管理上还得有个明晰的抓手，以简适性的评价指标凸显职责的效能，期初告知，期中跟踪，期末同事互鉴（详见下表）。

同事眼中的我

<table>
<tr><td colspan="3">姓　名</td><td></td><td></td></tr>
<tr><td colspan="3">岗　位</td><td></td><td></td></tr>
<tr><td rowspan="8">专业能力</td><td rowspan="4">1. 是班主任，就要带好一个班。班风正，班貌佳，有特色，零投诉，美誉度高</td><td>很佩服</td><td></td><td></td></tr>
<tr><td>佩　服</td><td></td><td></td></tr>
<tr><td>一　般</td><td></td><td></td></tr>
<tr><td>不佩服</td><td></td><td></td></tr>
<tr><td rowspan="4">2. 是学科教师，就要教好一门学科。学生爱上你的课，课堂灵动、扎实、有效，作业分层、有效、高质，关爱后 20%的学生，有学科素养，有学科建设能力</td><td>很佩服</td><td></td><td></td></tr>
<tr><td>佩　服</td><td></td><td></td></tr>
<tr><td>一　般</td><td></td><td></td></tr>
<tr><td>不佩服</td><td></td><td></td></tr>
</table>

续表

<table>
<tr><td colspan="3">姓　名</td><td></td><td></td></tr>
<tr><td colspan="3">岗　位</td><td></td><td></td></tr>
<tr><td rowspan="8">专业能力</td><td rowspan="4">3. 是研究型教师，就爱上你的专业。有课程意识，教学有想法，观点鲜明，初具思想，善于学习，乐于研究，积极上研讨课，主动承担课题任务，有教学成果</td><td>很佩服</td><td></td><td></td></tr>
<tr><td>佩　服</td><td></td><td></td></tr>
<tr><td>一　般</td><td></td><td></td></tr>
<tr><td>不佩服</td><td></td><td></td></tr>
<tr><td rowspan="4">4. 是服务型教师，就要为教育教学服务。办公及时，后勤给力，安保到位；呼之即来，来之能干；不无故设障，不留隐患</td><td>很佩服</td><td></td><td></td></tr>
<tr><td>佩　服</td><td></td><td></td></tr>
<tr><td>一　般</td><td></td><td></td></tr>
<tr><td>不佩服</td><td></td><td></td></tr>
<tr><td rowspan="4">协作能力</td><td rowspan="4">5. 是合作型教师，就是同事最佳的伙伴。有合作的愿望、积极的人际关系，彼此积极互依，彼此促发成功，师徒结对能担当，重过程，出成效，副班主任积极配合正班主任工作</td><td>很佩服</td><td></td><td></td></tr>
<tr><td>佩　服</td><td></td><td></td></tr>
<tr><td>一　般</td><td></td><td></td></tr>
<tr><td>不佩服</td><td></td><td></td></tr>
</table>

从工作特性上看，学校里的教职员工大略可以分为教书育人型和服务育人型两类，细化为正副班主任、学科教师、研究型教师、服务型教师、合作型教师，我们从“专业能力”“协作能力”两方面，从“很佩服”“佩服”“一般”“不佩服”四个维度加以同伴考量。评价内容的指标不求面面俱到，只求直指关要，教师易记，受众易纳，操作易为，结果易辨，由此责任自清。

现实中，每个老师不只是担任一种角色，学科教师担任正副班主任，兼任多门学科教学任务，这随处可见。当前，综合型或者全科型教师又呈现新的需求趋势，注定教师要积极转型，在立足学科本土的基础上，要积极提升业务素养，执行学校公务，尽己所能为学校教育服务。

“世界上有许多事情必须做，但你不一定喜欢做，这就是责任的含义。”马克思的经典释解告诉我们，作为教师不仅仅只有脚下的寸土，我们还应当有更为广阔的天地，可能很多地方是你根本不愿意涉足的。迈进，就是责任。教育，是发展的事业，也是促进发展的事业，我们应当与时俱进，敢于担当，不凭干得爽不爽，全靠做得实不实。

教育事业，关系千秋，我们要尽可能做到“零懈怠”。“零懈怠”不仅仅是教师个人的“责任复活”，更需要学校管理者的“责任激活”。学校管理者不要把既定的法则未经消化直递给教师，不要用想当然来指挥工作。其实，“未经消化”“想当然”都是司空见惯的，是管理者与被管理者熟视无睹的可能，是责任模糊与教育懈怠的可能。寻找一种简适性的责任考量办法，是管理者的职责。它是从通识中提炼适配，从繁杂中析出简单，抓住关键，让教师用自我行动去诠释的积极管理。从而，责任担当将在“激活”中“复活”。

# 一、“来”一“回”：教师管理图式的智慧编码

每位老师都是管理者，即使你面对一位学生也得“组织”。首先“管”好，保证秩序；其次“理”好，有效教育。何况在校园，一人一物，一草一木，一内一外，皆需注意，绝不是带一位学生那么简单。管理，自然成为每位教师的职业行为，每天都在发生。

前段时间，学校来了两位专家，接待过程中发生了两个小插曲。一位教师把专家接到酒店入住，也不跟校长说一声，结果把专家晾在酒店小半天；一位教师去接专家到学校用餐，结果一个在大厅干等，一个在酒店门口的停车场瞎候，结果错过了吃午饭的时间。尴尬吧！

表面看是礼节问题，实际上是做事不够严谨，最后一步掉链子了，行事流程没有闭合，出现漏洞，也就是俗语说的“做事不圆满”。有“来”必有“回”，做事才圆满。专家到位了，给领导回个电话，一报平安，二让领导有个数，方便下步接洽。车辆到位了，给专家打个电话，专家就不会客客气气地在大厅干等。一“来”一“回”，就形成了基本的管理回路。如果这个“回路”在人脑中形成一个经验的网络，围绕某一主题相互联系起来形成一定的知识单元，这时就形成了“来回管理图式”。

教育万象纷呈，如何理出基本主题的基本单元，让教育管理更清晰，甚至更贴近直觉判断，我尝试把教育的行为对象分为个体与集

体，把教育的表现形态分为常态与变态（变化的状态），把这四个元素进行关联组合，并以“来回”作为管理图式的编程密码（如右图）。

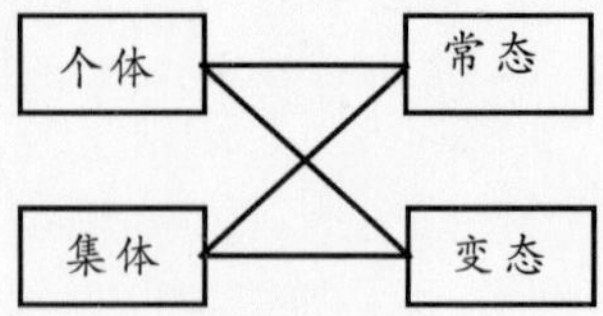


教师管理行为关系图

**个体常态的来回图式**

我们来到学校，就要回报社会。这个社会培养了我们成为教师，我们就要培养出合格的学生走进社会。我们一定要有准备而来，如认真备好课，争取让每个孩子喜欢来学校，即使昨晚或今晨这个孩子由于种种原因有点不愉快，我们也要争取让他在新的一天有所好转，带着积极的情绪回家，即使这种情绪只是一点点改良。我们走进课堂，就要回馈学生，有意识地上好每一堂课，带着学生在课堂里多走几个来回，让每个学生在课堂里发生真正的学习。学生一来学校就带来作业，上面写满了学生前一天的认识，我们要通过圈圈点点给出精准的回复，有时候个别学生还要二次订正，我们不要厌烦多一次来回。这就是我们教师每天应尽的职责，很普通，也很常态，每个教师个体都要担当起来。教育就是这么普通，就如我们的呼吸，一“来”一“回”，简单图式，让你简简单单当老师。



**个体变态的来回图式**

由于各种原因，教师每天的工作不可能一成不变，新情况一来，我们就要做出及时的回应。不论是公务，还是私事，我们首先要有回守意识，考虑的是我们变了，学校教育教学秩序不能变。如果是班主任，首先要考虑班级谁来守——把学生托管好；如果是科任教师，就要考虑课堂谁来守——把课交代好。然后还要给教务处、德育处回个信，便于学校统筹安排。学校工作的变数有的像减法——暂停现有岗位任务出外办事，有的则是加法——在现有岗位任务上增加新的任务。比如，公开课任务来了，我们要以磨课的形式做出回应，但又要考虑守住底线，不影响常规教学工作。公开课一完毕，要在第一时间给相关领导汇报上课情况，彼此分担或者彼此分享，营造浓浓的融洽氛围。有来有回有守有信，彼此放心安宁。

### 集体常态的来回图式

每一天，我们的学生都有集体亮相的时候，集会、出操最常见，读书节、体育节、艺术节、科技节等也常常走进我们的生活空间。这些工作常态存在，并集体联动，成为集体常规。行事时，如果处处能“来回”谋虑，周全运作，亦便形成学校文化。集体当前，行事原则就是“让学生光鲜地来，体面地回”。“来”的时候要注意“快”“静”“齐”：入场要快——听到指令当即集合，忌拖拉；驻场要静——进场就座要安静，忌吵闹；捧场要齐——响应组织勤参与，能倾听会鼓掌忌凌乱。“回”的时候要注意“齐”“静”“快”：整场要齐——整顿队伍要服从指挥；待场要静——等待离场要安静；退场要快——轮到自个儿班级退场要及时跟上。“来”的时候文明有序、精神饱满，“回”的时候载誉而归、体体面面。当然，有些集体常态现象并没有那么多的挪腾，当学生走进教室就已经发生。如晨读、静校等，管理原则就是：为什么“来”，用什么“回”。为晨读而来，就要用晨读回应；为静校而来，就要用静校回应；为眼操而来，就要用眼操回应……千万不要为了迎合外来者的印象而用“敬礼”或“老师好”来回应。用应有的形态回应，是真正的文化。



### 集体变态的来回图式

既来之，则安之。集体有新的任务来了，或者有新的改革举措出台，可能事先我们一无所知，也可能一知半解。我想这都没关系，有“来”有“回”执行即可。任务一来我们先接受，再做出自己的积极回应。回应的关键是看“来”的对象，要分析对象“来”的意图。如果是上级领导来校进行六一儿童节慰问，我们就配合好学校组织学生代表参与；如果是教师节，那我们就做好准备，最起码把仪表再“精装”一次。当然，学校新的举措一来，我们不能以简单的服从做出回应，教育是复杂的，我们要思辨地做出回应。比如，学校新建农场，需要小动物入驻，我们不能简单地送动物，要考虑“来得了”也要“回得去”，会养动物才带动物，班级必须要有遴选。学校课题一来，更讲究思辨性回应。确立子课题要有根源——考虑从哪里来，同时也要考虑怎么回收，以预见的结果逆推理，哪些自己能做，哪些不能做，哪些需要合作，如此，就是在做真研究。集体最重合作，处室之间，教师之间，都要讲究有“来”有“回”，做好对接。对接到位，即使事情再怎么突然，都能摆平。

“来回管理图式”，讲究的是有始有终，有来有往，不是只管自个儿做事，也不是做到哪里算哪里，它是首尾呼应的逻辑架构，是圆满的工作图式。对人进行教育，复杂。每一个教育事件所涉及的因素众多，教师在初始的工作周期，暂时找不到各个因素的联结点，出现工作无头绪现象，我称其为“暂时性关联缺失”，每位教师在成长过程中都会碰到。随着教师经验的不断习得与积累，面对不同的教育事件，大脑内就会形成相应的操作模块，有一定的工作流程，最终会形成一种内隐的条件反射，精准地做出判断。我想，对于这种模块，教师可以从“来回”开始建构，进行智慧编码，找到行事杠杆，从而趋向专业成熟。

## 二　阶一轴：构建有机联动的家校网格



“世界啊，今天早晨，我，一个母亲，向你交出她可爱的小男孩，而你们将还我一个怎样的呢？”我国台湾著名作家张晓风在《我交给你们一个孩子》中的尾韵，直渗人的心灵。对于每位家长而言，孩子的前方是无穷的“不确定”，夹杂着“?”与“!”，家长们在迷茫与无限的期待中放眼新世界，关注新教育。

教育孩子，我们准备好了吗？我们能够承载吗？甩开膀子单干，学校教育肯定是单色的，因为膀子就是家庭。助你一臂之力，教育才有生气。张晓风的关注，代表着所有家长的关注，关注就是一种“一按即喷”的力量。按对了，正向喷发；按错了，逆向喷发；不按，那就自我蒸发。按的门道，就在家校的交往中。

交往的前提是信任。家长对学校教育信任吗？看看张晓风，她在孩子上小学的第二天，就让其单独去了。家长的信任是原初存在的，执持的关键是彼此的呵护。学校不能零星状地、碎片式地、随意性地与家长交往，不能让家长被动地参与学校的活动，它需要形成一个网格，一个有机联动的系统。

什么是家校网格？套换信息学的概念，就是“学校集成或共享家庭分布的各种资源，使之成为有机的整体，共同完成各种育人任务的机制”。这种网格具有发展性。最早的家校联动网格比较朴素，老师找家长——家访，后来有了家长会，当前几乎每所学校都在报道宣扬家长义工的力量。时间与实践证明，这些机制都或多或少补给了学校教育的某种缺失，从而也奠定了家校网格的基础。

新时期，家校网格的特征应该有传承与发展，其结构如右图。它分为三个阶段，一条中轴线。

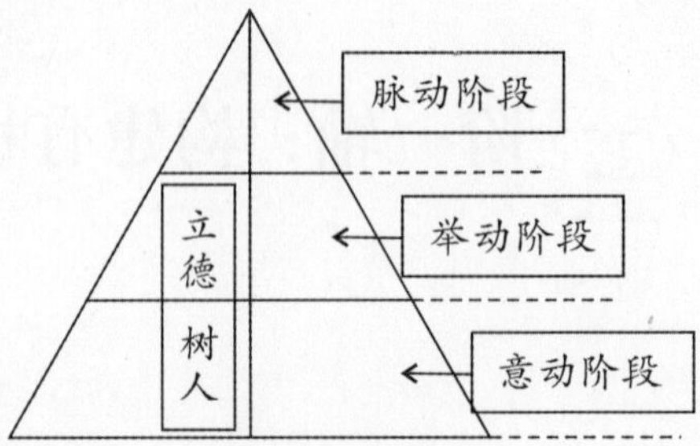

家校网格结构图

第一阶段是意动阶段，即思想联动。学校如何在思想意识层面赢得家长的信任与支持？很多学校都已经在做，家长会——谈校务、班务，家长学习会——请专家做育人观念培训，家长读书会——大家一起读书交流，校园开放日——让家长体验校园生活，私人会晤——约请个别家长到校面对面……当然，不管哪个时期，登门家访永远不褪色。家，既是学校教育的前方，也是后方，更是身灵归宿的港湾。走进每个孩子的家，彼此的交往就有了深度与温度。我们要做大这个网格底盘，而且要坚持长期做下去，任何现代手段都无法取代人的温情。辖区内的孩子，都应该就近入学，家访便捷，应当坚守。非辖区内的孩子入学，如很多民办学校跨区域招生，孩子们可能远处各地，学校主动援助，实施“共同圈家访”活动，对相对集中住宅区的孩子，学校统一安排车辆送家访的教师一程。知情，方可意行。意动，是一种双向的过程，请进来，还得走出去、入家门。让诚意打动情意，让情意联动心意。

第二阶段是举动阶段，即行为联动。现在很多学校有家长义工，或叫家长志愿者，这类活动，就是把家长请进校门，一起参与学校管理，参与学校活动，甚至有的家长还为孩子开设“家长讲坛”。“故事爸爸”“围裙妈妈”“知心阿姨”也很多，他们把自己的专业优势、特长爱好通过课堂带给相应的孩子。有时，这些家长也随着孩子走出校门，走进大自然，走进实践基地，让体验多了一层“家味”。心动不如行动，家长积极参与的一举一动，就是陪伴。在某种意义上，教育就是陪伴。深入学校的陪伴，更有独特的意义，需要大家有意地经营。安排家长当苦力式的公益钟点工，如家长轮班在校门口值日站岗，有点不是滋味。分发一把扫帚替孩子打扫教室卫生，那更有一股馊味。家长的举动要动心启智，家长的出现要对学校教育起着“必要的辅佐”作用，具有教师不可替代的影响力，也就是教师能做的就不要叫家长做。只有我们珍惜陪伴，陪伴才有价值，也才会得以良性循环。一年一度的“三八”国际妇女节大家都很熟悉，我们安排清一色的“爸爸课堂”和“男人接生团”（这一天放学都由男性长辈来接孩子），对女性的尊重，对爸爸的钦佩，都油然而生。用男人的爱共同呵护女性节，显然是有意的举动。

第三阶段是脉动阶段，即课程联动。这是家校网格的塔尖部分，让家校联动在学生成长的“跑道”上发力。课程，是学校的发展命脉。撇开课程谈资源拓建与优化，是浅表层的，有时往往是活动归活动，目标归目标，黏合度不强。很多学校的家校联动就囿于前两个阶段，不同层面的家长资源未能得到淋漓尽致的发挥。当家校联动一直在中下层级徘徊的时候，家长的创造性和主动性也就被麻痹。一所好的学校，一定要让有能力、有才华、有思想的家长能有与学校合力顶层设计的机会。现在的家长对子女的成长呈现出炽烈的进阶式的上索，他们自身也有教育觉醒和优势资源。不是不可用，而是不会用，或者用不好。佐藤学说：“课程就是展现每一个个体经验轨迹的‘学习经验的履历’。”[①] 家长是最好的课程资源，他们有个人的经验轨迹，熟悉我们的学校教育，了解学校的教育愿景，他们所拥有的专业能力、就业环境资源、人脉人气，都是学校课程可以嫁接与共生的。用好家长资源拓建课程，绝对比通过政府财政买单向有些校外机构引进课程来得对口有效。只要在学校总设计师的带领下，启动家长资源，围绕学校课程指导纲要，扮靓家长课程共建者的角色，家校网格的三阶结构就会建立起来。家长以课程联动家长，就是与孩子的脉搏一起跳动。

三个阶段共同存在，既逐级递增，又相互交融。在金字塔形的家校网格中，低阶是意动阶段，统一思想认识是关键，也是基础，是每个家长都必须参与进来的，它在网格中占据的比例最大；中阶是举动阶段，是一批热心的、有想法的、有能力的家长挺身而出，自愿参与

---

① ［日］佐藤学. 教育方法学［M］. 于莉莉译. 北京：教育科学出版社，2016：128.

学校工作的方方面面，这一群体根据学校需要而定，家长随即配合，占据一定的比例；高阶是脉动阶段，是一小批课程补给的生力军，他们有课程资源，或有课程的传递经验，即使不是专业的教育工作者，也有一套课程输出的结构，有当班教师辅佐，体验的课程也就有了功效。家校联动脉络清晰，脉搏缩张有力。

有了三阶段，就有了家校网格的“体面”，其灵魂则是“立德树人”，我们以此树立家校网格的一条中轴线。“国无德不兴，人无德不立。”① “家无德不宁，校无德不在。”德为先，人为本，立为基。不论是意动、举动还是脉动，各个阶段的联动轴心就是“立德树人”。“家长要时时刻刻给孩子做榜样，用正确行动、正确思想、正确方法教育引导孩子。”② 家长站在台上，对孩子是一种教育，对家长是一种鼓舞，对教育更是一种资源。我们一直坚持大小活动请家长当嘉宾的制度。少先队入队仪式上，两位家长到会，一位坐主席台，一位传递火炬，这是一种双方联动的教育，这是一种双方互相影响的教育。运动会上，家长给获奖的孩子颁发奖牌并合影留念。当获奖的孩子遇到颁奖的爸妈时，这是何等美丽的邂逅！食堂命名，我们请家长与获奖者一起领奖合影，历史会记住这一刻。期末结业典礼，我们请家长来给获得“阅读之星”和“体育之星”的孩子颁奖，健身益智有了强有力的推动。

家长榜样作用的传递，除了注意自己的言行与习惯外，除了家长的形象代言外，其实还有一种是参与式评价，让孩子成为家长行为的评价主体。经受了大人的评价，反其道而行之，让孩子当家做主一回，孩子喜欢，特别在行为养成的关键期——小学阶段更是如此。笔者在德国“家长成绩单”的基础上给家长设立了四个奖项：芳草地奖——指向和谐、生态、公益；智慧树奖——指向学习、导读、陪伴；掌中宝奖——指向健康、理财、自理；小灵通奖——指向倾听、尊重、敬师。奖项名称形象，指向明确，适宜小学生，具体标准详见下表。

---

① 习近平. 习近平谈治国理政［M］. 北京：外文出版社，2014：168.

② 习近平. 习近平谈治国理政［M］. 北京：外文出版社，2014：180.

**我给家长评评奖**

| 芳草地奖 | 智慧树奖 |
| --- | --- |
| ★父母彼此间和睦相处，互敬互爱，从不在我面前使用不文明语言或无休止地争吵。（　　）<br>★父母能为我创造良好的学习环境，不以电视或大声说话来影响我的学习。（　　）<br>★父母有良好的整理习惯，并且有环保意识和公益心，为我树立榜样。（　　） | ★父母能积极学习，不断进取，能做我的“智多星”。（　　）<br>★父母能认真听我的学习情况汇报，为我推荐一些有益的学习资料和课外阅读书刊。（　　）<br>★父母能陪我一起看书读报，经常陪我去图书馆、歌剧院、博物馆、科技馆等场所。（　　） |
| **掌中宝奖** | **小灵通奖** |
| ★父母能关心我的身心健康、膳食平衡，带领我积极锻炼身体。（　　）<br>★父母每月都给我零花钱，但会指导我合理使用，让我学会勤俭节约。（　　）<br>★父母从不溺爱我，每天都耐心指导我做力所能及的家务，培养我的独立能力。（　　） | ★父母能经常与我沟通，耐心倾听我的诉说，从不态度恶劣地打断我。（　　）<br>★父母能正确对待我的不良生活习惯，不是强行制止，而是给我讲道理，帮助我改正。（　　）<br>★父母能主动与老师保持联系，一起帮助我在成长的道路上越走越好。（　　） |

当评委不是盖的，孩子一较真，家长的言行就如一面反射镜，孩子的眼光折射出每位家长的榜样形象，身正令行，长辈的垂范，比任何说教都重要，家规、家教、家风也就自然形成。

家校和，万世兴。家校联动之于新教育，极其重要。我们不要再让家校联动停留在碎片化的、活动性的、点缀式的花瓶世界里，因为我们要关注孩子一辈子，而非一阵子。教育乃千秋功业，以和通气，联合聚力，三阶一轴，构建家校网格，共促教育愿景。

# 家学周：化零为整，聚合家长课程资源

如何体现课程结构的均衡性、综合性和选择性，以适应不同地区和学生发展的需求？随着基础教育课程改革的不断深入，这个问题不断被各地各校的实践性做法积极回应。其中，家长资源成了国家课程校本化改造与拓建的强力后盾。

随着国民素质的不断提升，现在有不少家长在各个领域都是一把好手，也不乏能说会道之辈，而且对学校教育，特别对子女所在学校教育奉献自己的力量大多能积极响应。“家长进课堂”也就成为各校课程的一种新生态。下表是一所学校一个学期低段家长进课堂活动的不完全统计（来自学校微信）。

低段家长随机进课堂统计表

| 日期 | 班级 | 主题 | 日期 | 班级 | 主题 |
|---|---|---|---|---|---|
| 2017-03-07 | 二（2） | 手工制作贺卡 | 2017-03-14 | 三（1） | 走进莫奈（美术欣赏） |
| 2017-03-24 | 一（1） | 英文绘本故事 1 | 2017-03-28 | 二（2） | 思维导图 |
| 2017-03-28 | 二（3） | 数学文化 | 2017-03-28 | 二（4） | 认识建筑 |
| 2017-03-30 | 三（1） | 科学实验 | 2017-04-10 | 一（1） | 动物纸袋（手工） |
| 2017-04-11 | 二（3） | 人体健康 | 2017-04-14 | 三（1） | 话说风筝 |

续表

| 日期 | 班级 | 主题 | 日期 | 班级 | 主题 |
|---|---|---|---|---|---|
| 2017-04-25 | 三（1） | 学习朗诵 | 2017-04-25 | 一（2） | 英文绘本故事 2 |
| 2017-04-25 | 二（2） | 与眼睛交朋友 | 2017-05-02 | 一（5） | 绘本故事 |
| 2017-05-05 | 二（5） | 钢铁侠与电 | 2017-05-05 | 一（6） | 编程启蒙 |
| 2017-05-09 | 一（3） | 缝出自己的情绪 | 2017-05-15 | 三（1） | 小小理财师 |
| 2017-05-24 | 三（1） | 神奇的大脑 | 2017-05-25 | 一（1） | 心理辅导 |
| 2017-06-11 | 二（4） | 编程“大脚怪” | 2017-06-11 | 一（1） | 探索鞋子的秘密 |
| 2017-06-18 | 一（6） | 变色的神奇药水 | 2017-06-24 | 一（2） | 神奇的货币之旅 |

从时间上看，没有多大规律，零散分布在各个时段；从班级上看，开课次数有多有少，多的六次，少的为零；从主题上看，动手、言语、游戏、知识普及等都有。总体而言，“家长进课堂”是随时随机随意组织的，只要家长有时间、有专题、有意向，就可以腾出课堂让他们参与进来。如果家长本身就是老师，课堂效果尚能保证。如果家长只有知识与技能，却缺乏教育教学方法，面对低段的小孩子，课堂组织又有问题，课堂质量难免得多端视几次。同时，由于家长授课时间未列入计划，又是班级行为，“大家商量着来”成了课程组织的基本形态。为了凑家长的时间，课程常常随时更换，课程的计划性与严肃性面临挑战，课程的质量也难以保证。如何解决这些问题？我们向家长们提出了“家学周”这个概念，整合家长课程资源，用一周或半周的时间集中授课。化零为整，化碎片化为集合式、项目化，用单元整块的时间供每个孩子学习体验。

把一周里的一个单位的教学时间交给家长，把一周里的一个单位的家长课堂供给学生，离不开整体规划、设计与组织。

规划，就是家长课程资源的收集与编排。收集主要有两条路径：一是家长自主申报教学内容；二是学校确定“家学周”主题，家长根据主题申报教学内容。不论何种路径，其编排的基本原则也是两条：一是分解主题，一个半天安排一个小主题；二是动静结合，一天之内学生身心协调活动。

可能学校家长资源不均，也可能“家长进课堂”刚刚起步，很难一下子组织一周严密的活动，这没关系，我们可以考虑一步步来。比如，针对上表零散的家长课程，我们可以半天为单位，上午半天上学科课程，下午半天交由家长主事。如三年级（1）班一学期有六节“家长进课堂”课程，可以单个班级为单位安排“家学周”功课表（如下表）。

三（1）班“家学周”功课表

<table>
<tr><th>午别</th><th>节次</th><th>周一</th><th>周二</th><th>周三</th><th>周四</th><th>周五</th></tr>
<tr><td>上 午</td><td>1～4</td><td colspan="5">学科课程与大课间</td></tr>
<tr><td>中 午</td><td colspan="6">静校（下午执教教师为家长）</td></tr>
<tr><td rowspan="3">下午</td><td>5</td><td>神奇的大脑</td><td rowspan="2">学习朗诵</td><td rowspan="2">科学实验</td><td rowspan="2">走进莫奈（美术欣赏）</td><td>话说风筝</td></tr>
<tr><td>6</td><td>小小理财师</td><td>彩绘风筝</td></tr>
<tr><td>7</td><td>体育活动</td><td>体育活动</td><td>体育活动</td><td>体育活动</td><td>放飞风筝</td></tr>
</table>

也可以年段为单位编排“家学周”功课表（如下表）。

一年级段“家学周”功课表

<table>
<tr><th>午别</th><th>节次</th><th>周一</th><th>周二</th><th>周三</th><th>周四</th><th>周五</th><th>备注</th></tr>
<tr><td>上午</td><td>1～4</td><td colspan="5">学科课程与大课间</td><td>行政班教学，教师负责</td></tr>
<tr><td>中午</td><td colspan="7">静　校</td></tr>
<tr><td rowspan="3">下午</td><td>5</td><td>英文绘本故事1</td><td>心理辅导</td><td>变色的神奇药水</td><td>中文绘本故事</td><td>动物纸袋（手工）</td><td rowspan="3">整个段集中教学，家长负责</td></tr>
<tr><td>6</td><td>英文绘本故事2</td><td>神奇的货币之旅</td><td>探索鞋子的秘密</td><td>编程启蒙</td><td>缝出自己的情绪</td></tr>
<tr><td>7</td><td>体育活动</td><td>体育活动</td><td>体育活动</td><td>体育活动</td><td>体育活动</td></tr>
</table>

如果家长素质普遍很高，我们就可以按学习内容和方式的不同进行分类设置。比如我们学校，既有温州当地四所高校的子弟，又有当地村民的孩子。知能教学，有高校的家长资源支撑；地方农活，有当地的村居家长支持。班级可以分类组合（类别可以灵活安排，不一定求全），明确每个半天的学习类别，规定课时数，让家长自主申报。下表可供参考。

**班级“家学周”功课表模板**

<table>
<tr><th>午别</th><th>节次</th><th>周一</th><th>周二</th><th>周三</th><th>周四</th><th>周五</th></tr>
<tr><td rowspan="4">上午</td><td>1</td><td>家学周晨会</td><td>晨练</td><td>晨练</td><td>晨练</td><td>晨练</td></tr>
<tr><td>2</td><td>心理类</td><td rowspan="3">语言类</td><td rowspan="2">才艺类</td><td rowspan="2">视听类</td><td rowspan="2">食育类</td></tr>
<tr><td>3</td><td rowspan="2">创客类</td></tr>
<tr><td>4</td><td>游戏类</td><td>益智类</td><td>“家学币”兑换超市活动</td></tr>
<tr><td>中午</td><td colspan="6">静　校</td></tr>
<tr><td rowspan="3">下午</td><td>5</td><td rowspan="2">手工类</td><td rowspan="3">农作类</td><td rowspan="2">交往类（志愿类）</td><td rowspan="3">远足类</td><td rowspan="3">家长会</td></tr>
<tr><td>6</td></tr>
<tr><td>7</td><td>体育活动</td><td>体育活动</td></tr>
</table>

可以考虑主题“家学周”，下表就是以“感恩”为主题的“家学周”功课表。

**班级“家学周”功课表“感恩”主题模板**

<table>
<tr><th>午别</th><th>节次</th><th>周一</th><th>周二</th><th>周三</th><th>周四</th><th>周五</th></tr>
<tr><td rowspan="4">上午</td><td>1</td><td>感恩主题晨会</td><td>晨练</td><td>晨练</td><td>晨练</td><td rowspan="2">感恩自然</td></tr>
<tr><td>2</td><td rowspan="2">诵唱感恩歌曲（儿歌）</td><td rowspan="2">感恩主题演讲（高段）<br>感恩故事会（中段）<br>感恩绘本（低段）</td><td>感恩书画比赛</td><td rowspan="3">感恩主题阅读</td></tr>
<tr><td>3</td><td rowspan="2">感恩摄影</td><td>“感动校园人物”评选活动</td></tr>
<tr><td>4</td><td>写感恩的书信</td><td>“大声说出爱”感恩DV秀</td><td>“家学币”兑换超市活动</td></tr>
</table>

续表

<table>
<tr><th>午别</th><th>节次</th><th>周一</th><th>周二</th><th>周三</th><th>周四</th><th>周五</th></tr>
<tr><td>中午</td><td colspan="6">静　校</td></tr>
<tr><td rowspan="3">下午</td><td>5</td><td>感恩主题班会</td><td>感恩父母</td><td rowspan="2">感恩糕点（水果拼盘）</td><td rowspan="2">感恩“初页”设计（低段制作感恩卡）</td><td rowspan="3">家长会</td></tr>
<tr><td>6</td><td rowspan="2">感恩剧演</td><td>邀请老同志讲感恩的故事</td></tr>
<tr><td>7</td><td>体育活动</td><td>体育活动</td><td>体育活动</td></tr>
</table>

总之，“家学周”课程形态可以因地制宜、因校而异，不要死抠。主要是化零为整，发挥集合力量。学校定好“家学周”日期，各个班级在开学初就召集家长申报，根据课程提早设计教学，有关教学或活动组织方案提前上交学校审核，通过则考虑课程安排，这样可以确保“家学周”的质量。

每次“家学周”要及时跟上评价，有效反馈，最好有个“家学币”兑换活动，把过程、结果与情趣结合起来，这样能激发学生的热情，保持学习兴趣。如果能把家长会融进来，更好。通过一周的家校亲密接触，家长更加了解学校，更加了解孩子，更加了解教学，在如此基础上对话，家校更融洽。而此时，教师挤出了一点时间，学校可配以教师学术周。如此，“家学周”内家长教、学生学、教师充电，一举多得。

设计与组织是“家学周”最难的，得下大功夫。学校不应把“家长进课堂”当作任务、当作形式，而是要实实在在地促进课程目标的落实，并让家长课堂更加值得每个孩子回味。

# 不要在孩子的家门口徘徊

家访，对我而言，话题很老，可以说从 20 世纪 70 年代我的小学生活开始，它就陪伴着我。在我的印象中，家访都是在黑夜里发生的。

我很怕老师家访，每次老师来家访我就躲起来，都是妈妈把我找来坐在老师面前，大家围坐一圈，听着老师的教诲。家访给了我适度的紧张，这不是坏事。有了家访，家长与老师也熟络起来。小镇里抬头不见低头见，我得提防自己的一举一动，稍有不慎，说不定晚上一回家就得被打屁股。

试想，一位目不识丁的农村家长是怎么与教书先生如此紧密地联系在一块儿，而且还在第一时间彼此产生着一定的教育影响力？在通讯不便的年代，在孩子自行走读的时代，是家访联结了彼此，成了最好的家校桥梁。

现在不一样了，很多人认为信息化时代，交流无时无刻不在。何况大家都这么忙！大家都在意个人隐私！虚拟交流，或在学校面谈，或约个时间集中谈谈，甚至用一个“家校联系本”互通有无……不都是高效畅通的渠道吗？持这类想法的人，是把家访等同于访问家长。实质上，家访是访问家庭，是教师通过走访家庭，了解含家长在内的家庭教育情况，通力改善家庭教育的观念与做法，合力建设家庭，助力孩子的完整教育。

老师只有到学生家里走一走，才知道还有一个世界与教育息息相关。你不走进学生的家庭，就无法了解真正的学情。一个在学校文静内向的孩子，可能在家里就是激情澎湃的架子鼓手；一个说自己天天看书的孩子，可能家里找不到一本课外书；一个作业粗糙的孩子，可能他的书桌就挨着马路……只有你走进孩子的家庭，你才会得到更多的信息，因材施教才拥有更大的可能。

只有你走进孩子的家庭，你才不再是“高度”的化身，高高在上不是老师的形象。此时此刻，你是“温度”的代言人，你的到来，增进了家长与教师、学生与教师之间的关系。你见过真正的朋友从未走进彼此的家庭的吗？家庭，是交心的地方，朋友以登门造访为亲近，老师与家长、学生之间也是这样。我们不要做徘徊在孩子家门口的教师。

家访是有温度的，它能赢得信任、理解与支持。可能家长今天因为自己的孩子在学校摔得鼻青脸肿而情绪激动，不时用电话表达自己对班级管理的责备，甚至要到学校找领导讨个公道。你走进孩子的家庭，交了一回心，明天家长还是一如既往地支持你。家长的情绪是正常反应，他需要理解，家访就是沟通，明白了事由，看到了态度，感受了真诚，还有哪位家长会犯糊涂？

家访的温度甚至能融化隔阂。曾记得有位家长因为到校看到自己的孩子被罚站，还没吃午饭，心里来气，与班主任闹了不愉快。班主任觉得是误会，不可理喻，事后双方好长时间没说话。期末学校统一要求家访，而且要求走进每户人家。这位老师开始向同事咨询，谈起这个心结，说不想去。同事说：“该去的总是要去的，逃避不是办法。”听了这话，这位班主任走进了这个孩子的家庭，受到了家长的热情接待。事情不是我们想象的那样，家长消气之后其实是懊悔的，就是死要面子，老师的移步，是以“大气”换取了家校的“通气”。到了家，就是客，大家都得礼遇三分。什么叫“亲”？见了面才是“親”。听说，这次家访还让这位班主任找到了这位孩子脾气暴躁的根源——竟然在家里没有一个玩伴。了解了这个情况，班主任很灵光，马上组织周边的同学与这个孩子一起玩，把教育带到了家门口。这得感谢家访给了他洞见。

家访，不仅仅是一条纽带，也不仅仅是一座心桥，更兼容着导体的功能。家访，可以有主题的导向。比如说，要推进“书香工程”，仅靠学校一方行动，力量是极其微薄的。我们要通过家访，走进每个孩子的家庭，看看孩子的家庭阅读氛围和环境条件，看看孩子的藏书量以及喜好书目的种类等，这样才有可能在“书香家庭”的建设上与家长达成共识，而这是“书香工程”不可或缺的一部分。特别是在“减少机械作业，阅读就是最好的作业”的时代，家庭书香的浓淡直接决定了“书香工程”的品质。年底，我们学校老师家访，提前就告知要看“小书架”，结果很多家长积极配合，准备“迎检”。当然也有来不及准备的，老师交流后，当天晚上就接到“慢半拍”家长的来电，说孩子闹着要自己的“图书角”，询问买什么书好。这就是效果，通过主题式家访，让家长重视起来，真正动起来，共同朝向我们的育人目标，何乐而不为？

孩子是家校的共同财富，促进孩子健康完整地成长是家校共同的目标，“把焦点放在儿童身上的家访”拉近了这个目标。作为教师，我们首先要“致家人”——到孩子的家里去，才能够成为家长与孩子的“自家人”。

不论何时，家访总不过时。在教育的文化历程中，家访是一道独特的风景，有一股浓浓的传统风味儿。不论科学多么发达，总挡不住“家门”的“诱惑”。科学实现了“天涯若比邻”，但没有近距离的面对面，反倒是“咫尺天涯”。微波炉烧不出柴火土灶的味儿，我们要家访，就是要这个味儿。跨进家门，举足之劳，我们不做徘徊在孩子家门口的老师。“家门”总是为亲爱的“家人”开着。在某种意义上，家访就是“回家”。

# 教育不要被担忧裹足

有段时间，北京某学校爆出的校园欺凌事件，触及很多家长敏感的心神，他们开始回忆自己的孩子在校的点点滴滴，刻意去寻找的印象犹如放大镜，往往把“被欺负”凸显。自己的孩子哪天被同学打了，被同学推倒了，班级还有孩子也被欺负了，校园是不是也有欺凌事件……这种忧虑还会往外蔓延，这几天肚子痛了，是不是食堂卫生有问题？今天孩子又在午间被同学欺负了，开始想要在学校安装监控了，避免学校出现管理盲区，因为学校走廊、操场等其他场地都有监控。

每个孩子都是每户人家的至宝，不能有半点闪失，不能受一点委屈，作为学校当然也丝毫不敢怠慢。学校本身就是微型社会，孩子们在交往中成长，这是学校久存的基础，非高科技可颠覆的根本。有交往，就有远近；有交往，就有冷暖；有交往，就有摩擦；有交往，甚至有冲突。只要不过分，磕磕碰碰、疙疙瘩瘩都属正常，孩子们就是在这样的交往中初步感受社会性的。如果学校把锋芒棱角都尽数去除，包裹得严严实实，甚至加上监控之类让孩子们在“天眼”中成长，试问这样的校园还可爱吗？还真实吗？还有孩子们自己的一角吗？

可能这样能让我们大人放心，再也没有“盲区”，孩子们都在阳光下生活。其实，我们是被担忧裹足了，盯梢下的教育是奴性教育，是伪装教育。很多问题本来在孩子成长的过程中、在不同的年龄段会自然流露出来，我们父母、教师正好抓住这些机会教育孩子成长。如果孩子们都谨小慎微，还是孩子吗？盯紧了，仿佛“盲区”消逝了，其实不然，是从“盲区”走入了“误区”。真正的阳光教育，应该是真实袒露自我的教育，是容得下瑕疵并舍得下功夫修复的教育。

作为教育者，要在家长过度敏感的情况下淡定引导，从容而为。记得我国台湾小学语文教育专家李玉贵老师说，有次下雨天，别人都把孩子们拉进教室，不要淋雨。她不愿这么做，反而让每个孩子去拿把雨伞，雨中漫步，学会打伞，学会用自然的教育丰盈自我。如果你担心下雨天路滑易摔倒受伤，下雨天冷易着凉，我们的教育何来滋味?

学校组织活动也是如此，只要教育意义大，就要作为。就如家访，对于辖区内的学生而言，比较便捷，教师走几步，大多能做到。而对于生源广域的私立学校或者山区学校，就不是那么回事，不是出城下乡，就是跋山涉水，路途周折，很是费事。有些人就用电话家访、视频家访权宜代步，家访变味了。仔细想想，我们不能一味责怪，路途偏远也是实际困难。作为学校管理者，必须看到，并能主动排忧解难。对于远路学生，我们可以采用“共同圈家访”——划分区域，分批运作，集中家访。德育处根据学生住处，把相对集中的区域定为“家访共同圈”，期末公布“家访共同圈”，相关教师分批进行家访。学校统一安排校车出访，亦可拼团用私家车前往，学校给予油费补贴。

学校顶着安全压力组织集体家访，是一种“亲政”行为，是一种“便民”措施，老师、学生、家长高兴了，学校组织者还是有很大压力的，因为路上交通不可控因素太多。但我们认为，既然“不可控”，那就“控不可”。就如春秋游、远足，明明知道其对学生成长的重要性，但担心出问题而干脆严控，不予出行，这是不予提倡的。只要考虑周全、组织完备，把“不可”之处控制好，就不必前怕狼后怕虎的，教育需要担当。“共同圈家访”也是如此，该出还是得出。

# 参考文献


1. 习近平. 习近平谈治国理政[M]. 北京：外文出版社，2014.

2. 王小波. 思维的乐趣[M]. 北京：中国人民大学出版社，2010.

3. 吴亚萍，王芳. 备课的变革[M]. 北京：教育科学出版社，2007.

4. 夏雪梅. 以学习为中心的课堂观察[M]. 北京：教育科学出版社，2012.

5. 史铁生. 以前的事[M]. 上海：东方出版中心，2006.

6. 陶行知. 中国教育改造[M]. 北京：人民出版社，2008.

7. 崔允漷，沈毅，吴江林等. 课堂观察Ⅱ：走向专业的听评课[M]. 上海：华东师范大学出版社，2013.

8. [日] 佐藤学. 学校的挑战——创建学习共同体[M]. 钟启泉译. 上海：华东师范大学出版社，2010.

9. [日] 佐藤学. 教育方法学[M]. 于莉莉译. 北京：教育科学出版社，2016.

10. [美] 帕克·帕尔默. 教学勇气——漫步教师心灵[M]. 吴国珍，余巍等译. 上海：华东师范大学出版社，2005.

11. [古希腊] 柏拉图. 理想国[M]. 张竹明译. 南京：译林出版社，2012.

12. [美] 约翰·D. 布兰思福特，安·L. 布朗，罗德尼·R. 科金等. 人是如何学习的——大脑、心理、经验及学校[M]. 程可拉，孙亚玲，王旭卿译. 上海：华东师范大学出版社，2002.

13. 何华宇. 情感管理与校长之道[J]. 基础教育参考，2009 (10).

14. 高艳. 论教学目标的设计与编写[J]. 中国成人教育，2001 (4).

15. 陈柳钦. 产业价值链：集群效应和链式效应[J]. 理论探索，2007 (2).

16. 李政涛. 现场学习力：教师最重要的学习能力[J]. 人民教育，2012 (21).

17. 尹后庆. 校长要明晰新质量时代教学方向[N]. 中国教育报，2016-09-07.

18. 孙云晓，李文道. 一个“时间箱子”怎样装两箱东西 [N].

中国教育报，2016-10-27.

19. 高深. 信任的力量[N]. 解放日报，2012-04-02.

20. 耿银平. “与校长午餐”是一种教育多赢[N]. 中国教育报，2013-04-12.

# 西南师范大学出版社
# 《名师工程》系列丛书目录

| 系列 | 序号 | 书　　名 | 作者 | 定价 |
|---|---|---|---|---|
| 校本研修系列 | 1 | 《让每位教师都成功——"四环二维"校本研修模式的构建与实施》 | 林文智　豆海湛<br>王林发 | 35.00 |
| | 2 | 《校本研修的创新策略》 | 邱惠群　余利芬<br>王林发 | 36.00 |
| | 3 | 《乡村学校校本研修制度构建与实践探索》 | 谢耀丰　何淑怡<br>王林发 | 35.00 |
| 名师解码系列 | 4 | 《用语文激扬生命——黄麟生与语文教育》 | 王林发　朱理珠<br>龚宝瑜 | 36.00 |
| | 5 | 《教育需要播种温暖——谢文东与儒雅教育》 | 余　香　陈柔羽<br>王林发 | 35.00 |
| | 6 | 《为了未来设计教育——梁哲与探究教育》 | 冼柳欣　肖东阳<br>王林发 | 35.00 |
| | 7 | 《真心是教育的底色——谭永焕与真心教育》 | 谭永焕　温静瑶<br>王林发 | 35.00 |
| | 8 | 《做超越自我的教师——刘海涛与创新教育》 | 王林发　陈晓凤<br>欧诗停 | 35.00 |
| | 9 | 《打造灵动的教育场——张旭与情感教育》 | 范雪贞　邹小丽<br>王林发 | 35.00 |
| 国际视野系列 | 10 | 《基于学生自主的教育——一位教研员眼中的加拿大教育》 | 杨延从 | 36.00 |
| | 11 | 《行走在日本基础教育第一线》 | 李润华 | 26.00 |
| | 12 | 《润物细无声——品鉴国外德育智慧》 | 赵荣荣　张　静 | 30.00 |
| | 13 | 《不让一个学生掉队——国际视野下的教育均衡实践》 | 乔　鹤 | 28.00 |
| | 14 | 《从白桦林到克里姆林宫——俄罗斯中小学教育纪实》 | 赵　伟 | 30.00 |
| 名课解码系列 | 15 | 《教师课堂提问的技巧与策略》 | 邓胜兴　姚凤娟<br>王林发 | 35.00 |
| | 16 | 《绘本教学策略的探索与实践》 | 邹小丽　范雪贞<br>王林发 | 35.00 |
| | 17 | 《教师必备的课堂掌控艺术》 | 张　旭　豆海湛 | 35.00 |
| | 18 | 《教师课堂观察的智慧与策略》 | 谭永焕　郑月桃<br>王林发 | 35.00 |

| 系列 | 序号 | 书名 | 作者 | 定价 |
| --- | --- | --- | --- | --- |
| 陕派名师系列 | 19 | 《中小学教师师德素养提升80讲》 | 张军学　曹永川<br>国晓华 | 30.00 |
| | 20 | 《让教育走进灵魂深处——一位优秀教师的教育心语》 | 刘跃红 | 30.00 |
| | 21 | 《教育与梦想同行——宝鸡“国培计划”项目成果精选》 | 李春杰 | 30.00 |
| | 22 | 《轻松突破作文瓶颈——构建范畴思想下的作文思维》 | 李旭山 | 35.00 |
| | 23 | 《爱在人生伊始——幼儿教师培训指导手册》 | 张　昭 | 35.00 |
| | 24 | 《为儿童终身发展奠基——幼儿教师必备的幼教技能》 | 靳存安 | 30.00 |
| | 25 | 《如何成为一名专家型教师》 | 孙铁龙　党　纳 | 35.00 |
| 教研提升系列 | 26 | 《语文教师必备的音韵学素养》 | 李明孝 | 30.00 |
| | 27 | 《校本教研的7个关键点》 | 孙瑞欣 | 30.00 |
| | 28 | 《教师怎样做小课题研究——高效助力教师专业化成长》 | 徐世贵　刘恒贺 | 30.00 |
| | 29 | 《今天我们应怎样评课》 | 张文质　陈海滨 | 30.00 |
| | 30 | 《今天我们应怎样进行教学反思》 | 张文质　刘永席 | 30.00 |
| | 31 | 《一节好课需要的教育智慧》 | 张文质　姚春杰 | 30.00 |
| | 32 | 《语文课堂教学“典型困惑”例析》 | 徐世贵　刘恒贺 | 30.00 |
| 教育探索者·鲁派名师系列 | 32 | 《追问历史教学之道》 | 钟红军 | 36.00 |
| | 33 | 《灵动英语课——高效外语教学氛围创设艺术》 | 邵淑红 | 30.00 |
| | 34 | 《校园，幸福教育的栖居》 | 武际金 | 30.00 |
| | 35 | 《复调语文——尊重生命自我成长的语文教学》 | 孙云霄 | 30.00 |
| | 36 | 《智趣数学课——在情感深处激发学生的数学智能》 | 王冬梅 | 30.00 |
| | 37 | 《高品位“悦读”——让情感与心灵更愉悦的阅读教学》 | 马彩清 | 30.00 |
| | 38 | 《品诵教学——感悟母语神韵的阅读教学》 | 侯忠彦 | 30.00 |
| | 39 | 《智趣化学课——在快乐中提升学生的科学素养》 | 张利平 | 30.00 |

| 系列 | 序号 | 书　　名 | 作者 | 定价 |
|---|---|---|---|---|
| 高效课堂系列 | 40 | 《让数学课堂更高效——教研员眼中的教学得失》 | 朱志明 | 30.00 |
| | 41 | 《从教会到教慧——小学生数学学习能力的培养艺术》 | 滕　云 | 30.00 |
| | 42 | 《用什么提高课堂效率——有效数学课必须关注的10大要素》 | 赵红婷 | 30.00 |
| | 43 | 《让作文更轻松——小学作文高效教学36锦囊》 | 李素环 | 30.00 |
| | 44 | 《让研究性学习更高效——研究性学习施教指导策略》 | 欧阳仁宣 | 30.00 |
| | 45 | 《让母语融入学生心灵——提升学生语文素养的高效施教艺术》 | 黄桂林 | 30.00 |
| 创新课堂系列 | 46 | 《重塑课堂生命力——小学新课堂教改成功之路》 | 陈华顺 | 30.00 |
| | 47 | 《小学语文"三环节"阅读教学法——自学、读讲、实践》 | 薛发武 | 30.00 |
| | 48 | 《个性化课堂教学艺术：小学语文》 | 商德远 | 30.00 |
| | 49 | 《如何实现三维目标——让学生与文本共鸣的诵读教学》 | 张连元 | 30.00 |
| | 50 | 《想说　会说　有话可说——突破作文瓶颈的三维教学法》 | 杨和平 | 30.00 |
| | 51 | 《综合课的整合创新教学》 | 周辉兵 | 30.00 |
| | 52 | 《如何打造学生喜欢的音乐课堂》 | 张　娟 | 30.00 |
| | 53 | 《理想课堂的构建与实施——一个教研员眼中的理想课堂》 | 张玉彬 | 30.00 |
| | 54 | 《小学语文：决定教学质量的关键策略》 | 李　楠 | 30.00 |
| | 55 | 《用〈论语〉思想提升数学教育智慧》 | 胡爱民 | 30.00 |
| | 56 | 《童化作文——浸润儿童心灵的作文教学》 | 吴　勇 | 30.00 |
| 名校系列 | 57 | 《人本与生本：管理与德育的双重根基》 | 广州市广外附设外语学校 | 30.00 |
| | 58 | 《生本与生成：高效教学的两轮驱动》 | 广州市广外附设外语学校 | 30.00 |
| | 59 | 《世界视野与现代意识：校本课程开发的二元思维》 | 广州市广外附设外语学校 | 30.00 |
| | 60 | 《让每个生命都精彩——生命教育校本实践策略》 | 王鹏飞 | 30.00 |
| | 61 | 《好学校，从关注每个学生开始——石梅小学优质教育多元感悟》 | 顾　泳　张文质 | 30.00 |

| 系列 | 序号 | 书　　　名 | 作者 | 定价 |
|---|---|---|---|---|
| 思想者系列 | 62 | 《回归教育的本色》 | 马恩来 | 30.00 |
| | 63 | 《守护教育的本真》 | 陈道龙 | 30.00 |
| | 64 | 《教育，倾听心灵的声音》 | 李荣灿 | 30.00 |
| | 65 | 《心根课堂——让教育随学生心灵起舞》 | 刘云生 | 30.00 |
| | 66 | 《做一个纯粹的教师》 | 许丽芬 | 26.00 |
| | 67 | 《率性教书》 | 夏　昆 | 26.00 |
| | 68 | 《为爱教书》 | 马一舜 | 26.00 |
| | 69 | 《课堂，诗意还在》 | 赵赵（赵克芳） | 26.00 |
| | 70 | 《今日教育之民间立场》 | 子虚（扈永进） | 30.00 |
| | 71 | 《教育，细节的深度反思》 | 许传利 | 30.00 |
| | 72 | 《追寻教育的真谛——许锡良教育思考录》 | 许锡良 | 30.00 |
| | 73 | 《做爱思考的教师》 | 杨守菊 | 30.00 |
| | 74 | 《好教育是调理出来的》 | 潘照团 | 42.00 |
| 教育探索者·鲁派名校系列 | 75 | 《让生命异彩纷呈——差异教育的构建与实施》 | 张晓琳 | 30.00 |
| | 76 | 《博弈中的追求——一位中学校长的“零”作业抉择》 | 李志欣 | 30.00 |
| | 77 | 《大教育视野下的特色课程构建——海洋教育的开发实施》 | 白刚勋 | 30.00 |
| 名师教学手记系列 | 78 | 《唤醒生命的对话——孙建锋语文教学手记》 | 孙建锋 | 30.00 |
| | 79 | 《让作文教学更高效——王学东写作教学手记》 | 王学东 | 30.00 |
| 名校长核心思想系列 | 80 | 《智圆行方——智慧校长的50项管理策略》 | 胡美山　李绵军 | 30.0 |
| | 81 | 《做一个智慧的校长》 | 孙世杰 | 30.00 |
| | 82 | 《成为有思想的校长》 | 赵艳然 | 30.00 |
| 创新班主任系列 | 83 | 《班主任专业化成长策略》 | 杨连山 | 30.00 |
| | 84 | 《班级活动创新与问题应对》 | 杨连山　杨　照　张国良 | 30.00 |
| | 85 | 《班集体建设与创新人才培养》 | 李国汉 | 30.00 |
| | 86 | 《神奇的教育场——打造特色班级文化创新艺术》 | 李德善 | 30.00 |

| 系列 | 序号 | 书　　名 | 作者 | 定价 |
|---|---|---|---|---|
| 创新语文教学系列 | 87 | 《曹洪彪新概念快速作文》 | 曹洪彪 | 30.00 |
| | 88 | 《小学语文：享受对话教学》 | 孙建锋 | 30.00 |
| | 89 | 《小学语文：名师教学目标落实艺术》 | 刘海涛　王林发 | 30.00 |
| | 90 | 《小学语文：名师魅力教学设计艺术》 | 刘海涛　王林发 | 30.00 |
| | 91 | 《小学语文：名师魅力课堂激趣艺术》 | 刘海涛　豆海湛 | 30.00 |
| | 92 | 《小学语文：单元整体教学构建艺术》 | 李怀源 | 30.00 |
| | 93 | 《小学作文：名师情趣课堂创设艺术》 | 张化万 | 30.00 |
| 优化教学系列 | 94 | 《高效教学组织的优化策略》 | 赵雪霞 | 30.00 |
| | 95 | 《高效教学方法的优化策略》 | 任　辉 | 30.00 |
| | 96 | 《高效教学过程的优化策略》 | 韩　锋 | 30.00 |
| | 97 | 《让教学更生动——激发兴趣让学生快乐认知》 | 朱良才 | 30.00 |
| | 98 | 《让教学更高效——策略创新让教学事半功倍》 | 孙朝仁 | 30.00 |
| | 99 | 《让教学更开放——拓展延伸让学生触类旁通》 | 焦祖卿　吕　勤 | 30.00 |
| | 100 | 《让教学更生活——体验运用让学生内化知识》 | 强光峰 | 30.00 |
| | 101 | 《让知识更系统——整合与概括让学生建构体系》 | 杨向谊 | 30.00 |
| | 102 | 《让思维更创新——思辨与发散让学生思维活跃》 | 朱良才 | 30.00 |
| 名师名课系列 | 103 | 《名师如何炼就名课》（美术卷） | 李力加 | 35.00 |
| 教师成长系列 | 104 | 《做会研究的教师》 | 姚小明 | 30.00 |
| | 105 | 《学学名师那些事》 | 孙志毅 | 30.00 |
| | 106 | 《给新教师的建议》 | 李镇西 | 30.00 |
| | 107 | 《教师心灵读本：成为有思想的教师》 | 肖　川 | 30.00 |
| | 108 | 《教师心灵读本：教师，做反思的实践者》 | 肖　川 | 30.00 |
| 幼师提升系列 | 109 | 《全国优秀幼儿健康教育活动课例评析》 | 教育部教育管理信息中心 | 30.00 |
| | 110 | 《全国优秀幼儿艺术教育活动课例评析》 | 教育部教育管理信息中心 | 30.00 |
| | 111 | 《全国优秀幼儿社会教育活动课例评析》 | 教育部教育管理信息中心 | 30.00 |
| | 112 | 《全国优秀幼儿语言教育活动课例评析》 | 教育部教育管理信息中心 | 30.00 |
| | 113 | 《全国优秀幼儿科学教育活动课例评析》 | 教育部教育管理信息中心 | 30.00 |

| 系列 | 序号 | 书名 | 作者 | 定价 |
|---|---|---|---|---|
| 教师修炼系列 | 114 | 《班主任工作行为八项修炼》 | 杨连山 | 30.00 |
| | 115 | 《教师心理健康六项修炼》 | 李慧生 | 30.00 |
| | 116 | 《教师专业化五项修炼》 | 杨连山　田福安 | 30.00 |
| | 117 | 《课堂教学素养五项修炼》 | 刘金生　霍克林 | 30.00 |
| | 118 | 《高效教学技能十项修炼》 | 欧阳芬　诸葛彪 | 30.00 |
| | 119 | 《教师新师德六项修炼》 | 王毓珣　王　颖 | 30.00 |
| 创新数学教学系列 | 120 | 《小学数学：名师教学目标落实艺术》 | 余文森 | 30.00 |
| | 121 | 《小学数学：名师高效教学设计艺术》 | 余文森 | 30.00 |
| | 122 | 《小学数学：名师易错问题针对教学》 | 余文森 | 30.00 |
| | 123 | 《小学数学：名师魅力课堂激趣艺术》 | 余文森 | 30.00 |
| | 124 | 《小学数学：名师同课异教》 | 林高明　陈燕香 | 30.00 |
| | 125 | 《小学数学：名师抽象问题艺术教学》 | 余文森 | 30.00 |
| 教育心理系列 | 126 | 《做最好的心理导师——中学生心理健康咨询手册》 | 杨　东 | 30.00 |
| | 127 | 《每天学点教育心理学》 | 石国兴　白晋荣 | 30.00 |
| | 128 | 《学生心理拓展训练与指导》 | 徐岳敏 | 30.00 |
| | 129 | 《好心态成就好学生——学生心理问题剖析与对症教育》 | 李韦遴 | 30.00 |
| 教学新突破系列 | 130 | 《把教学目标落实到位——名师优质课堂的效率管理》 | 冯增俊 | 30.00 |
| | 131 | 《拿什么调动学生——名师生态课堂的情绪管理》 | 胡　涛 | 30.00 |
| | 132 | 《零距离施教——名师和谐师生关系的构建艺术》 | 贺　斌 | 30.00 |
| | 133 | 《一个都不能落——名师提升学困生的针对教学》 | 侯一波 | 30.00 |
| | 134 | 《让学习变得更轻松——名师最能吸引学生的情境设计》 | 施建平 | 30.00 |
| | 135 | 《让知识变得更易学——名师改造难学知识的优化艺术》 | 周维强 | 30.00 |

| 系列 | 序号 | 书　　　名 | 作者 | 定价 |
| --- | --- | --- | --- | --- |
| 教育通识系列 | 136 | 《用心做教师——青年教师快速成长的十大定律》 | 王福强 | 30.00 |
| | 137 | 《做最受学生欢迎的老师》 | 赵馨　许俊仪 | 30.00 |
| | 138 | 《做有策略的校长——经典寓言与学校管理智慧》 | 宋运来 | 30.00 |
| | 139 | 《做有策略的教师——经典故事中的教育启示》 | 孙志毅 | 30.00 |
| | 140 | 《从学生那里学教书》 | 严育洪 | 30.00 |
| | 141 | 《突破平庸——提升教育质量的31个跳板》 | 严育洪 | 30.00 |
| | 142 | 《教育，诗意地栖居》 | 朱华忠 | 30.00 |
| | 143 | 《好班规打造好班级》 | 赵　凯 | 30.00 |
| | 144 | 《做学生成长的引领者——学生终身成长的素质培养》 | 田祥珍 | 30.00 |
| | 145 | 《如何管出好班级——突破班级管理的四大瓶颈》 | 刘令军 | 30.00 |
| | 146 | 《青春期性教育教师实用手册》 | 闵乐夫 | 30.00 |
| 高中新课程系列 | 147 | 《高中新课程：教师角色转变细节》 | 缪水娟 | 30.00 |
| | 148 | 《高中新课程：班主任新兵法细节》 | 李国汉　杨连山 | 30.00 |
| | 149 | 《高中新课程：教学管理创新细节》 | 陈　文 | 30.00 |
| | 150 | 《高中新课程：更有效的评价细节》 | 李淑华 | 30.00 |
| 名师讲述系列 | 151 | 《施教先施爱——名师讲述班主任的核心教导力》 | 杨连山　魏永田 | 30.00 |
| | 152 | 《在欢乐中成长——名师讲述最具活力的课堂愉快教学》 | 王斌兴 | 30.00 |
| | 153 | 《让学生做自己的老师——名师讲述如何提升学生自主学习能力》 | 徐学福　房　慧 | 30.00 |
| | 154 | 《引领学生高效学习——名师讲述如何提高学生课堂学习效率》 | 刘世斌 | 30.00 |
| | 155 | 《教育从心灵开始——名师讲述最能感动学生的心灵教育》 | 张文质 | 30.00 |

| 系列 | 序号 | 书名 | 作者 | 定价 |
|---|---|---|---|---|
| 教育管理力系列 | 156 | 《名校激励管理促进力》 | 周　兵 | 30.00 |
| | 157 | 《名校安全管理执行力》 | 袁先激 | 30.00 |
| | 158 | 《名校师资团队建设力》 | 赵圣华 | 30.00 |
| | 159 | 《名校危机管理应对力》 | 李明汉 | 30.00 |
| | 160 | 《名校校本研究创新力》 | 李春华 | 30.00 |
| | 161 | 《学校文化力建设策略》 | 袁先激 | 30.00 |
| | 162 | 《名校长核心教育力》 | 陶继新 | 30.00 |
| | 163 | 《名校长高绩效领导力》 | 周辉兵 | 30.00 |
| 教育管理力系列 | 164 | 《名校行政管理细节力》 | 杨少春 | 30.00 |
| | 165 | 《名校教学管理提升力》 | 张　韬　戴诗银 | 30.00 |
| | 166 | 《名校学生管理教导力》 | 田福安 | 30.00 |
| | 167 | 《名校校园文化构建力》 | 岳春峰 | 30.00 |
| 大师讲坛系列 | 168 | 《大师谈教育心理》 | 肖　川 | 30.00 |
| | 169 | 《大师谈教育激励》 | 肖　川 | 30.00 |
| | 170 | 《大师谈教育沟通》 | 王斌兴　吴杰明 | 30.00 |
| | 171 | 《大师谈启蒙教育》 | 周　宏 | 30.00 |
| | 172 | 《大师谈教育管理》 | 樊　雁 | 30.00 |
| | 173 | 《大师谈儿童人格塑造》 | 齐　欣 | 30.00 |
| | 174 | 《大师谈儿童习惯培养》 | 唐西胜 | 30.00 |
| | 175 | 《大师谈儿童能力培养》 | 张启福 | 30.00 |
| | 176 | 《大师谈早恋与性教育》 | 闵乐夫 | 30.00 |
| | 177 | 《大师谈儿童情感教育》 | 张光林　张　静 | 30.00 |

| 系列 | 序号 | 书　　　　名 | 作者 | 定价 |
| --- | --- | --- | --- | --- |
| 教育细节系列 | 178 | 《名师最具渲染力的口才细节》 | 高万祥 | 30.00 |
| | 179 | 《名师最有效的沟通细节》 | 李　燕　徐　波 | 30.00 |
| | 180 | 《名师最有效的激励细节》 | 张　利　李　波 | 30.00 |
| | 181 | 《名师培养学生好习惯的高效细节》 | 李文娟　郭香萍 | 30.00 |
| | 182 | 《名师人格教育的经典细节》 | 齐　欣 | 30.00 |
| | 183 | 《名师营造课堂氛围的经典细节》 | 高　帆　李秀华 | 30.00 |
| | 184 | 《名师最有效的赏识教育细节》 | 李慧军 | 30.00 |
| | 185 | 《名师最有效的批评细节》 | 沈　旎 | 30.00 |
| 教学提升系列 | 186 | 《方法总比问题多——名师转变棘手学生的施教艺术》 | 杨志军 | 30.00 |
| | 187 | 《用特色吸引学生——名师最受欢迎的特色教学艺术》 | 卞金祥 | 30.00 |
| | 188 | 《让学生爱上课堂——名师高效课堂的引导艺术》 | 邓　涛 | 30.00 |
| | 189 | 《拿什么打开思路——名师最吸引学生的课堂切入点》 | 马友文 | 30.00 |
| | 190 | 《没有记不牢的知识——名师最能提升学生记忆效果的秘诀》 | 谢定兰 | 30.00 |
| | 191 | 《让学生的思维活起来——名师最激发潜能的课堂提问艺术》 | 严永金 | 30.00 |